U0922306

盘点年度资讯·预测时代前程

BLUE BOOK

权威 · 前沿 · 原创

餐饮产业蓝皮书
BLUE BOOK
OF CATERING INDUSTRY

中国餐饮产业发展报告（2009）

ANNUAL REPORT ON CATERING INDUSTRY DEVELOPMENT OF CHINA (2009)

主　编／杨　柳
执行主编／荆林波

社会科学文献出版社
SOCIAL SCIENCES ACADEMIC PRESS (CHINA)

图书在版编目（CIP）数据

中国餐饮产业发展报告（2009）/杨柳主编．—北京：社会科学文献出版社，2009.6
（餐饮产业蓝皮书）
ISBN 978－7－5097－0848－4

Ⅰ．中…　Ⅱ．杨…　Ⅲ．饮食业－经济发展－研究报告－中国－2009　Ⅳ．F719.3

中国版本图书馆 CIP 数据核字（2009）第 085810 号

法律声明

“皮书系列”（含蓝皮书、绿皮书、黄皮书）为社会科学文献出版社按年份出版的品牌图书。社会科学文献出版社拥有该系列图书的专有出版权和网络传播权，其 LOGO（　）与“经济蓝皮书”、“社会蓝皮书”等皮书名称已在中华人民共和国工商行政管理总局商标局登记注册，社会科学文献出版社合法拥有其商标专用权，任何复制、模仿或以其他方式侵害（　）和“经济蓝皮书”、“社会蓝皮书”等皮书名称商标专有权及其外观设计的行为均属于侵权行为，社会科学文献出版社将采取法律手段追究其法律责任，维护合法权益。

欢迎社会各界人士对侵犯社会科学文献出版社上述权利的违法行为进行举报。电话：010－59367121。

社会科学文献出版社

法律顾问：北京市大成律师事务所

餐饮产业蓝皮书编委会

主要编撰者简介

杨　柳　北京交通大学经济学博士，硕士生导师，高级经济师，世界中国烹饪联合会会长、中国烹饪协会常务副会长，中国餐饮年鉴社社长、餐饮世界杂志社社长。

曾任大型酒店副总经理、商业部副处长等职，在国家一级刊物上发表学术论文若干。专职从事协会工作以来，主持商务部、科技部多项研究课题。近年来，凭借对中国烹饪协会和世界中国烹饪联合会的领导成就，以及在学术方面的突出成果，获得国务院国资委、中华全国妇女联合会、中国财贸轻纺烟草工会及世界厨师联合会等国内、国际权威大奖无数。

荆林波　博士，研究员，博士生导师，现任中国社会科学院财政与贸易经济研究所副所长，兼任中国社会科学院财政与贸易经济研究所服务经济与餐饮产业研究中心主任、信息服务与电子商务研究室主任。并任中国烹饪协会专家工作委员会副主任、世界中国烹饪联合会国际饮食文化研究会秘书长、《中国餐饮年鉴》主编等。

近年获孙冶方经济科学奖、万典武商业经济学奖、中国商业联合会科技进步一等奖、商务部优秀成果二等奖、全国首届信息化优秀成果奖等奖项。出版专著《信息服务与经营模式》、《市场营销》、《第三只眼看网络经济》、《中国商品期货交割》等。

中文摘要

自2006年起，中国烹饪协会和中国社会科学院财政与贸易经济研究所就连续三年合作推出《中国餐饮产业运行报告》，这些系列报告得到了业内外人士的广泛认可。本书2009年顺利入选社会科学文献出版社的蓝皮书系列，将推动餐饮理论研究与传播提升到一个新的层面。

本书共分四个部分。第一部分从宏观层面分析了金融危机对中国餐饮业的影响，探讨了扩大餐饮消费需求与促进餐饮升级的机遇与挑战。第二部分从产业运行的角度，分析了2008年度中国餐饮百强企业的运行状况，讨论了餐饮产业研究、中餐营养改善、社区餐饮、团膳市场发展、食品安全管理等行业热点、难点问题，同时对商业地产、旅游饭店业、农产品与调味品行业、饮料制造业等相关产业进行了深入研究。第三部分以案例分析的形式，从微观角度透析了企业的社会责任、服务理论、资本运营、创新发展和品牌建设等问题。第四部分从国际化角度阐述了韩国饮食文化，比较了中西酒文化，讨论了日本政府支持家庭餐厅发展对中国快餐业的借鉴意义及价值。

Abstract

Since 2006, China Cuisine Association and the Institute of Finance and Trade Economics of the Chinese Academy of Social Science have cooperated to publish *China Catering Industry Operation Report* for 3 years, which is widely recognized by the professionals of the industry and beyond. The Report is listed in the Blue-covered Book Series of Social Science Academy Press (China) of 2009, which will definitely upgrade the catering theory research and broadcasting to a new level.

This *Bluebook* comprises 4 major parts. Part Ⅰ, from a macro level, analyzed the influence of the financial crisis impact to the Chiese catering industry and explored the chance and challenge of expanding catering requirements and upgrading food consumption. Part Ⅱ, from the industry operation's point of view, analyzed the operation of Top 100 Chinese catering enterprises in 2008, discussed some hot topics covering catering industry research, nutrition improvement of Chinese cuisine, community catering, group catering market and food safety management. At the meantime, the *Bluebook* explored deeply relative industries such as commercial estate, tourism hotel industry, farm products industry, flavoring Industry and beverage industry and so on. Part Ⅲ, from a micro view and in the form of case study, explored the enterprises' social responsibility, service theory, capital management, innovation development and brand building , etc. Part Ⅳ , from the international point of view, introduced the Korean catering culture, compared the Chinese and western liquor culture, discussed the Japanese government's support on catering industry and the development of Japanese family restaurant and its meaning to China fast food industry.

目 录

序 …………………………………………………………………… 苏秋成 / 001

宏 观 篇

金融危机影响下的中国餐饮业：趋势与对策 ………………………… 杨　柳 / 001

扩大餐饮消费需求与促进餐饮消费升级 ……………………………… 荆林波 / 012

产 业 篇

2008 年度中国餐饮百强企业经营情况分析

…………… 中国烹饪协会　中华全国商业信息中心　中国商业联合会 / 031

“寒冬”来临：餐饮业的应对与思考 ………………………………… 吴　坚 / 047

关于我国餐饮产业研究的三个核心问题思考 …………… 荆林波　甄宇鹏 / 053

经济欠发达地区餐饮业产业化发展的思考 ……………… 于千千　杨艾军 / 061

餐饮业——构建和谐社会的动力产业 ………………………………… 冯玉珠 / 067

社区餐饮发展的现状及对策 ………………………………………… 杨　柳 / 073

中国团膳市场探讨 …………………………………………………… 马彦华 / 078

我国餐饮业与商业地产 …………………………………………………… 刘　波 / 085
我国旅游业发展透析与展望 ………………………………… 宋　瑞　何宜杰 / 094
我国旅游饭店业面临的问题及应对措施 ……… 依绍华　焦永明　聂新伟 / 114
我国调味品行业发展状况 ………………………………………………… 王　惠 / 123
我国饮料制造业运行情况 ………………………………………………… 赵京桥 / 140
我国农产品市场的基本情况 ……………………………………………… 孟　晔 / 148
HACCP 管理体系在餐饮安全管理中的运用 ………………………… 赵建民 / 158
中餐菜品亟待进行营养改善 ………………………………… 范志红　贯丽立 / 169

企　业　篇

中国餐饮企业的社会责任 ………………………………………………… 孟　晔 / 174
上市给老字号企业带来的启示 …………………………………………… 姜俊贤 / 183
服务心理理论——“四双理论” ………………………………………… 叶伯平 / 190
汉通顾客满意度（CS）实证研究 ………………………………………… 朱惠民 / 196
在升级转型中的创新与发展 ………… 山西太原江南餐饮集团有限公司 / 200
便宜坊老字号的历史传承与品牌建设 …………………………………… 姚伟钧 / 208
百胜中国食品安全政策研究 …………………… 百胜餐饮集团中国事业部 / 214
倡导自主创新，打造芜湖国家级“江河鲜菜品研发中心” ……… 周　钢 / 234

国　际　篇

中西酒文化比较 ……………………………………………………………… 杜　莉 / 239
日本政府对餐饮产业发展的支持 ………………………………………… 李亚光 / 246
日本家庭餐厅——中国快餐值得借鉴的发展模式 ……………………… 胡振华 / 251
韩国饮食文化研究 ………………………………………………………… 王红梅 / 259

附 录 一

餐饮业响应“扩大内需”十大措施…………………………………………… / 267
2008 年“十一”黄金周全国餐饮市场情况分析 ……………………………… / 270
2009 年春节黄金周餐饮市场分析……………………………………………… / 272
2009 年第一季度餐饮市场整体运行情况分析………………………………… / 275
2009 年清明节餐饮市场分析…………………………………………………… / 278
2009 年“五一”小长假餐饮市场情况分析 …………………………………… / 279

附 录 二

2008 年度中国餐饮百强企业名单……………………………………………… / 281

CONTENTS 

Preface *Su Qiucheng* / 001

Part Ⅰ Macro Analysis

The Chinese Catering Industry in Financial Crisis—
Trend and Countermeasure *Yang Liu* / 001

Expand Catering Requirements and Promote the Catering
Consumption Upgrading *Jing Linbo* / 012

Part Ⅱ Industry Analysis

The Analysis Report of Chinese Catering Enterprise Top 100 in 2008
China Cuisine Association, China Nation Commercial Information Center and
China General Chamber of Commerce / 031

Economic Winter Is Coming—The Countermeasure and
Thought of the Catering Industry *Wu Jian* / 047

The Thought of the Three Core Issues about the Chinese
Catering Industry Research *Jing Linbo, Zhen Yupeng* / 053

The Reflection on Catering Industrialization Development in Undeveloped Areas *Yu Ganqian, Yang Aijun* / 061

Catering Industry—The Dynamic Industry of Building Harmonious Society *Feng Yuzhu* / 067

The Situation and Strategy of Community Catering Development *Yang Liu* / 073

The Exploration on Chinese Group Catering Market *Ma Yanhua* / 078

Catering Industry and Commercial Estate *Liu Bo* / 085

The Analysis and Prospect of Chinese Tourism Industry *Song Rui, He Yijie* / 094

The Problem and Countermeasure of Chinese Tourism Hotel Industry *Yi ShaoHua, Jiao Yongming and Nie Xinwei* / 114

The Current Development of Chinese Flavoring Industry *Wang Hui* / 123

The Operation of Chinese Beverage Industry *Zhao Jingqiao* / 140

The Fundamental Condition of the Chinese Farm Products Market *Meng Ye* / 148

Utilization of the HACCP Management System in Catering Safety Management *Zhao Jianmin* / 158

The Urgent Need for Nutrition Improvement of the Chinese Dishes *Fan Zhihong, Jia Lili* / 169

Part Ⅲ Enterprise Analysis

The Social Responsibility of Chinese Catering Enterprises *Meng Ye* / 174

The Inspiration from Listed Time-Honored Brand Enterprises *Jiang Junxian* / 183

The Theory on Service Psychology— "Four Double" Theory *Ye Boping* / 190

An Empirical Study—Customer Satisfaction of HanTong *Zhu Huimin* / 196

The Innovation and Development during Upgrading and Transition

Shanxi Taiyuan Jiangnan Catering Group Co., Ltd. / 200

History Heritage and Brand Building of Time-Honored
Brand "Bian Yi Fang" *Yao Weijun* / 208

The Research of the YUM! (China) Food Safety Policy

Yum! Brands Inc., China Division / 214

Encourage Innovation Independently and Create Wuhu National
"River Fresh Food Research and Development Center" *Zhou Gang* / 234

Part Ⅳ International Analysis

The Comparison of Chinese and Western Wine Culture *Du Li* / 239

Japan Government Support Catering Industry Development *Li Yaguang* / 246

Japanese Family Restaurant—The Development Model to be
Learned by Chinese Fast Food Industry *Hu Zhenhua* / 251

The Research on Korean Catering Culture *Wang Hongmei* / 259

Appendix Ⅰ

10 Measures of Catering Industry in Response to the Policy
of "Expand Domestic Need" / 267

The Analysis of Catering Market during the October Day Golden
Holiday, 2008 / 270

The Analysis of Catering Market during the Spring Festival Holiday, 2009 / 272

The Analysis of Operation on the Whole Catering Market of First
Quarter of 2009 Year / 275

The Analysis of Catering Market during the Tomb-Sweeping Day Holiday, 2009 / 278

The Analysis of Catering Market during the May Day Holiday, 2009 / 279

Appendix Ⅱ

The List of Chinese Catering Enterprises Top 100 in 2008 / 281

序

《中国餐饮产业发展报告（2009）》在大家期许的目光中终于出版了，本书能够入选社会科学文献出版社的蓝皮书系列，是在中国烹饪协会连续三年发布的《中国餐饮产业运行报告》基础上的改革和提升，也是出版单位对中国烹饪协会和中国社会科学院财政与贸易经济研究所多年合作成果的肯定和褒扬。

《中国餐饮产业运行报告》首年发布就获得了全国商业科技进步一等奖，成为勉励我们不断进步的动力源泉。可以毫不夸张地说，无论是以往出版的《中国餐饮产业运行报告》还是本书，其对行业研究的思路、方法和角度，对餐饮业理论建设的贡献，对行业发展的记录和评价，均达到了一定的高度，成为从事本领域研究的标杆。

可以肯定地讲，众人的抬爱必将助力《中国餐饮产业发展报告（2009）》取得更大的进步。这也符合中国烹饪协会目前的战略部署。我们正在打造的两本年度性图书——《中国餐饮产业发展报告》和《中国餐饮年鉴》，前者主要是以专家视角和专业眼光，对行业发展的状况进行分析与预测，后者更多地是全面、系统、准确、及时地反映我国餐饮业发展的历史进程，两者分类定位，互为补充。

2009 年的经济形势不容乐观。此时出版《中国餐饮产业发展报告》的意义显得尤为特别，对于餐饮业广大同人准确判断形势、谋划发展当是大有裨益。

我始终认为，面对国际金融危机，首先要有明确的认识，作出正确的分析和判断。我国人口众多，而“民以食为天”，一日三餐必不可少，因此餐饮市场前景非常广阔。随着我国步入老龄化社会、现代化生活节奏的加快以及“四二一”结构家庭的增多，离家外出就餐的发展趋势十分明显，因此，我国餐饮业有着广阔的发展前景，是有待大力发展的朝阳产业。

胡锦涛总书记 2009 年 2 月指出：“我们一定要增强忧患意识和机遇意识，既充分认识世界经济环境急剧变化给我国经济发展提出的新问题新挑战，又充分认识我国经济发展的基本态势和长期向好趋势；既做好应对世界经济最困难最复杂局面的充分准备，又统筹国内国际两个大局、善于从国际国内条件的相互转化中用好发展机遇、创造发展条件，审时度势、科学决策、周密部署、扎实工作，继续推动经济又好又快发展。”“要抓住关键、突出重点、统筹兼顾、全面落实。要坚持以扩大内需为主和稳定外需相结合，采取更强有力的措施扩大国内需求特别是扩大消费需求，以拉动经济增长。”

党中央“以人为本”的政策，给人民越来越多的实惠。餐饮业已经成为我国服务业的重要支柱性产业。我国餐饮产业连续 18 年以两位数高速增长，餐饮消费继续成为拉动消费需求快速增长的重要力量。与此同时，餐饮产业在扩大内需、繁荣市场、吸纳就业和改善人民群众生活质量等方面也发挥着越来越重要的作用。我国餐饮业在落实中央经济工作会议精神、拉动内需方面，具有独特的优势，我们应当变压力为动力，化危机为生机，变经济波动期为发展机遇期。在国际金融危机面前，一定要抓住机遇，以科学发展观为指导，“以人为本”、调整发展结构、着力以信息化为手段，引进国际先进的现代化餐饮服务、管理模式，建立全国餐饮业采购电子商务平台，促进全国餐饮业的持续发展，切实保证食品卫生安全；着力发展以快餐为龙头的大众化餐饮，充分发挥我们的优势，团结奋进，自主创新，勇做拉动内需、满足人民餐饮消费的排头兵，开创我国餐饮业科学发展的新篇章。

2009 年 5 月 20 日

宏　观　篇

金融危机影响下的中国餐饮业：趋势与对策

杨　柳*

摘　要：本文分析了金融危机对中国餐饮业的影响，剖析了2009年餐饮业发展面临的形势与问题，并从政府、行业组织和企业的角度阐述了餐饮业发展的思路与对策。

关键词：餐饮业　金融危机　对策

2008年是不平凡的一年，这一年的中国既有冰雪灾害、汶川大地震的特大自然灾害，也有北京奥运会振奋人心的巨大成功，更有“三鹿奶粉”等重大食品安全事故的困扰。下半年，金融危机对中国经济的影响逐渐加深，世界经济何

* 杨柳，经济学博士，硕士生导师，高级经济师，世界中国烹饪联合会会长、中国烹饪协会常务副会长，行业管理经验丰富，主要从事餐饮产业经济学研究。

时走出危机仍有很大的不确定性，面对重重困难，政府迅速、果断地调整宏观经济政策，取得了令世人满意的宏观经济运行结果。当前全球经济低迷的态势，将对我国餐饮业产生怎样的影响？在困难与机遇并存的形势下，餐饮业如何走出困境、战胜危机是行业普遍关注的问题。

一 金融危机对餐饮业的影响

2008 年，由美国“次贷危机”引发的全球性金融危机已全面扩散至实体经济，在全球化加深的背景下，中国也难以独善其身，包括餐饮业在内的各行各业均遭受不同程度的影响。

（一）2008 年中国餐饮业的整体发展态势良好，影响在 2009 年逐渐加深

改革开放 30 余年，中国餐饮业保持了持续、稳定、快速发展的良好态势。2008 年，在经济形势急剧变化的情况下，餐饮业的发展态势依然良好，整个市场总体呈现持续平稳增长的发展态势，全社会住宿和餐饮业零售额达 15404 亿元，月增幅稳定在 23.1% ~24.9%，全年同比增长 24.7%，比 2007 年增幅高 5.3 个百分点，比社会消费品零售额增幅高 3.1 个百分点，占社会消费品零售总额的 14.2%，人均消费 1158.5 元，餐饮消费拉动社会消费品零售总额增长 3.41 个百分点，对社会消费品零售总额的增长贡献率为 15.83%，继续成为拉动经济增长的重要力量，如图 1 所示。2008 年，我国新设住宿和餐饮外商企业 633 个，实际利用外资 9.4 亿美元，尽管规模有所下降，但仍然是吸引外资的重要渠道之一。

2009 年，金融危机对餐饮业的影响更加明显，2009 年 1 ~3 月住宿和餐饮业零售额 4383 亿元，同比增长 18.9%，比社会消费品零售总额的增长速度高 3.9 个百分点，但比 2008 年同期降低约 4 个百分点，增速回落明显。这既有季节性因素，也有金融危机的影响。从整体来看，2009 年中国餐饮业的需求增量有所减弱，增长速度放缓，但并不会绝对下降。

在当前全球经济低迷、中国出口遭受较大影响的情况下，餐饮业吸引外界投资及自身扩大再生产并未受到特别明显的影响。2008 年前三季度，住宿与餐饮业新设立外商投资企业 506 家，实际使用外资 7.2 亿美元。其中，餐饮业实际使

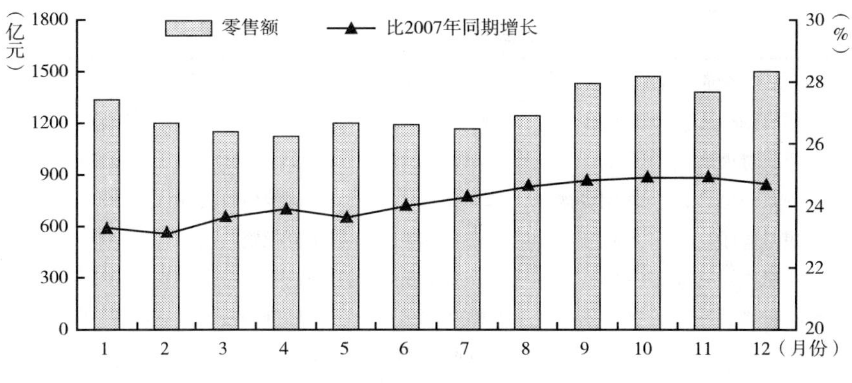

图1　2008年餐饮业发展情况

用外资3亿美元，同比增长14.4%。全年住宿和餐饮业投资额达1735.1亿元，比2007年同期增长30.5%，占全国投资总额的1.2%，与2007年基本持平。

尽管深受危机影响的投资机构正在纷纷缩减投资项目，但对餐饮业的投资激情并未减弱。2008年第三季度，国内风投募资金额同比缩水63%，但由于餐饮消费的刚性特性及餐饮业良好的抗风险能力（能够产生稳定的现金流），同时也因为一些大众餐饮、特色酒楼的业绩继续高速增长，风投对餐饮业的投资热情依然很高。2007年12月，重庆菜根香正式对外宣布启动上市计划，与中美桥梁资本有限公司建立合作关系，3年内该金融机构将为其提供5632万美元，并帮助其在纳斯达克上市。2008年9月2日，深圳创新投资集团有限公司和新疆百富烤霸餐饮管理有限公司签署战略合作协议，百富烤霸将从深圳创新投资引入10亿元资金，一期资金在签订合同后的两个月之内到位，共计6000万元，二期投入1.5亿元，两年之内10亿元全部到位。据悉，10亿元的签约金额成为目前中国服务业单笔滚动融资最大的资本金。9月3日，一茶一坐获得世界最大风险投资公司之一美国橡树的投资，总额达2300万美元。11月11日，英联高调宣布斥资5000万美元控股北京呷哺呷哺连锁快餐有限公司。2008年12月，两家金融机构购买俏江南约10%左右的股权。其他一些中小型餐饮连锁项目也获得风险投资的青睐，如上海盛记一品锅贴、上海包旺快餐等品牌均与风投公司签订了投资合作协议。据不完全统计，2008年至今，风险投资及股民投入餐饮业的资金超过15亿元。综合来看，目前餐饮业的整体形势依然良好，各界对餐饮业的投资热情没有受到明显影响，见表1所示。

表1　中国主要餐饮企业引入风险资本状况

序号	企业名称	经营业态	融资时间	投资基金	融资金额
1	两岸咖啡	休闲餐饮	2008 年	高盛、华生资本	3000 万美元
2	重庆奇火锅	火锅	2008 年	IDG 等	1000 万元
3	一茶一坐	休闲餐饮	2008 年	美国橡树投资等	2300 万美元
4	黑暗餐厅	特色餐饮	2008 年 3 月	中夏投资	1000 万港元
5	小肥羊	火锅	2008 年 6 月	香港上市	4.62 亿港元
6	百富烤霸	快餐	2008 年 9 月	深圳创新投资	第一期 6000 万元
7	呷哺呷哺	火锅	2008 年 11 月	英联	5000 万美元
8	俏江南	特色餐饮	2008 年 12 月	鼎辉	3 亿元
9	老娘舅餐饮	快餐	2009 年 4 月	复兴医药	5600 万元

资料来源：根据有关资料整理。

（二）消费下移倾向明显，大众化餐饮得到加强

与金融危机给其他行业造成的颓势相比，金融危机对餐饮业的传导较慢，其影响在 2008 年“十一”黄金周后才逐渐显现。2008 年 11 月，大众点评网、中华网的联合调查显示，白领阶层的餐饮预算受影响的程度要小得多——有 38.3% 的白领选择“没什么影响”，47.4% 的白领选择“有一点影响”，选择“餐饮用餐明显减少”的比例最小，仅占 14.3%。整体上，85.7% 的白领认为金融危机对于自己用餐的选择没有影响或影响不大。海通证券研究所 2008 年 10 月底的报告也说明了这一点，其统计的上证指数这一轮下跌中各行业的表现，从 81 个二级行业来看，跌幅超过 70% 的行业有 37 个，小于 20% 的行业仅有餐饮行业，跌幅为 13.09%，但金融危机对餐饮业的影响要具体问题具体分析，不能一概而论。

随着消费需求的变化，餐饮市场不断细分，不同地区、不同业态的市场定位、目标群体、经营策略都各不相同，受危机影响的程度也不同。具体而言，改革开放度高、对外依存度大的发达省市，受国际金融危机的冲击时间更早、力度更大、范围更广，西部偏远地区的餐饮业受金融危机的冲击相对较小；定位于高端市场的企业所受影响较大，而中、低端市场所受影响相对较小。以商务宴请为主的高档餐厅，营业额基本都出现不同程度地下滑，特别是鲍鱼、鱼翅等高档消

费品种的点击率大不如前了。据不完全统计，部分高档酒楼营业额下降 10% ~ 40% 不等；而以白领消费为主的中档餐厅也由于目标群体收入的降低，客流量和人均消费都在下滑，营业额下降 10% ~20%。

一些老字号企业因其鲜明的特色、灵活的经营，受金融危机的影响较小。2008 年，东来顺、聚德华天的营业收入增长约 30%。其他一些品牌企业，如大董烤鸭店更是以良好的出品、典雅的环境，依然保持较快的增长态势。2008 年，小肥羊公司营业额基本实现 37% 的增长目标，实现 1.25 亿元的赢利。一些中低端市场由于价格适中，营业收入不仅没有降低，还增长 10% 以上。餐饮业内部结构的增降相抵，从目前来看，整个行业并未出现明显的剧烈下滑，但出现高档餐饮向中高档下调、中档餐饮向大众化迈进的局面，转型较慢的企业经营压力很大。金融危机为餐饮业发展提供了深化改革、调整结构的机遇。因为金融危机的影响，一些经营不善、安全卫生程度不高的企业陆续倒闭，从长期来看，有利于整个行业的结构性调整。

（三）商务消费和集团餐饮消费的市场需求有所降低

金融危机对证券、银行、房地产等行业造成了直接影响，企业的商务宴请明显下降，同时金融危机加剧了股票市场的下滑，投资者资产缩水，减弱了部分居民的消费信心和消费能力。出口企业及跨国公司受金融危机的影响较大，企业的裁员及减薪降低了家庭消费能力。持续、漫长的经济低迷，众多中小企业、大型集团的破产严重影响了消费者的消费信心，降低了消费热情。

旅游市场受危机影响较大，入境游的减少也降低了餐饮消费需求。我国入境旅游客源主要来自于中国香港、中国澳门、中国台湾以及韩国、日本、俄罗斯等周边地区和国家。目前我国香港、台湾地区，以及韩国、日本等均已深受冲击，经济增速放缓。中国出入境旅游市场受金融危机及各种不利因素的影响，持续下滑，目前一线城市不少高星级酒店入住率下跌 40%，并开始打折促销。根据国家旅游局的数据显示，2008 年，中国入境旅游人数 13003 万人次，比 2007 年同期下降了 1.40%，过夜旅游人数 5305 万人次；入境旅游外汇收入 408 亿美元，比 2007 年同期下降了 2.57%，如表 2 所示。旅游业的下滑直接减少了餐饮消费需求，给餐饮业持续、稳定、快速发展带来不利的影响。

表 2　2008 年入境旅游接待收汇情况

	计量单位	数　量	同比增长(%)
入境旅游人数	万人次	13002.74	-1.40
过夜旅游人数	万人次	5304.92	-3.05
入境旅游(外汇)收入	亿美元	408.43	-2.57

资料来源：国家旅游局，http：//www.cnta.gov.cn。

2008 年上半年，受 CPI 上涨的影响，居民实际购买力下降，消费者信心指数自 2008 年以来出现下滑态势。2008 年 9 月，消费者信心指数为 93.4，与年初相比下降 2.2 个点。

二　2009 年餐饮业发展形势分析

（一）世界经济持续低迷，国内经济形势严峻

这次金融危机的严重性、成因的复杂性、影响的深远性都是 20 世纪 30 年代大萧条后所未有的。最乐观的估计，国际经济局势也将在 2009 年下半年才能好转，一些悲观的观点则认为这场危机将持续 2~3 年，甚至陷入长期衰退，而且影响面将逐步扩大。受国际金融危机的影响以及国内持续高速发展所积累的矛盾的冲击，2009 年我国经济增长速度也将有所回落，一般预计 GDP 增长为 8%~9%。目前，国家已将宏观调控的首要目标确定为保持经济平稳较快增长，并且采取了更为积极、灵活的财政、金融政策，并以转变经济增长方式、推动科学发展为核心，出台了一系列扩大国内需求、促进经济增长的措施，这些宏观调控政策已初见成效，国内发电量、建筑开工率、固定资产投资增速等一些先行指标有回暖迹象。数据显示，2009 年 1~2 月的城镇固定资产投资为 10276 亿元，增长 26.5%，2008 年同期的增幅是 24.3%，考虑物价因素，实际增幅约高了 10%，同时从政策面上看，4 万亿元投资和 10 大产业振兴计划的效果将越来越明显，但经济形势仍不十分乐观。

（二）支撑餐饮业发展的基本面依然良好，但增长势头将有所放缓

中国经济的基础支撑力量仍然强大，支撑餐饮业发展的经济基本面依然良

好。2008年底，国内城乡居民储蓄总量达21.8万亿元，中央财政收入超过6万亿元，外汇储备接近2万亿美元。截至目前，我国的金融体系依然稳健，资金充足，流动性良好。2008年，中国银行业实现5000亿元利润，同比增长30.6%，全行业资本回报率达17.1%，大大高于发达国家银行业的平均水平，不良贷款的比率2008年下降到2.45%的历史最低水平，再加上中国具有集中力量办大事的制度优势，虽然当前经济发展遇到一些困难，但我们应该看到中国经济发展的基本面还是好的。国内工业化发展的潜力依然很大，城镇化浪潮正在积极地推进，劳动力资源丰富。目前中国的城市化率为44.9%，距全球57%的平均数相差12个百分点，而根据近年的经验，城市化每提高1个百分点，农村将向城市释放1000多万的劳动力，城市化进程是消费需求最大的拉动因素，也将极大地扩大餐饮业的消费需求。

我国具有广阔的国内市场和巨大的具有不同需求层次的消费潜力，同时，消费结构升级，生存消费向享受、发展消费的转变为餐饮业发展奠定了基础。2008年，我国农村居民人均纯收入达4761元，比1978年增加了35倍；城镇居民人均可支配收入15781元，与1978年相比增加了45倍。农村居民家庭食品消费支出占家庭消费总支出的比重为43.7%，城镇居民家庭为37.9%。我国所实施的积极财政政策和适度宽松的货币政策，以及加快交通等基础设施建设和生态环境建设，都有利于提高城乡居民收入，这些无疑会带动居民消费需求的提高。

受金融危机等制约因素影响，2009年我国外部需求明显减弱，国内市场环境将进一步趋紧，餐饮业面临的挑战和考验较多，增长速度将有所放缓。但我国餐饮业发展的基本面较好，蕴藏的消费空间巨大，随着扩大内需、促进消费等系列措施带动作用的显现，餐饮业仍将继续保持较快的增长。

（三）食品安全的监管力度将进一步加强

2008年的三聚氰胺事件将食品安全问题推到风口浪尖，消费者的消费信心也遭受了沉重的打击，餐饮业食品安全问题也再次被提上日程。历经4年多的磨炼，2009年2月28日，《中华人民共和国食品安全法》（以下简称《食品安全法》）审议通过，确立了食品安全风险检测和评估、不安全食品召回等制度，明确了企业违法生产经营所应承担的法律责任，对餐饮行业的安全卫生工作提出了更高的要求。为此，国务院办公厅专门印发了《关于认真贯彻实施食品安全法

的通知》，以确保《食品安全法》的各项规定得到有效落实。2009 年 3 月 26 日，国家食品药品监督管理局发布了《关于餐饮消费环节打击违法添加非食用物质和滥用食品添加剂专项整治规范巩固阶段重点工作及要求的通知》，提出要清理整顿现阶段发现的餐饮消费环节违法添加非食用物质和滥用食品添加剂的突出问题。随着《食品安全法》的顺利实施以及市场监管的进一步加强，餐饮企业的生产经营活动将更加规范，整个餐饮行业的安全卫生水平将得到进一步提高。

三　新形势下中国餐饮业发展的思路及对策

2009 年，中国餐饮业面临的形势更严峻，任务更艰巨，企业要做好思想准备、树立坚定信心，积极寻求突围之策。2009 年 2 月，商务部出台了《全国餐饮业发展规划纲要》，明确提出了 2009 ~ 2013 年中国餐饮业的发展格局和发展目标。

（一）各级政府要进一步落实相关政策，为餐饮业发展创造公平的市场环境

改革开放 30 余年，尤其是近年来，餐饮业在促进就业、扩大消费、改善民生等方面所发挥的巨大作用日益被各地政府所重视。2008 年，餐饮业在产业地位和政策支持上取得了重大突破，国务院办公厅发布的《关于加快发展服务业若干政策措施的实施意见》明确提出对中餐、文化等领域企业和专业人才“走出去”提供帮助。2008 年底出台的《关于搞活流通扩大消费的意见》（以下简称《意见》），倡导餐饮企业承担社会责任，开办早餐服务，同时鼓励餐饮龙头企业在地级以上城市发展主食加工配送中心，推进早餐经营规模化、规范化，为居民提供价廉物美、方便快捷、安全卫生的早餐服务。《意见》同时提出要实行商业与工业用电、用水同价政策，降低企业成本。9 月 9 日，商务部、财政部联合发布的《关于 2008 年开展主食加工配送中心建设试点工作的通知》提出，在地方自愿申报的基础上选择 10 个城市，每个城市确定两家影响力大、示范性强的企业进行试点，对其符合支持内容的项目实际支出，按不超过 50% 的比例给予补助，每个企业获得的补贴总额，按建设大、中、小型主食加工配送中心的试点企业类别，分别最高不超过 400 万元、300 万元和 200 万元。将餐饮业明确写进国

务院文件，从国家层面重视、引导餐饮业发展的情况尚不多见，这些支持政策对餐饮业获取同等市场经济主体地位，降低不必要的成本负担，得到资金支持具有非常积极的作用。各地方政府将政策落实到位，必将有利于餐饮业战胜危机，获得持续、健康的发展。

（二）行业协会要积极引导餐饮业走出危机

2008 年末，中国烹饪协会向全国餐饮业发出“拉动内需，转危为安，全国餐饮业应对金融危机倡议书”，号召餐饮企业坚定信心，应对危机，扩大内需，和谐发展。2009 年初，协会又提出“搞活流通、扩大内需，中国餐饮业十大行动”，从加强餐饮物料流通基地建设、增强大众化餐饮服务功能、扩大就业渠道、加强培训、培育品牌集团、加快行业规范化建设等 10 个方面，为餐饮业应对危机引导方向。几乎与此同时，中国烹饪协会与中国财贸轻纺烟草工会共同在全国餐饮业启动“共同约定行动”，努力营造企业关爱员工、员工支持企业、共同实现双赢的良好氛围，为企业转化危机提供了有力引导。

（三）餐饮企业要坚定信心，共克时艰，和谐发展

1. 积极调整经营策略，探寻可持续发展之道

消费需求不足、企业经营受损是金融危机影响的直接表现，因此降价促销、收缩战线是很多企业应对危机的常用方式。一些高档酒楼积极调整市场定位和产品结构，开始走亲民路线，不仅通过派发优惠券、推出特价菜、免费供应汤品等营销措施吸引消费者，同时对开设直营店或加盟店更加慎重，有些企业甚至关闭了一些业务不佳的店铺，在金融危机中先生存后发展。一些香港餐饮企业推出 1 港元叉烧饭、1 港元巴西牛扒、1 港元担担面等特价菜吸引消费者，内地很多餐饮企业、各大美食网站几乎都推出电子优惠券吸引消费者。被视为中餐奢侈品牌的俏江南餐饮管理集团也在悄然转变客户定位，服务的目标人群从商务高端向大众消费群体扩展，同时对一些菜品进行不同程度地调整和优惠，整体降价幅度近 20%，以此吸引家庭消费。

危机既是难关，也是改革、调整的良机。在市场低迷时期，房租、食品、原料价格不断下降，降低了企业的经营成本，一些有实力的企业通过增设新店、股权并购等方式加快了扩张步伐。自 2008 年 5 月起，居民消费价格指数涨幅逐渐

回落，12 月涨幅下降为 1.2%，2009 年 2 月则出现负增长，餐饮业的主要原料——禽蛋肉制品、蔬菜、水果的价格都出现不同程度的回落，降低了企业的营业成本。受危机影响较大的行业的收缩加上房地产市场的低迷，各大城市、各地段的房租价格也出现 10% ~30% 的下降，一些有实力的企业集团开始逆势扩张。麦当劳 2009 年计划在中国新开设 175 家店，并从多方面推进在华发展速度，计划增加 1 万多名店员和 1200 个餐厅经理的职位；肯德基也表示要保持年开店 300 家的发展速度；深圳嘉旺、真功夫等中式快餐表示不会因为金融危机放慢发展速度；德庄、小天鹅、五斗米集团也都加快了扩张步伐。2009 年 3 月，百胜收购小肥羊 20% 的股权，扩大在中国餐饮市场的占有率。结合企业自身条件，通过收缩或扩张的经营策略调整是应对危机的首要之道。

2. 加强菜品、业态创新，调整供给拉动消费

菜品是餐饮企业生存、发展的基础和生命，提供物超所值的服务和体验是企业制胜的法宝。在消费需求求新、求变，菜品缺乏专利保护、易于模仿的新时期，菜品的生命周期也逐渐缩短，创新就成为企业保持生命力的内在要求，在消费需求不振的当下，菜品创新尤为重要。企业要针对市民消费能力、消费心理的变化，在原材料、器皿、烹饪技法上不断创新，开发出成本较低、新鲜、营养的新品种，用供给引导消费，在留住老顾客的同时，积极争取新客户。

在消费需求变化和创新精神的指引下，餐饮业在融合与分化中出现了一些新兴业态。高端餐饮消费在此次金融危机中所受的影响较大，营业额下降明显。很多企业研究市场形势，明确市场定位，开创新的品牌，进军新的业态，通过供给产品、供给结构的调整引导、刺激消费。一些高端餐饮集团开始针对市场变化开发休闲快餐、自助餐等品牌，利用企业现有人力资源、信息系统、配送系统等资源，充分挖掘规模经济和范围经济优势，创立并支持新品牌发展。此外，B2C 网络餐饮公司等新兴业态，在传统餐饮与第三方点评之间找到契合点，利用其方便快捷、以需预定的特点，最大可能地扩大消费者的选择空间，开始在餐饮市场初露端倪。

3. 全面整合资源，大练内功寻求发展契机

随着企业规模的扩大和实力的增强，多元化成为很多餐饮企业降低风险、增加赢利的战略选择，一些餐饮集团涉猎食品加工、酒店管理、洗浴娱乐、房地产等多个领域。在金融危机冲击、资金紧张的条件下，需要收缩业务链条，将有限的资源和精力集中到优势业务和主营业务上来，通过整合资源和实现资源向优势环节集中，以获得稳定的现金流。只有保证稳定的现金流，中国餐饮企业才能顺利度过这个“经济寒冬”。同时，企业也可以将与供应商或其他利益相关者的关系由债权债务关系转变为股权投资关系，不仅可以解决企业资金问题，更能优化企业产业链条。

受金融危机的影响，企业客流量和员工工作量较以往有所下降，企业可以利用空闲时间加强企业文化、业务技能、管理素质、道德修养等培训，提高员工素质。同时要优化流程管理，做好成本控制。一些中小企业可以通过网络、行业组织建立采购联盟，利用集团采购的优势，减少中间供应商环节，控制好原材料的进货价格，降低经营成本。连锁企业应加大统一采购、统一配送力度，做好成本控制。

4. 与员工利益共享，加强人才储备，着眼于长远发展

减员、降薪是企业应对危机最直接、最有效的方式，但不一定利于企业的长远发展。新一轮经济增长启动之时，具有丰富经验、凝聚力强的人才队伍的餐饮企业更容易抓住机会。企业应对金融危机既要考虑当前又要着眼长远，做到短期利益与长远发展相结合，企业赢利与社会责任相结合。在消费淡季，可以通过弹性工作制等多种方式留住员工，并开展丰富多彩的文娱活动，增强大家共克时艰的信心和凝聚力，通过利益共享实现互助双赢。

企业除了应对目前的危机，还要为将来形势好转做好人才储备。教育部预期2008 年留学“海归”人数将超过 5 万，比 4 年前的 2. 5 万增加 1 倍。“海归”总人数近 32 万，而仅 2008 年一年“海归”人数就将超过 30 年来的 1/6。随着全球金融危机的持续恶化和美国经济的衰退，海外留学人员更是将目光投向中国。作为劳动密集型产业，餐饮业的劳动需求量大，曾经一直很难招人，但现在不少人从沿海返乡，同时由于公司破产、裁员富余的人才也加入待业大军，为餐饮业解决招人难问题提供了契机。重庆餐饮业召开专场招聘会，既解决了社会就业，又为企业发展储备了人才，有利于产业的长期、持续发展。

危机往往是重大历史转折的机会，也是优胜劣汰的过程，时下的金融危机更让我们看清楚了这一点，中国餐饮企业眼前面临的不仅有挑战，更有机遇。经过金融危机的洗礼，一些经营不善的企业将被淘汰，也有一批企业将乘风破浪，更加茁壮地成长。

扩大餐饮消费需求与促进餐饮消费升级

荆林波*

摘　要：本文在分析我国国内消费基本情况的基础上，详细阐述了餐饮消费的状况，剖析了当前我国餐饮消费面临的机遇与挑战，最后对扩大餐饮消费需求与促进餐饮消费升级提出了一系列意见和建议。

关键词：餐饮业　消费　需求　升级

一　大背景：我国国内消费基本状况

（一）消费需求总量增长加速

1996 年以来，我国的消费需求增长呈现滞缓态势，1998 年、1999 年我国消费品零售额名义增长率分别只有 6.8%、6.8%。进入 2000 年后，随着国民经济增长速度的回升，消费需求增长开始有了一定幅度的提高，2000 ~ 2003 年，消费品零售额名义增长率分别为 9.7%、10.1%、11.8% 和 9.1%。在 2003 年消费增长同比增速回落的基础上，2004 年以来消费增长开始加快，2004 年消费品零售额名义增长率达到了 17.7%。尽管单从数据对比看，这样的增长速度仍远远低于“七五”时期 14% 和“八五”时期 23.2% 的增长速度，但值得指出的是，2000 ~ 2004 年的居民消费总量的大幅度增长是在通货紧缩经济背景下出现的真实的增长。2000 ~ 2004 年 5 年间，居民消费水平指数（以 1978 年为 100）增幅分别为 35.2、24.3、30.0、32.4 和 41.5 个指数点位，远高于 1992 ~ 2004 年的平

* 荆林波，经济学博士，中国社会科学院财政与贸易经济研究所副所长，研究员，博士生导师。兼任世界烹饪联合会国际饮食文化研究会秘书长，中国烹饪协会专家工作委员会副主任。

均18个点位的增幅。2000~2004年，居民消费水平指数、社会消费品零售总额与居民消费总量同步走高。①

我国社会消费品零售总额1992年首次突破1万亿元大关，2002年以来，基本每年上一个万亿台阶，2003年突破5万亿元，而后只用了5年时间就又攀升了5万亿元。2008年我国全年社会消费品零售总额首次突破10万亿元大关，该年我国消费品市场继续保持较快增长，同比加快4.8个百分点。从市场运行动态看，与2007年同期相比，一季度社会消费品零售总额增长20.6%，二季度增长22.2%，三季度增长23.2%，四季度滑落到20.6%，三、四季度增幅高低落差为2.6个百分点。2002~2008年社会消费品零售总额见表1所示。

表1　2002~2008年社会消费品零售总额

单位：亿元，%

年份	社会消费品零售总额	增长速度	年份	社会消费品零售总额	增长速度
2002	48135.9	—	2006	76410.0	13.7
2003	52516.3	9.1	2007	89210.0	16.8
2004	59501.0	13.3	2008	108488.0	21.6
2005	67176.6	12.9			

资料来源：2002~2007年数据来自《中国统计年鉴2008》，第650页；2008年数据来自国家统计局2009年1月22日发布的数据。

（二）消费率偏低并呈现下降的趋势

我国的消费率长期徘徊在60%上下，2004年最低，仅为53.6%，大大低于70%左右的世界平均水平。在2002年以来的新一轮经济增长周期中，消费率全都处于60%以下，而且创下了1998年以来的最低点。在消费率逐年走低的同时，投资率却连年攀升。2000~2004年，中国的投资率分别为36.4%、38.0%、39.25%、42.3%和43.9%，而发达国家和许多发展中大国的投资率一般为20%~30%，消费率一般为70%~80%。消费与投资增长不协调，消费率偏低，不利于国民经济的持续稳定和健康发展，容易造成部分行业产能过剩，导致商品

① 本研究关于2004年之前的状况，参照《主要发达国家消费政策与我国的比较研究》课题报告，该课题由商务部市场运行司与中国社会科学院财政与贸易经济研究所共同完成。

供求失衡。

1978 年，我国的消费率为 62. 1% ，“六五” 期间平均为 66. 2% ，“七五” 期间平均为 63. 4% ，“八五” 期间为 58. 7% ，“九五” 期间为 59. 4% 。2002 年，我国的消费率下降到改革开放以来的最低点 58. 2% ，2003 年进一步下降到 55. 4% 。事实上，当前我国消费率不断下降的趋势是与工业化阶段投资率和消费率的一般变化规律相吻合的，即随着工业化程度的提高，投资率不断上升，消费率不断下降①。但与美国和日本的相同历史阶段（人均 GDP 约 1000 美元的历史阶段）相比，与一些发展中国家的工业化发展阶段（人均 GDP 约 1000 美元的历史阶段）相比，与理论预测数值（按工业化中期阶段计算）相比，我国的消费率都明显偏低②。世界各类型国家的最终消费率见表 2 所示。

表 2　世界各类型国家的最终消费率

国家和地区	1990 年	2000 年	2001 年	2002 年	2003 年
世界	76. 8	77. 7	78. 7	79. 1	—
低收入国家	82. 4	80. 3	80. 5	80. 2	79. 7
中等收入国家	73. 4	73. 5	73. 9	72. 6	71. 7
下中等收入国家	71. 9	72. 2	71. 9	70. 9	69. 7
上中等收入国家	76. 3	76. 0	78. 1	76. 1	76. 1
中低收入国家	74. 7	74. 5	74. 8	73. 7	72. 8
高收入国家	77. 3	78. 4	79. 5	80. 3	—
中国	62. 0	61. 1	59. 8	58. 2	55. 4

资料来源：国家统计局编《2005 年国际统计年鉴》，中国统计出版社，2005。

(三) 消费品市场有效需求不足的矛盾没有根本解决

从经济运行看，虽然前一阶段启动消费需求的系列政策一定程度上引导了消费者心理预期好转，缓解了消费品市场销售增幅下滑的压力，但消费品市场严重的供过于求局面没有得到根本改变。根据中华全国商业信息中心对全国市场主要商品供求情况的分析结果显示，供过于求的商品 1997 年下半年占 31. 8% ，1998

① 李建伟：《投资率和消费率的演变规律及其对经济增长的影响》，《经济学动态》2003 年第 3 期。

② 国家发展改革委综合司：《关于消费率的国际比较》，《中国经贸导刊》2004 年第 16 期。

年下半年占33.8%，1999年下半年占80%，2000年下半年占79.64%，而2001年下半年进一步上升为86.3%。根据市场商品供求情况和价格变动情况分析，有效消费需求不足仍是我国商品市场的主要矛盾。为应对1998年的亚洲金融危机，我国启动消费政策收到明显的成效，市场上供过于求的商品只占33.8%，但2001年市场上供过于求的商品比例上升到86.3%，上升了近53个百分点，供过于求的矛盾不仅没有缓解，反而更加尖锐了。

据商务部连续调查，多年来600种主要消费品中，供求基本平衡的商品近1/3，为28.7%；供过于求的商品约占2/3；基本没有供不应求的商品。300种投资品中，基本平衡的占大多数，供不应求的仅占很小比重，并且主要集中在能源、有色金属和木材等上游资源型投资品上而不是一般的下游产品上。可以认为，我国消费品市场全面过剩，投资品市场部分过剩。以房地产为例，2008年11月的全国房地产开发景气指数为98.46，比10月回落1.22点，比2007年同期回落8.13点，这也是2008年该指数的第11个月下滑，也就是说，2008年以来，我国房地产开发趋势走出的是一根月月回落的下行线。截至2008年11月末，全国商品房空置面积1.36亿平方米，同比增长15.3%，增幅比1～10月提高2.2个百分点。其中，空置商品住宅7084万平方米，同比增长22.9%，增幅提高4.9个百分点。

此外，从社会需求指数来看，2008年下半年以来，该指数不断下降，拉出一个陡峭的下跌线，参见图1。

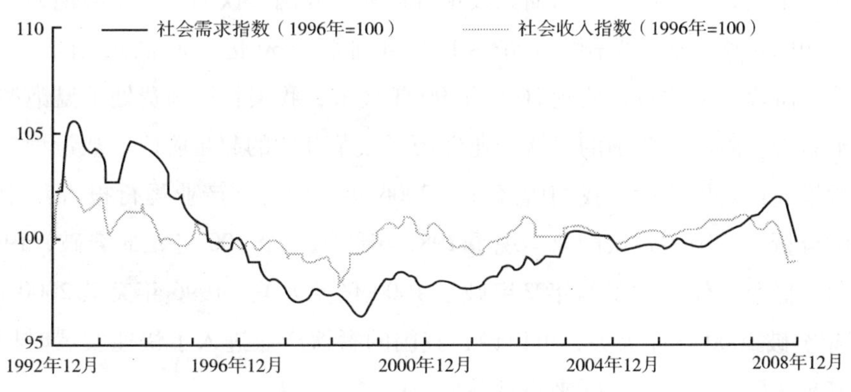

图1　1992～2008年社会需求指数

资料来源：国家统计局，2009年2月。

总结我国改革开放30余年的经济发展历程，我们可以清晰地发现，我国经济高速增长的动力来源于“三驾马车”中的投资、出口，而消费处于淡化的地位。如今，我国面临消费社会转型的重要时期，即从第二次消费升级向第三次消费升级的转型，参见表3。

表3　城乡居民三次消费升级

	第一次	第二次	第三次
时间跨度	20世纪60年代至80年代末	20世纪90年代初至90年代末	21世纪初至今
代表商品	自行车、手表、缝纫机	彩电、电冰箱、洗衣机	汽车、住房、旅游
消费模式	温饱型	由温饱型向小康型转变	由小康型向享受型转变
消费级别	百元级	千元级	万元级、数十万元级
持续时间	30多年	10年左右	数十年甚至百年

资料来源：作者根据梁达《居民消费能力增强对中国与世界意义重大》修改而成。

二　主旋律：当前我国餐饮消费的基本状况

对比中国国内消费发展与升级的大背景，我国餐饮消费无疑是其中的一个主旋律。

新中国成立以来，我国的餐饮消费经历了以下三个发展阶段。

第一阶段，新中国成立初期到改革开放前，我国餐饮消费处于温饱型消费阶段。我国的餐饮产业消费额在1963~1977年徘徊于30亿~50亿元之间。

第二阶段，从改革开放到20世纪90年代末，我国餐饮消费处于温饱型向小康型消费转变阶段。我国的餐饮产业经历了改革开放的起步阶段、数量型扩张阶段、规模连锁发展阶段。我们曾经在《2006年中国餐饮产业运行报告》中做过详细的分析，我国的餐饮产业实现了1983年的第一个100亿元的突破，1992年突破500亿元，仅仅过了两年又突破了1000亿元大关，1996年突破2000亿元，1999年突破3000亿元大关，可以说，我国的餐饮产业进入了快速发展时期，极大地满足了国内居民与国际来宾日益增长的餐饮消费需求。

第三阶段，从21世纪开始乃至未来相当长的时期，我国餐饮消费处于由小康型向享受型转变的阶段。从统计数据可以清楚地看出，2001~2005年，我国

餐饮消费每年增加1000亿元，2006年首次突破了万亿元大关，最近两年每年递增2000亿~3000亿元。根据中国烹饪协会的统计，我国餐饮业连续18年保持两位数的高速增长，表4是一些代表年份的餐饮消费状况。

表4　我国代表年份餐饮业状况

年份	住宿餐饮业（亿元）	住宿餐饮业占全社会消费品零售总额(%)	状况说明
1952	14.1	5.1	本年是新中国成立初期首次统计
1977	50.4	3.5	改革开放之初的状况
1983	112.1	3.9	首次突破百亿元
1986	232.8	4.7	首次突破200亿元,新增100亿元,经过3年
1988	366.5	4.9	首次突破300亿元,新增100亿元,经过2年
1989	405.1	4.9	首次突破400亿元,新增100亿元,经过1年
1992	589.7	5.3	首次突破500亿元,新增100亿元,经过3年
1993	817.8	5.7	首次突破800亿元,新增200亿元,经过1年
1994	1201.4	6.5	首次突破1000亿元,新增400亿元,经过1年
1996	2070.0	7.3	首次突破2000亿元,新增1000亿元,经过2年
1999	3270.3	9.2	首次突破3000亿元,新增1000亿元,经过3年
2001	4465.2	10.4	首次突破4000亿元,新增1000亿元,经过2年
2002	5547.1	11.5	首次突破5000亿元,新增1000亿元,经过1年
2003	6191.4	11.8	首次突破6000亿元,新增1000亿元,经过1年
2004	7550.4	12.7	首次突破7000亿元,新增1000亿元,经过1年
2005	8886.8	13.2	首次突破8000亿元,新增1000亿元,经过1年
2006	10345.5	13.5	首次突破10000亿元,新增1000亿元,经过1年
2007	12352.0	13.9	新增2000亿元,经过1年
2008	15404.0	14.2	新增3000亿元,经过1年

资料来源：作者根据历年餐饮业状况整理，原始数据参见《中国餐饮年鉴2008~2009》，中国餐饮年鉴社，2009。指标说明中新增数量与时间跨度均指大约数量与大约时间。

从住宿餐饮业占全社会消费品零售总额的状况来看，1952年占5.1%，20世纪60年代初期从1963年的6.1%一直下降到1970年的3.4%，之后的近15年时间一直平稳地在3.6%上下，1984年突破4.1%，1989年达到4.9%，1994年突破6%，达到6.5%，此后的10余年一直稳步上升，到2008年达到14.2%的历史最高点。

如果对照我国城乡居民三次消费升级的变化，可以得出我国餐饮消费升级的状况，见表5。

表5　我国餐饮消费升级

	第一次	第二次	第三次
时间跨度	新中国成立之初至改革开放前	改革开放至20世纪末	21世纪初至今
城市消费模式	温饱型	由温饱型向小康型转变	由小康型向享受型转变
农村消费模式	温饱型	由温饱型向小康型转变	由温饱型向小康型转变，个别发达的农村地区升级到享受型消费
消费级别	十元级	百元级	多元化：部分向千元级、万元级升级，部分走向物美价廉
持续时间	30年左右	30年左右	数十年甚至百年

资料来源：荆林波：《关于中国餐饮消费研究》，内部报告，2009年2月。

由于存在着城乡消费差距，更为准确地讲，城市居民的餐饮消费模式与农民的餐饮消费模式存在着时滞，对于我国大多数的农村而言，餐饮消费将长期处于温饱型向小康型转变升级阶段，再渐次升级到享受型消费阶段。特别是，目前占人口比重70%的农村消费并没有启动，占人口比重70%的农村消费占居民消费支出的比例不到30%，城乡人均生活消费支出差距在3倍之上，参见图2。截至2007年的统计数据表明，农村居民家庭平均人均纯收入4140元/年，消费支出3224元/年，农民没有钱消费，所以农村的消费很难启动。

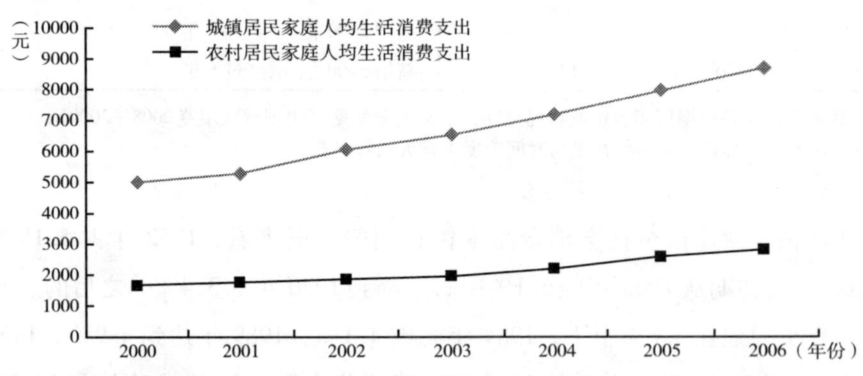

图2　城乡人均生活消费支出差距

三　五重奏：中国餐饮消费的机遇与挑战

（一）全球化的机遇与挑战

很显然，从国际来看，我们正在迎接一个恐怕是1929年经济大危机以来最大的一次金融危机，有的专家甚至认为本次金融危机是有史以来最大的全球性金融危机。美国经济出现衰退，欧洲许多国家与日本都调低了经济预期，表6是经合组织、国际货币基金组织、世界银行对2007～2009年全球经济状况的预测。

表6　2007～2009年全球经济状况预测

单位：%

	2007年GDP增长	2007年GDP的贡献	2008年预计GDP	2009年预计GDP
美国	2.2	0.4	1.4	-0.7
欧盟15国	2.7	0.5	1.3	0.5
日本	2.1	0.1	0.7	0.5
其他国家	4.0	0.3	2.2	2.0
发达国家总和	2.6	1.3	1.4	0.3
中国	11.4	1.9	9.0	8.5
印度	8.7	0.5	7.0	7.0
亚洲其他发展中国家	6.6	0.4	6.2	6.2
拉美国家	4.1	0.3	2.3	2.3
中东国家	5.1	0.1	5.1	5.2
非洲	6.1	0.2	5.9	6.0
中欧东欧	5.7	0.2	4.5	3.4
其他国家	9.0	0.4	7.4	5.7
新兴市场与发展中国家	8.1	4.0	6.5	6.2
世界总和	5.3		4.0	3.2

资料来源：OECD，IMF，World Bank，2008。

然而，随着时间推移，更多的悲观消息传播出来，上述预测机构又不断地下调了它们的预期。比如，国际货币基金组织最近预测2009年的增长率为2.2%，低于2008年10月预测的3%。世界银行的《全球经济展望》报告也把全球GDP的增长率从2008年的2.5%下调到2009年的0.9%。

可以肯定的是全球经济的下滑必然给中国经济带来一定的影响，进而影响居民收入状况，重创我国消费者的消费信心，其中对我国餐饮消费中的公款消费、高档餐饮消费的影响会比较大。

全球化的另外一个特例是最近在全球蔓延的流感。世界银行2008年曾预测，若出现大面积流感，全球可能要付出3万亿美元成本，随之而来的是所有国家国内生产总值（GDP）之和近5%的萎缩。世界卫生组织2009年4月30日在日内瓦宣布，鉴于“猪流感”一词会令公众误解眼下在墨西哥、美国等国爆发的疫情缘于接触生猪或食用猪肉，世卫组织将停用“猪流感”这一称呼，而用学名“A（H1N1）型流感”代替，而我国采用“甲型H1N1流感”这一名称，截至2009年5月9日，世卫组织当天上午确认全球29个国家和地区有确诊病例3440例。美国已超过墨西哥成为确诊病例最多的国家。目前，对此流感的蔓延与影响仍然难以做出明确判断，值得我们进一步关注。正如美国作家阿尔弗雷德·克罗斯比在《哥伦布的交换：1492年的生物和文化后果》一书中所描述的：“当新大陆不再处于隔绝状态，当哥伦布使地球的两半归于一统时，美洲印第安人首次遭遇了最可怕的敌人：不是白人及其黑奴，而是这些人在血液和呼吸里携带的无形杀手。”

当然，中国要化危机为时机，积极进行经济发展模式转型的探索。当前，国际、国内环境的变化给中国的进出口带来了新的机遇和挑战，我们要在“引进来，走出去”的战略方针指导下，适应新形势的要求，切实调整和转变政府经济管理职能，加强政府公共服务意识，加强外商直接投资的产业导向，引导外商投资更多地流向一些薄弱的第三产业部门，优化直接投资地区经济结构，实现地区间的均衡发展，利用外资与鼓励国内资本并重，实现利用外资的可持续发展，最终实现国内市场与国际市场并重发展。同时，我国应当充分发挥过去应对SARS的经验，建立、健全防控体系，严防流感疫情的侵入。

应当看到，全球化是一把双刃剑，在全球经济一片哀鸿的时候，中国经济一枝独秀，因此国际风险投资也正在加大对中国餐饮业的投资。据不完全统计，2009年第一季度，我国快餐企业吸引了来自国内外的投资基金近2亿美元。

（二）城市化的机遇与挑战

最近50年，世界城市人口占总人口的比例从1/3迅速增长到1/2，而未来50年，世界城市人口比例将增长到2/3。中国的城市化率在过去的500年也发生了历史性飞跃，参见表7。

表7　世界主要国家与地区的城市化状况

年　份	1500	1600	1700	1800	1890	1980	2000
比利时	21.1	18.8	23.9	18.9	34.5	95	97
法国	4.2	5.9	9.2	8.8	25.9	73	76
德国	3.2	4.1	4.8	5.5	28.2	83	88
意大利	14.9	16.8	14.7	18.3	21.2	67	67
荷兰	15.8	24.3	33.6	28.8	33.4	88	89
英格兰和威尔士	3.1	5.8	13.3	20.3	61.9	89[1]	90[2]
西欧	6.1	7.8	9.9	10.6	31.3	73[3]	77[4]
葡萄牙	3	14.1	11.5	8.7	12.7	29	64
西班牙	6.1	11.4	9	11.1	26.8	73	78
中国	3.8	4.0[5]	—	3.8	4.4	20	32
日本	2.9	4.4	—	12.3	16	76	79

注：1、2为英国数据；3、4为欧盟数据；5为中国1650年的数据。

资料来源：世界银行2002年世界发展指标编写组编《2002世界发展指标》，中国财经出版社，2004。

有关中国经济发展水平与城市化的关系，理论界的判断存在相当大的差异，我们不去追究这些差异，而是希望从城市化进程角度探讨城乡消费差距，以及因此给中国餐饮消费带来的潜在机遇与挑战。

国家统计局报告指出，2007年末中国城市数量达655个，比1978年增加462个，其中地级及以上城市由1978年的111个增加到287个。同时，小城镇发展呈现新局面。1978年全国仅有建制镇2173个，且以县城关镇和工矿镇为主。2007年末建制镇达到19249个，新建的建制镇大多由原乡建制发展而来。2007年，全国城镇人口达59379万人，城镇人口（居住在城镇地区半年及以上的人口）占总人口的比重为44.9%，比1978年提高了27个百分点。

但是，由于长期存在的“二元结构”，再加上农村居民收入自20世纪90年代中期以来的低速增长，农村居民购买力低下，致使农村市场的开拓尚未根本见效。农村整体偏低的消费结构与教育、医疗的高额支出形成鲜明对比，并对农村居民扩大消费产生了明显的挤出效应。20世纪90年代后期以来，农村居民人均消费支出中用于文教娱乐用品及服务的比重不仅高出城镇居民水平，也高于世界多数国家的水平。用现金支出衡量，1998～2001年，中国农村居民用于医疗保健和娱乐教育及文化服务的支出比重（21%）是世界上最高的，比最早进入老龄化的法国和老龄化发展速度最快的日本高3个百分点以上。用现金支出衡量，2007年中国农村居民用于医疗保险和娱乐教育及文化服务的支出比重尽管比2006年下降了1.91%，但是仍然高达18.65%，见表8。显然，农民的餐饮消费仍然处于偏低的状况，真正意义上的外出就餐并不多。

表8　农村居民消费支出比例

单位：%

年　份	2000	2005	2006	2007
文教娱乐用品及服务	14.53	13.84	12.63	11.05
医疗保健	6.82	7.87	7.93	7.60
合　计	21.35	21.71	20.56	18.65

资料来源：《中国统计年鉴2008》，中国统计出版社，2008。

因此，从未来中国城市化乃至城镇化发展的趋势来看，城镇会成为中国餐饮消费的密集区域，同时，伴随着大量农民工进城，餐饮消费会日益增多，尤其是随着中国城市化进程的加快和城市经济的迅猛发展，城市经济在国民经济中越来越显示出其重要的地位和作用。2007年，中国地级及以上城市（不包括市辖县）GDP为157011亿元，占全国GDP的比重由1990年的36%上升到63%。可以预见，未来中国餐饮产业会在城市化进程中发挥更大的作用。

（三）工业化的机遇与挑战

中国社会科学院课题成果《中国工业化进程报告——1995～2005年中国省域工业化水平评价与研究》通过对中国工业化进程的综合评价分析，认为目前中国已进入工业化中期的后半阶段。[①] 中国的工业化进程给中国餐饮产业带来的机遇与挑战表现在以下几方面。

第一，菜品研发科学化。中国餐饮企业的菜品研发将话别厨师个人体验、身怀绝技、师门独传的路径，而逐步进入集中化研发、靠集体智慧创新菜品的阶段。众所周知，制造业研发投资比重在美国、日本、德国等发达国家达 2% ~ 3%，高科技产业研发投资比重在 5% 左右，个别领先的企业研发投资比重超过 10%。而反观我国餐饮企业，很少有企业披露自己研发投入的比例，因为研发投入少得可怜，菜品的研发主要靠厨师自己体验、试错来完成，菜品的质量很难控制，稍好的企业也只是由厨师长领衔推进菜品研发。大多数厨师的文化素养较低、见识较少，靠他们进行研发的科学成分必然大打折扣。未来中国的餐饮研发必然应通过厨师、营养师、各种专业研发人员（比如美学方面专业人员、成本控制人员等）集体攻关，科学探索中餐的创新之路。

第二，菜品生产工业化。中国餐饮企业将话别传统的小作坊式家庭制作，即通过工厂化生产、大规模定制完成所有的菜品制作，由类似福记这样的大企业分销中心，集中配送到各个小餐饮店铺，在店铺现场完成加热工序，直接提供给消费者。这意味着大众化餐饮店铺的深刻变革至少包括四个方面：第一个方面，人员结构的变革，只需要一般的热处理员工，不需要高技能的厨师，节约了企业的人力成本；第二个方面，店铺格局的变革，不需要过大的加工间、制作间，节约了昂贵的租金；第三个方面，工作流程的变革，要对预订菜品的品类和数量有充分的把握，合理适量预订；第四个方面，删减了诸如采购原材料等岗位，消除了困扰企业多年的跑冒滴漏的隐患，也节约了人力成本与采购成本。

第三，顾客需求定制化。按照顾客需求导向，实现餐饮产品的按需生产。现

---

① 到 2005 年，中国的工业化水平综合指数达到 50，这表明中国刚刚进入工业化中期的后半阶段。如果将整个工业化进程按照工业化初期、中期和后期三个阶段划分，并将每个时期划分为前半阶段和后半阶段，那么中国的工业化进程已经过半。应该说，基于本报告采用的方法评价的中国工业化水平，与大多数学者的分析判断——“十五”期末中国的工业化大致处于中期第二阶段或重化工业化阶段中的高加工化时期——基本吻合。根据对中国工业化的综合评价，1995 年中国工业化水平综合指数为 18，表明中国还处于工业化初期，但已经进入初期的后半阶段；到 2000 年，中国的工业化水平综合指数达到了 26，这表明 1995 ~ 2000 年的整个“九五”期间，中国处于工业化初期的后半阶段；到 2005 年，中国的工业化水平综合指数是 50，这意味工业化进程进入中期阶段。也就是说，“十五”期间，中国工业化进入了高速增长阶段，工业化水平综合指数年均增长接近 5%。

在可以提前预订一个家庭套餐，然后配送到家，只是现在的预订菜品是企业预先设定的内容，顾客的选择有限。未来顾客可以提出自己想吃的菜品（包括原材料的要求），餐饮企业按照顾客的偏好（诸如是否要辣、是否加糖、是否过油等），为顾客提供理想中的菜品。

（四）信息化的机遇与挑战

人类社会已经逐步从工业社会进入信息社会。信息技术的广泛发展与应用，为中国餐饮产业提供了无限的机遇与挑战，至少体现在以下三方面。

第一，能否利用信息技术进行全方位的客户关系管理。最早提出该概念的 Gartner Group 认为：所谓的客户关系管理（CRM）就是为企业提供全方位的管理视角，赋予企业更完善的客户交流能力，最大化企业的收益率。需要特别强调的是客户关系管理不仅仅是一个软件，它是方法论、软件和 IT 能力的综合应用，是一整套商业策略的实施。总之，通过客户关系管理，中国餐饮业可以提高核心竞争力，达到竞争制胜、快速成长的目的，同时树立以客户为中心的发展战略，在此基础上开展包括判断、选择、争取、发展和保持客户的全部商业过程。未来中国餐饮企业将按照客户服务流程自动化、呼叫中心、网络互动与数据库分析逐步提升自己的客户关系管理水平。目前，百胜集团已经在北京、上海等地探索呼叫中心，可以预见越来越多的企业会加入这个队伍。

第二，能否利用信息技术进行深度数据挖掘，建立一套完善的顾客满意指标体系。如上所述，客户关系管理的成效在于："把客户的满意度提高 5 个百分点，其结果是企业的利润增加 1 倍"；"一个非常满意的客户其购买意愿比一个满意客户高出 6 倍"。因此，餐饮企业必须对顾客的满意度进行跟踪测评，利用一系列指标进行科学评价。表 9 所列举的是美国企业关于顾客满意度的一种评测体系，供我国餐饮企业进行满意度测评参考。

第三，能否外包餐饮业务流程。所谓外包服务是指将企业内部的某些周期性的、反复的活动或者职能通过合约的方式转移给外部服务提供商的过程。在整个转移企业内部活动的过程中，生产要素和决策权也会随之转移。从更为广泛的意义上看，外包服务在农业、建筑业、制造业、政府部门等领域早已存在，在信息技术服务业，其外包的历史也可以追溯到"二战"时期，当时为美国联邦政府提供信息技术服务的许多公司如今已有相当数量转变为国际巨型企业。

表 9 美国某企业的 CSI 评测指标体系

CSI 评测指标体系		
一级指标	二级指标	三级指标
顾客满意度指数	顾客期望	对产品(或服务)质量的总体期望 对产品(或服务)质量满足顾客需求程度的期望 对产品(或服务)质量稳定性的期望
	顾客对产品质量的感知	顾客对产品质量的总体评价 顾客对产品质量满足需求程度的评价 顾客对产品质量可靠性的评价
	顾客对服务质量的感知	顾客对服务质量的总体评价 顾客对服务质量满足需求程度的评价 顾客对服务质量的可靠性的评价
	顾客对价值的感知	给定价格时顾客对质量级别的评价 给定质量时顾客对价格级别的评价 顾客对总成本的感知 顾客对总价值的感知
	顾客满意度	总体满意度 感知与期望的比较
	顾客抱怨	顾客抱怨 顾客投诉情况
	顾客忠诚	重复购买的类别 能承受的涨价幅度 能抵制竞争者的降价幅度

中国餐饮企业也将逐步迎来业务流程外包的高潮，诸如采购外包、研发外包、制作外包、信息集成外包、客户服务满意度测评外包、人员培训外包等，企业可以将主要精力集中在品牌管理、核心文化培育、团队建设上面，最终实现公司与外部承包人之间“长期合同”的关系，通过协同整合、优势互补，实现彼此收益的最大化。

（五）市场化的机遇与挑战

毫无疑问，经过不断探索与创新，“我国成功实现了从高度集中的计划经济体制到充满活力的社会主义市场化经济体制、从封闭半封闭到全方位开放的伟大历史转折”。但是，学术界对于我国的市场化程度存在着争论，参见表 10。

表 10　学术界研究市场化问题的主要结论

年　份	1980	1990	1992	1994	1995	1996	1997	1999
卢中原、胡鞍钢			62%					
江晓薇、宋红旭					38%			
国家计委课题组					65%			
顾海兵	5%	30%				35%		40%
陈宗胜等							60%	
徐明华(1999)	八大类共 31 项指标,对 9 个省份市场化排序							
樊纲、王小鲁(2000)	5 个方面共 15 个指标对各省区市市场化排序							
李晓西(2003)	按照国际公认的标准测定,中国是发展中的市场经济国家,而不是一些国家所认为的“非市场经济国家”,2001 年中国市场经济发展程度为 69%							
宋立刚(2007)	中国已经建立起了市场经济的基本框架,市场化进程加快,但地区发展并不均衡							

资料来源：作者根据相关研究整理。

可以肯定，中国的市场化进程会进一步推进，而对较早进行市场化探索的餐饮企业而言，无疑是机遇大于挑战。

综上所述，全球化、城市化、工业化、信息化与市场化的五重奏，给中国餐饮产业带来的机遇大于挑战，中国餐饮消费将逐步实现模式的升级换代。

四　扩大餐饮消费需求与促进餐饮消费升级的建议

（一）明确扩大内需政策的核心是扩大消费需求

目前，我国的扩大内需政策，存在着政策的模糊地带，因为扩大内需既可以是扩大投资需求，也可以是扩大消费需求，从根本上而言，我国目前需要明确扩大消费需求而不是投资需求，尽管投资需求很容易被地方政府通过基础设施建设得以实现。在扩大消费需求的过程中，餐饮消费具有刚性特征，在经济低迷状况下，餐饮产业抗周期的特征明显，因此，应当明确把扩大餐饮消费作为扩大国内消费需求的一个重点工作来抓。

（二）强化广义消费政策的制定

尽管近年来居民消费总量保持了较高的增幅，消费对经济增长的拉动作用也在逐步增强，但国内消费增长相对缓慢仍然是经济运行中主要的结构性矛盾。可以说，消费需求不足已经成为制约经济和社会发展的“瓶颈”。扩大国内消费是一项复杂的系统工程，涉及政府的产业政策、就业政策、收入政策、财政政策、货币政策等一系列宏观经济政策。也就是说，单项推进的消费政策的效力是有限的。只有推行广义的消费政策、构建有效的宏观经济政策组合，才有可能收到理想的政策效果。

1. 财政政策方面

加快社会保障制度建设，提高居民的消费信心。把握好各项社会保障制度改革出台的时机、力度及舆论导向，尽力稳定居民收入与消费不断增长的心理预期。在促进经济快速增长的同时提高就业率，减少失业人口，为扩大消费提供基础性条件。切实解决好下岗职工的基本生活保障和再就业工作，稳定广大在职职工的收入与消费心态保持正常，防止消费倾向进一步下滑及储蓄倾向的非正常上升。鼓励更多的职工参加养老保险，保障其生活安定，维护消费者现期正常的消费支出心态。加强对教育收费的管理，消除居民对教育收费及其合理增长的不确定感，抑制这方面的储蓄增长因素，增加现期消费倾向。比如，政府需要增加的是其非投资性支出，尤其是在健康、教育、福利和养老方面，政府可以作为的余地很大，因为中国各级政府在这个项目上的花销只占 GDP 的 3.5%。[①]

2. 收入政策方面

切实增加居民收入，阻止收入增幅下滑的局面，是保障消费需求不断增长的现实基础。应当实施直接增加收入的政策，首要的是切实增加广大农民的收入，建立增加农民收入的长效机制，提高农民的货币购买力，开拓农村消费市场。

3. 产业政策方面

推动第三产业的发展，促进城乡居民的餐饮消费。现阶段，多数已基本进入小康的居民，消费重点仍然主要集中于食物、衣着和用品上，因此，要采取有效措施发展第三产业，促进城乡居民在教育、高品位的各类娱乐、旅游、保健、通信等方面的消费。我国餐饮企业要与时俱进，提供多元化、多层次的餐饮消费服务，满足不同层次消费者的餐饮需求。

---

① 〔美〕尼古拉斯·R. 拉迪：《中国：走向内需驱动型增长模式》，张玲摘译，《国外理论动态》2007 年第 1 期。

（三）构造餐饮产业公平的竞争环境

构建餐饮产业公平的竞争环境应做到以下方面：降低餐饮企业的水费和电费标准，与工业企业一视同仁；降低刷卡的费率，促进刷卡消费；取消部分不应由餐饮企业承担的费用，即使是餐饮企业需要缴纳的各种行政事业收费，也应当公示，征求利益相关者的意见，并且定期公示相关收费的总量与用途。对集中采购农产品的企业，实行增值税抵扣政策，避免重复征税。

（四）鼓励地方政府与企业探索各种餐饮促销手段

地方政府与企业可以多方探索各种餐饮促销手段，促进餐饮消费。比如，成都等地以赠送消费券的方式提高低收入人群的消费积极性；再比如，餐饮企业可以以各种合理打折的促销手段，积极营造消费气氛，加快企业周转，促进现金流转，提高顾客的消费积极性。特别是，餐饮企业应针对不同消费阶层、不同消费群体的消费习惯，提供不同的产品和服务，满足不同的消费需求，通过多样化的解决方案挖掘市场潜力。

（五）构建完善的公共餐饮服务体系

在城市的基础设施投入中，充分考虑餐饮设施的规划与建设，避免出现配套设施残缺的现象。构建农村的公共服务体系，包括构建农村的生产资料与消费品流通体系，建立信息技术应用公共服务体系，增加政府的消费性支出，特别是农村义务教育、医疗卫生的事业支出，逐步建立城乡统一的公共财政体制。农村的餐饮市场是广阔的，我们应该更好地做好我国农村地区的餐饮供应，建立安全的餐饮服务体系，让更多的农民享受我国的改革开放成果，释放餐饮需求，这是餐饮产业下一步的工作重点。

（六）加快餐饮领域立法，构建“放心餐饮消费”的市场环境

从目前来看，消费者十分关注餐饮消费环境的建设与改善，但当前国内食品安全的立法与执法滞后，已经严重地影响了国计民生。从苏丹红到还原奶再到“三鹿事件”，从禽流感到保鲜膜，一切都与“病从口入”有关、一切都与“民生”相息。构建“和谐社会”，从字面理解，“和”意味着人人有饭吃，“谐”

意味着人人能发言，因此，要做到“仓廪实，而知礼节”仍然需要全社会的共同努力。尤其是要加快餐饮领域立法，加大惩处的力度，“乱世用重典”，是下一步工作的一个重要方面。

（七）必须树立对我国餐饮产业的信心

这里说的信心，不仅包括政府的信心、企业的信心也包括消费者的消费信心。首先是政府的信心。正如经济工作会议所指出的那样，“我国经济发展的基本面和长期趋势没有改变，我们遇到的困难和挑战是前进中的问题”，“完全有条件变压力为动力、化挑战为机遇，把国际金融危机的不利影响降到最低程度”，“我国发展的重要战略机遇期仍然存在，不会因为这场金融危机而发生逆转”。我个人认为，大惊不必，但须小怪，必须重视研究国际金融海啸对我国经济的影响，但是，不能过多地渲染。因为中国的消费者比较脆弱，政府应当更多地从正面报道，引导大家客观评价，防止引起民众的过度恐慌。其次是企业的信心。做餐饮难，历来如此，如今更需要大家拓展思路、思考对策。问题与解决问题的方法同时存在，餐饮企业要鼓起信心，大力加强自身的建设，渡过危机。最后是消费者的消费信心。尽管我们面临许多困难，但是，我们应当依靠各种途径帮助我国的弱势群体寻求出路，鼓励大学生先就业—再择业—最后创业。所以，必须加快社会保障制度建设，提高居民的消费信心。要把握好各项社会保障制度改革出台的时机、力度及舆论导向，尽力稳定居民收入与消费不断增长的心理预期。

总之，在全球金融海啸的冲击下，中国餐饮企业必须积极做好相关跟踪研究，实时进行企业战略调整。要根据各自的状况，进行科学的 SWOT 分析，危机时期，没有一个标准的答案可以提供给每个企业，需要企业坚定信心、稳步发展。餐饮企业必须树立信心，在过冬的时候，有相当多数先死的企业不是真正被冻死的，而是被吓死的！无论如何，集团化、品牌化、产业化和国际化的发展步伐必须加快，餐饮现代化的进程需要不断推进，顺势而为的中国餐饮产业即将迎来新的升级换代时代。

参考文献

[1]〔美〕尼古拉斯·R. 拉迪：《中国：走向内需驱动型增长模式》，张玲摘译，《国

外理论动态》2007 年第 1 期。
[2]《中国统计年鉴》(2000 ~ 2008 年),中国统计出版社,相关年份。
[3] 波士顿咨询公司:《2006 全球财富报告》,2006 年 10 月。
[4] 杨柳主编《中国餐饮产业运行报告》,湖南科技出版社,2006 ~ 2008。
[5] 中国烹饪协会:《2008 年度中国餐饮百强企业经营情况分析报告》,2009 年 5 月 6 日。
[6] 国家统计局:《2008 年 1 ~ 11 月全国房地产市场运行情况》,2008 年 12 月 12 日。
[7] 荆林波:《扩大消费需求促进消费升级》,中国社会科学院研究报告,2009 年 3 月。
[8] 荆林波主编《中国餐饮年鉴 2008 ~ 2009 年》,中国餐饮年鉴社,2009。
[9] 李京文、吉昱华:《中国城市化水平之国际比较》,《新华文摘》2004 年第 16 期。
[10] 李通屏:《中国刺激消费的效果评价及存在问题》,《经济研究参考》2004 年第 12 期。
[11] 樊纲:《解决国际收支失衡是长期艰巨的任务》,2007 年 5 月 9 日《中国金融》。
[12] 梁达:《居民消费能力增强对中国与世界意义重大》,2008 年 1 月 11 日《上海证券报》。
[13] 商务部市场运行司与中国社会科学院财贸所:《主要发达国家消费政策与我国的比较研究》,2006 年 12 月。
[14] 唐兵、冯超:《关于扩大内需的研究观点综述》,《经济纵横》2007 年第 7 期。
[15] 王子先:《正确认识和处理当前内需与外需的关系》,2009 年 1 月《中国金融》。
[16] 赵晓:《公共消费与扩大内需战略》,《中国发展观察》2007 年第 7 期。

产　业　篇

2008年度中国餐饮百强企业经营情况分析

中国烹饪协会　中华全国商业信息中心　中国商业联合会

摘　要：本文在回顾2008年餐饮业整体情况的基础上，详细地分析与比较了全国餐饮百强企业的营业收入、业态分布、区域发展、国际化态势，全面总结了百强企业发展的形势与特点。

关键词：餐饮业　经营　分析

2008年，中国餐饮业继续成长壮大，连续18年保持两位数的高速增长。全年零售额达到15404亿元，同比增长24.7%，比2007年同期增幅高出5.3个百分点，占社会消费品零售总额的14.20%，人均消费1158.5元，拉动社会消费品零售总额增长3.41个百分点，对社会消费品零售总额的增长贡献率为15.83%，继续成为拉动经济增长的重要力量，[①] 如图1所示。中国餐饮业在“保增长、扩

① 商务部商贸服务司。

内需、促发展”的大背景下，行业总体规模日益扩大，在国民经济中的地位和作用明显提升和加强。

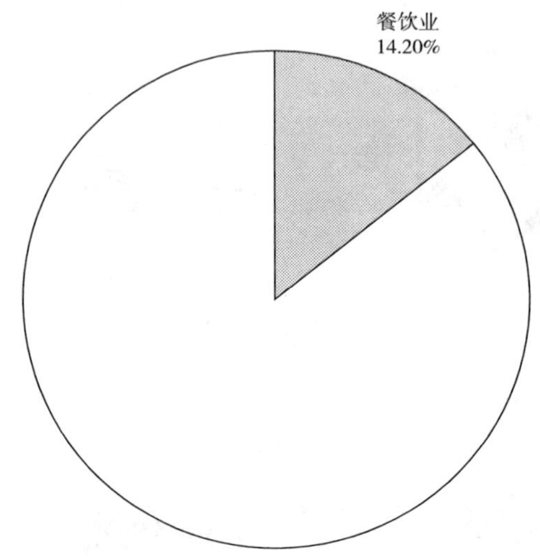

图1　餐饮业零售额占社会消费品零售总额比重

资料来源：商务部商贸服务司。

自2008年下半年起，在全球金融危机的作用下，消费持续低迷，各行业均受到不同程度的影响。为了应对这种局面，商务部提出在扩大内需、拉动消费方面将大力发展餐饮业，以消费促发展。首先，大力发展大众化餐饮。其次，重点关注和解决餐饮行业的放心消费问题，严把食品原料进货关。最后，积极推进节能环保工作，推动行业节能减排纵深发展。中国烹饪协会也提出了餐饮业拉动内需的十条措施。

根据调查分析，百强企业的市场份额呈现增长态势，行业集中度进一步加强。与2007年度餐饮百强企业相比，2008年度有19家企业首次进入百强排行榜。具体经营发展情况和主要特点分析如下。

一　餐饮百强市场份额逆势增长

2008年，中国餐饮百强企业销售额达到1019.08亿元，与2007年同期相比增长了19.82%，占全国餐饮业零售额的6.62%，是2001年的3.76倍。2001～

2007 年，百强企业销售额年平均增长速度为 24.25%，比同期社会消费品零售额年平均增速高 10 个百分点。资产总额超过 400 亿元，利润总额约 100 亿元，从业人员约 150 万人。大型餐饮企业规模的不断扩大，也为劳动者提供了更多的就业机会。其中，47 家企业的增长率在 20% 以上，以优于市场平均水平的表现，为暗淡的市场增添了亮色。同时，销售额超过 10 亿元的有 19 家，销售额为 5 亿～10 亿元的有 29 家。前 10 强销售额达 532.25 亿元，占百强营业总额的 52.23%，见表 1、图 2。刚性消费拉动餐饮企业销售额增长，餐饮市场的旺盛之势表明经济运行未明显受到经济危机的影响。餐饮企业的整体规模正在快速发展，大型企业的集团化和规模化的发展趋势更加明显，行业集中度进一步提高。

表 1 百强企业按销售额划分

销售额	企业数(个)	销售额	企业数(个)
>10 亿元	19	<5 亿元	52
5 亿～10 亿元	29		

资料来源：2008 年度中国餐饮百强企业申报表。

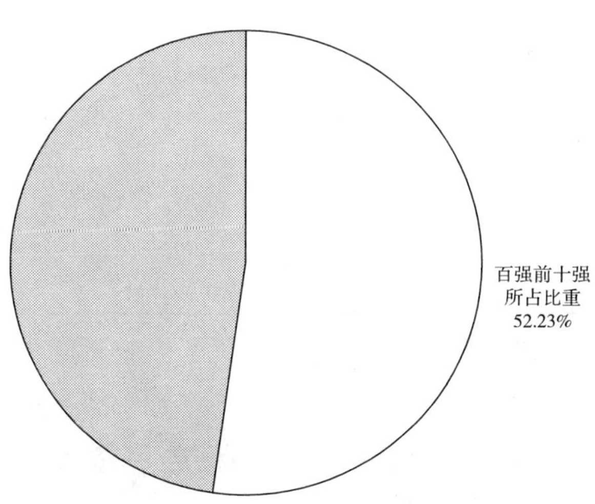

图 2 前十强销售额占百强企业销售额比重

资料来源：2008 年度中国餐饮百强企业申报表。

二　各业态发展有声有色

（一）休闲与西式正餐两种业态发展迅猛

从2008年百强企业来看，休闲类餐饮企业6家，销售额37.41亿元，占百强企业销售额的3.67%，以销售额同比增长43.25%，排在各业态增长幅度首位；西式正餐企业2家，销售额6.76亿元，占百强企业销售额的0.66%，销售额同比增长39.61%，增幅列第二位。从数量上来看，二者虽然占有的份额较少，却充分显现出活力增长力度，同比增长速度高于其他业态将近20个百分点，见表2、图3。随着多元化的物质需求与文化需求带来的西式餐饮和休闲餐饮消费热潮，这两种代表着现代餐饮业态的消费需求还将持续快速增长，它们将被越来越多的消费者认可、接受和喜爱。

表2　2008年百强企业按经营业态划分

业　　态	销售额（亿元）	企业数（个）	占百强企业销售额比重（%）	销售额同比增长（%）
休闲餐饮	37.41	6	3.67	43.25
西式正餐	6.76	2	0.66	39.61
快餐送餐	324.6	15	31.85	22.33
餐馆酒楼	253.94	40	24.92	19.04
火　　锅	275.91	20	27.07	16.93
综合餐饮	38.46	6	3.77	16.86
宾馆餐饮	75.45	10	7.40	16.26
其　　他	6.53	1	0.66	15.80

资料来源：2008年度中国餐饮百强企业申报表。

（二）快餐与餐馆酒楼两种业态发展稳定

餐饮百强企业中，快餐企业15家，数量不多，其销售额稳居各业态之首，为324.60亿元，占百强企业销售额的31.85%，销售额同比增长22.33%；餐馆酒楼40家，是各业态当中上榜企业数量最多的，销售额253.94亿元，占百强企

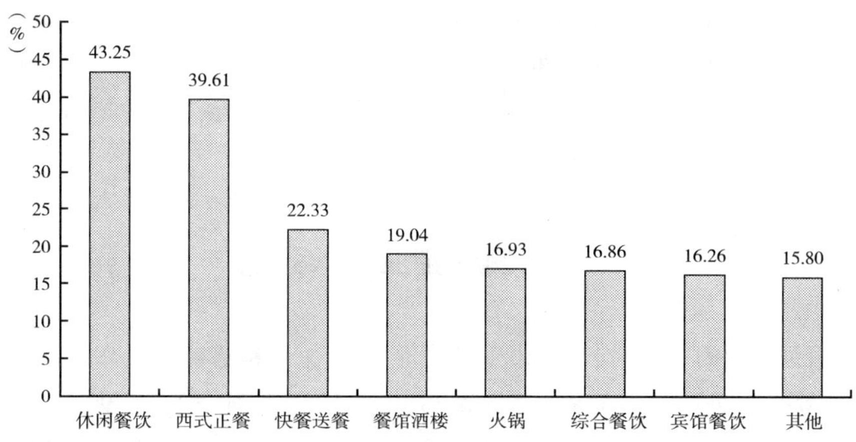

图 3　各业态销售额同比增长

业销售额的 24. 92%，销售额同比增长 19. 04%，见表 2、图 3。进入 21 世纪以来，快餐的社会需求不断扩大，其社会和行业地位得到确立，市场的消费大众性和基本需求性特点表现得更加充分，快餐业的稳定发展为社会和行业发展作出了积极贡献。餐馆酒楼历来是推动我国餐饮业发展的主要力量，体现了中国烹饪技艺水平和饮食文化水平，餐馆酒楼具有广阔的市场和不可替代的地位，它们的稳步发展，将进一步推动餐饮业的发展。

（三）火锅企业依旧闪亮

火锅企业 20 家，销售额 275. 91 亿元，占百强企业销售额的 27. 07%，销售额同比增长 16. 93%，见表 2、图 3。近几年来，火锅企业的迅速发展成为餐饮业发展的一个亮点。火锅这种适合多种消费层次的餐饮形式，以其取材多样、吃法灵活、价位适中等特点满足了消费者的不同需求。在百强企业中，火锅企业销售额占百强企业销售额的比重已经超过了餐馆酒楼，直指快餐业，这颗新星依然闪烁。

（四）其他新兴业态餐饮企业迎头赶上

综合类餐饮企业 6 家，销售额 38. 46 亿元，占百强企业销售额的 3. 77%，销售额同比增长 16. 86%；宾馆餐饮企业 10 家，销售额 75. 45 亿元，占百强企业销售额的 7. 40%，销售额同比增长 16. 26%，见表 2、图 3。各种新兴业态的迅速发展，已经打破了前几年快餐、火锅和餐馆酒楼三分天下的局面。经营 B2B 团膳的索迪斯中国在中国业务的不断发展，是值得国内企业学习和借鉴的。随着经营领域的不断拓宽，市场细分趋势的增强，业态将更加丰富，我国餐饮业将更加蓬勃发展。

三 港澳台企业增长强劲

从百强企业的所有制形式分析，内资企业 90 家，销售额 695.19 亿元，同比增长 18.69%；外商企业 6 家，销售额 304.68 亿元，同比增长 21.90%；港澳台企业 4 家，销售额 19.20 亿元，同比增长 40.45%。从销售额的同比增长速度来看，港澳台企业增长幅度最大，见表 3。

表 3 百强企业按所有制划分

企业性质	销售额(亿元)	企业数(个)	同比增长幅度(%)
内资企业	695.19	90	18.69
外商企业	304.68	6	21.90
港澳台企业	19.20	4	40.45

资料来源：2008 年度中国餐饮百强企业申报表。

内资企业虽然以门店数多、销售额高，占据百强榜单 90% 的席位，但是其同比增长速度却是最低的。经计算，内资百强企业人均销售额为 4.55 万元，是外资企业的 3/4，是港澳台企业的 1/3。从成本利润率来看，[①] 内资企业分别高于外资企业和港澳台企业 2 个百分点和 13 个百分点，即内资企业在每单位成本上所得到的利润要高于外资企业和港澳台企业。分析原因，内资企业除人工费用占营业费用比例高于外资企业和港澳台企业外，其余费用比例均低于外资企业和港澳台企业。外资企业的广告宣传费用占营业费用比例比内资企业高约 4.8 个百分点，港澳台企业的房租费用占营业费用比例比内资企业高 5.3 个百分点，说明内资企业虽然在人力投入上较高，但其内部管理和经营效率还有待进一步提升，见图 4 所示。

① 成本利润率 = 利润总额/营业成本。

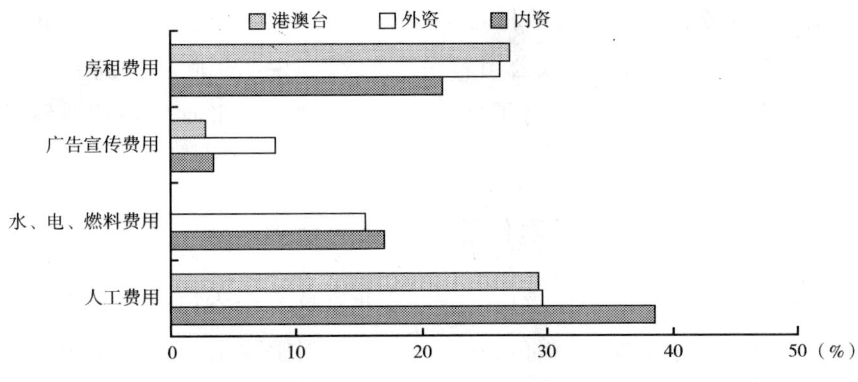

图 4　各种企业类型四项费用所占比例

四　区域间发展差距有望缩小

（一）东部地区保持优势，西部地区迎头赶上

进入 2008 年餐饮百强企业榜单的企业分布在全国 22 个省、自治区、直辖市。其中，华东地区企业 42 家，销售额同比增长 21.76%；西南地区企业 20 家，销售额同比增长 14.96%；华北地区企业 17 家，销售额同比增长 20.74%；中南地区企业 15 家，销售额较上年增长 18.06%；东北地区企业 4 家，销售额同比增长 21.49%；西北地区 2 家，销售额同比增长 28.24%，见表 4。华东地区优势依然明显，不仅在数量上有明显优势，而且销售额增幅排在前列，显示该地区旺盛

表 4　百强企业按区域划分*

地区	企业数(个)	销售额同比增长幅度(%)	地区	企业数(个)	销售额同比增长幅度(%)
华东	42	21.76	中南	15	18.06
西南	20	14.96	东北	4	21.49
华北	17	20.74	西北	2	28.24

* 区域划分标准。

华北：北京、天津、河北、山西、内蒙古；东北：辽宁、吉林、黑龙江；华东：上海、江苏、浙江、安徽、福建、江西、山东；中南：河南、湖北、湖南、广东、广西、海南；西南：重庆、四川、贵州、云南、西藏；西北：陕西、甘肃、青海、宁夏、新疆。

资料来源：2008 年度中国餐饮百强企业申报表。

的市场需求和消费能力。作为西北地区入榜企业，咸阳阿瓦餐饮文化连锁有限公司名列第14位，西安饮食有限公司名列第42位，说明了陕西省商务厅在2007年实施的陕菜品牌创新工程取得了良好效果，鼓舞了西北地区餐饮业发展的信心。

（二）直辖市餐饮业发展仍然走在全国前列

从城市分布来看，上海、重庆、浙江、北京这4个省市的企业发展势头强劲，排在拥有百强企业数省市前4位。在2008年中国餐饮百强企业中，上海市的企业数为15家，销售额372.99亿元；重庆市的企业数为15家，销售额172.28亿元；浙江省的企业数为15家，销售额59.84亿元；北京市的企业数为11家，销售额74.16亿元，见表5所示。这与百强企业所在的城市的经济发展较为迅速有直接的关系。

表5　拥有百强企业个数排名前4位的省市

城　市	企业数(个)	销售额(亿元)	城　市	企业数(个)	销售额(亿元)
上　海	15	372.99	浙　江	15	59.84
重　庆	15	172.28	北　京	11	74.16

资料来源：2008年度中国餐饮百强企业申报表。

从百强企业榜单来看，拥有百强企业个数最多的4个省市并不是该地区百强企业销售额排在前4位的地区。内蒙古自治区虽然只有4家餐饮企业进入2008年餐饮百强，但这4家企业的销售额却高达133.24亿元，将拥有15个百强企业的浙江省和拥有11家百强企业的北京市远远抛在了后面。分析其原因，前10强企业中的3家都位于内蒙古自治区，内蒙古小肥羊餐饮连锁有限公司、内蒙古小尾羊餐饮连锁股份有限公司、内蒙古草原牧歌餐饮发展有限责任公司不仅成为内蒙古地区餐饮企业的领军企业，并且是全国餐饮企业的排头兵。3家企业均以经营火锅为主，采用连锁经营方式，它们的迅速发展，不仅繁荣了内蒙古地区的经济，也为全国餐饮业繁荣贡献了一份力量。

（三）百强企业的发展源于品牌塑造能力的提高

不同地区的百强餐饮企业均发展得有声有色，部分地区的百强企业已经达

到了从量变到质变的巨大飞跃。上海、浙江、重庆、北京、内蒙古这 5 个地区拥有百强企业 60 家，5 个地区销售额占所有百强企业销售额的比重高达 79.73%。内陆地区与沿海地区差距逐渐缩小。杨柳所著的《中国餐饮产业竞争力研究》一书中，关于中国主要省、自治区、直辖市餐饮产业竞争力评价的研究中上述 5 个地区的品牌塑造能力在 30 个地区中也排在了前 5 位。这 5 个地区利用各自的优势，随着各企业品牌塑造能力的不断提高，带来的经济效益也逐渐显现。

五　百强企业成长势头旺盛

（一）老中青企业各领风骚

在百强企业当中，成立时间在 30 年以上的有 5 家，这些企业基本上都于新中国成立初期创立，属于各省区市建立的饮食服务公司。这些老企业经历长时间的市场考验，销售额同比增长 13.19%，并没有被市场淘汰，见表 6 所示。

表 6　百强地区按成立时间划分

成立时间	企业数(个)	销售额同比增长(%)	成立时间	企业数(个)	销售额同比增长(%)
>30 年	5	13.19	10~20 年	48	20.20
20~30 年	5	20.15	<10 年	42	19.95

资料来源：2008 年度中国餐饮百强企业申报表。

成立时间在 20~30 年的企业共 5 家，其销售额同比增长 20.15%，这些企业在改革开放初期成立，它们经历了国际餐饮巨头走入国内市场以及个体餐饮市场蓬勃发展的阶段，在新形势下积极调整经营方向，满足市场需求的能力逐渐提高，焕发出新的生机。成立时间在 10~20 年的企业共 48 家，销售额同比增长 20.20%。这些企业的成长伴随着个性化需求的发展，经营业态逐渐丰富。部分企业引进了连锁经营方式，并抢占了当地餐饮业的制高点。成立时间在 10 年以下的企业共 42 家，销售额同比增长 19.95%，占百强企业的 4 成。这些年轻企业顺应形势，注重品牌建设和国际化战略，现代化的管理手段和经营方法使它们更具有竞争力。

从百强企业的成长性来看，每个阶段的餐饮企业都在积极参与竞争，并且有不俗的表现，尤以成立时间在10～20年的企业表现更突出。这一阶段企业数量最多，平均年同比增长速度最快。中国餐饮业发展已经进入了投资主体多元化、经营业态多样化、经营模式连锁化和行业发展产业化的新阶段。老中青企业并肩推动整个产业向前发展。

（二）成立年限与销售额增速成反比

在关注不同阶段企业发展取得好成绩的同时，我们也应该清醒地看到，通过计算成立年限与销售额同比增长速度的相关系数，二者成负相关关系，即随着成立年限的增加，其销售额的增长速度是减慢的。这就需要餐饮企业在今后不断地挖潜、创新，在激烈的市场竞争当中站稳脚跟，保持企业的可持续发展。

六　现代餐饮业态赢利能力高于传统餐饮业态

2008年，我国居民消费价格比2007年上涨5.9%，其中食品价格上涨14.3%；原材料、燃料、动力购进价格上涨10.5%；农产品生产价格上涨14.1%。[①] 由于连带效应，加之市场竞争激烈，菜品很难顺势而上。从目前的统计数据来看，2008年中国餐饮百强企业原材料总成本占销售额的39.29%，比2007年减少了约6个百分点。从各业态来看，宾馆餐饮、餐馆酒楼、快餐以及综合餐饮企业均高于这一平均水平，而火锅、西餐、休闲类餐饮低于这一平均水平。

中国餐饮百强企业的平均利润率为13.37%，比上一年增加1.32个百分点。从各业态来看，高于平均利润率的为火锅和西餐，低于平均利润率的为宾馆餐饮、餐馆酒楼、快餐送餐、休闲餐饮、综合餐饮，见表7所示。火锅企业的平均单店利润居各业态之首，西餐企业也有不俗的表现。休闲餐饮企业和快餐企业还有较大的提升空间。

不同业态在市场定位、经营管理、扩张方式、投资收益等方面取得了不同的成绩。百强企业当中，有4家企业上榜《中国品牌价值500强》，如表8所示。

① 国家统计局：《2008年统计公报》。

表 7　2008 年按业态分中国餐饮百强企业平均利润率

单位：%

业　　态	平均利润率	业　　态	平均利润率
宾馆餐饮	6.12	西式正餐	15.77
餐馆酒楼	12.32	休闲餐饮	9.58
火　　锅	17.06	综合餐饮	7.99
快餐送餐	5.83		

资料来源：2008 年度中国餐饮百强企业申报表。

表 8　2008 年度中国餐饮百强企业上榜《中国品牌价值 500 强》名单

排名	品牌名称	2008 年品牌价值(亿元)	影响力	发源地	上　市
52	锦江国际	124.42	中　国	上　海	是
61	全 聚 德	111.69	中　国	北　京	是
122	小 肥 羊	60.22	中　国	内蒙古	否
194	咸　　亨	39.26	中　国	浙　江	否

资料来源：2008 年 8 月 30 日，中国企业联合会和中国企业家协会评选，银川发布。

随着各企业品牌价值的提升，其赢利能力会进一步增强。从发展稳定性方面来看，2008 年度餐饮百强企业名单中，有 81 家为上年度延续。从新进榜单的企业来看，索迪斯中国和浙江两岸食品连锁有限公司非常值得关注，两家企业分别排在 37、39 位，成为新兴代表。索迪斯中国主要经营 B2B 团膳，其经营模式值得内资企业学习。两岸食品主要经营休闲餐饮，在其 2008 年成功融资以后，其发展的蓬勃之势可见一斑。二者的成长能力表现得十分突出。

七　对外交流进一步深入，超过六成的企业进行广告宣传

（一）13 家企业落实“走出去”战略

在百强企业当中，13 家内资企业已经真正开始实施“走出去”战略。2008 年，内蒙古小肥羊餐饮连锁有限公司境外门店数已经达到 21 家，位居百强企业之首。紧随其后的是内蒙古小尾羊餐饮连锁股份有限公司，拥有境外门店 20 家，

比2007年增加13个。由此看来，随着中餐在世界影响力的不断提升，越来越多的餐饮企业将走出国门，为弘扬中国传统文化作出贡献。

（二）超过六成的企业进行广告宣传

百强企业当中，有部分企业在广告宣传方面投入的费用已经超过1亿元，占其2008年销售额的6.91%。在相对量上，广告宣传费用占销售额比重最高的企业为9.87%。超过60%的企业在广告宣传的花费上都超过百万元。这说明，在市场竞争如此激烈的今天，大多数餐饮企业已经意识到树立品牌和对外宣传的重要性，实施餐饮企业品牌战略这个复杂的系统工程已经开始启动。

八　企业个体差异加大，大型餐饮企业受金融危机影响较大

（一）经营差距进一步加大

餐饮企业的个体差异加剧，前10强的餐饮企业销售额与后10名相差507.46亿元，比2007年扩大24.61亿元，企业间业绩分布的不均衡性进一步显现，见表9、图5所示。随着龙头企业经营管理能力的提高和品牌知名度的提升，其市场领先优势将更加明显，竞争力得以持续提升；而规模较小的企业发展还相对缓慢。

表9　2008年餐饮百强企业排名前10位与后10位销售额对比

	2008年前10名	2008年后10名
销售额(亿元)	532.25	24.79
占百强比重(%)	52.23	2.43

从销售额的增长速度来看，2008年度餐饮百强企业中8家企业的销售额增长速度超过50%，其中有2家企业经营效益非常突出，销售额增长速度超过100%。19家企业的增长率在30%～50%，还有20家企业的增长率在10%以下，其中，3家企业的销售额出现负增长，企业之间差距较大。从利润总额方面来

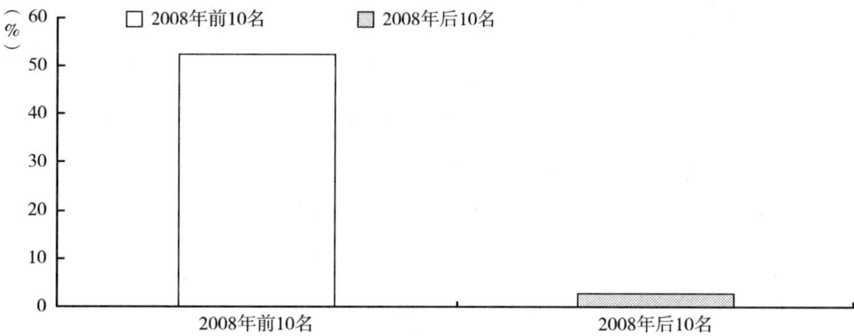

图 5　2008 年餐饮百强前 10 名与后 10 名所占比重对比

看，13 家企业利润下滑，最高一家下滑幅度达到 262.97%；相比而言，利润同比增长的企业最高涨幅达到 280.78%，企业之间差距较大。

（二）大型餐饮企业受影响较大

尽管金融危机对我国经济的影响在 2008 年第四季度才开始显现，但是从整体来看，2008 年餐饮百强企业中，销售额超过 10 亿元的有 19 家，比 2007 年减少 4 家，大型餐饮企业受到的影响较大。

九　西式正餐企业综合效率最高，休闲餐饮企业有待提升

现阶段很少有学者采用数量方法来研究餐饮企业的发展，多半是因为餐饮企业的数据不健全，统计体系不完善。本文将利用百强企业的数据，对餐饮企业的效率进行综合分析。笔者采用目前国内外研究普遍使用的数据包络分析方法（DEA）对餐饮企业进行综合评价，这种方法最大的特点在于它是从投入产出的角度对各企业的相对效率进行评价，关注企业是否能用较少的投入换取较大的产出。

DEA 主要评价“同类型”部门或单位的相对有效性。指标选取过程中既考虑所选指标能够准确反映餐饮企业的现状和发展趋势，又兼顾指标的可比性和数据的可获得性，共选取评价指标 10 个，包括资产总额、原材料成本、人工费用、

水电燃料费用、广告宣传费用、房租费用、利润总额、员工人数、总面积。

在用 DEA 评价时，还需将评价指标进一步划分为输入类指标和输出类指标。根据 DEA 理论，输入指标应该越小越好，输出类指标应越大越好。因此，从经济意义上来看，资产总额、原材料成本、人工费用、水电燃料费用、广告宣传费用、房租费用、员工人数等越小越好，可作为输入指标；利润总额越大越好，可作为输出指标。

利用 CCR 模型计算相对效率值，得到的有效决策单元数目较多，所以我们使用 PerAnersen 于 1993 年提出的超效率评价模型对 DEA 有效单元进行排序。利用 EMS 软件进行计算。按照业态的不同进行分类整理，结果如表 10 所示。

表 10　各业态企业效率平均值

单位：%

业　态	平均效率	业　态	平均效率
宾馆餐饮	22.67	西式正餐	90.53
餐馆酒楼	85.76	休闲餐饮	42.42
火　锅	73.05	综合餐饮	17.06
快餐送餐	38.29		

注：依据 EMS 软件 V1.3 版本计算结果整理。

从表 10 的结果可以看出：各业态平均效率差异较大，总体来说效率值偏低。西餐类企业的平均效率值最高，餐馆酒楼排在第 2 位，依次往下的是火锅、休闲餐饮、快餐送餐、宾馆餐饮和综合餐饮。结合行业特点来看，西餐业的兴旺发达始于改革开放以后，原因在于大量的商务往来、人民生活水平的提高以及“海归”人士的大量增加，使得西餐业的发展呈现多元化、全方位的局面。西餐业具有较高的现代化水平和先进的管理理念，所以其相对效率值较高是不可否认的事实。快餐业的表现没有那么突出，一部分原因是西式快餐进入中国以后还存在根基不稳和水土不服的情况，另一部分原因是中外快餐企业相互竞争，缺乏借鉴和融合，所以还需要加大对骨干快餐品牌企业的扶持，加强行业内部的交流，以提高中西快餐企业的经营效率。休闲类餐饮企业相对效率值并不高，属于相对无效率的状态。导致这种局面的原因是休闲餐饮兴起时间不长，处于探索阶段，没有较完善的管理体系。今后，在传统餐饮业态稳步发展的同时，新兴业态应该努

力探索自身的赢利模式和营销策略，加强内部管理，大幅度提升经营效率。

2008年，市场的暂时性低迷，使高端餐饮业的利润下降，给餐饮企业吸纳劳动力带来了压力，“走出去”的脚步和融资计划也不得不暂时放缓。但是，我们相信，在国家积极的宏观政策调控下，以及各种拉动内需和有利于餐饮业发展政策的出台，2009年，餐饮行业在拉动内需方面必将发挥重要作用，对中国经济的带动作用会进一步显现。

根据中国烹饪协会和中华全国商业信息中心对餐饮企业经营情况所做的调查显示，45.83%的企业对于2009年市场销售预期为很好，45.83%的企业认为一般，还有8.33%的企业对销售预期不清晰。在问及对经济形势的预期方面，79.17%的企业表示充满信心，还有16.67%的企业认为有待提高，见图6、图7所示。企业对未来充满信心，才使得整个行业充满朝气和希望。

此项调查还涉及了企业采取怎样的措施来提高自身效益的问题。多数企业表示将采取如下措施：（1）增加促销活动，吸引顾客注意力；（2）加强产品质量监控，提升产品质量；（3）加强员工培训，提升服务质量、专业素质；（4）加大企业内部资源的合理、有效配置；（5）做强、做活、做细企业的精品销售市场；（6）提高品牌知名度，积极开拓国际市场；（7）严抓食品安全，保证优质食材，赢得顾客信任；（8）注重菜品研发，抓住经营特色，做好挖潜、创新工作。

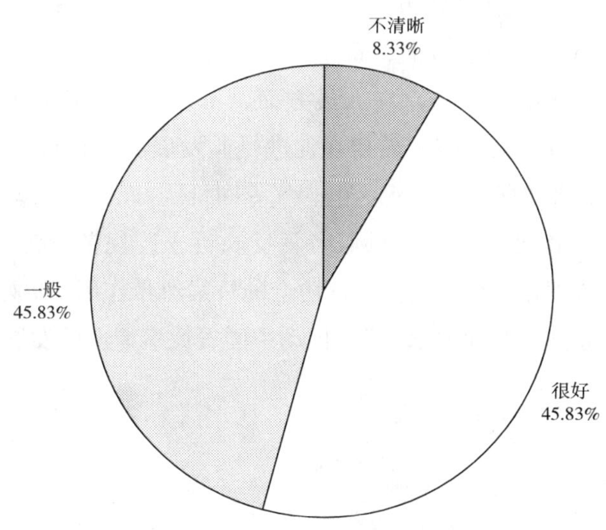

图6　餐饮企业全年销售预期

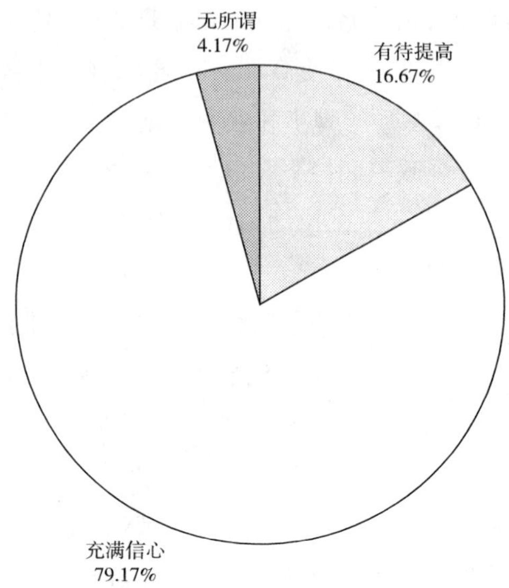

图 7　餐饮企业对经济形势的预期

另外，中国烹饪协会还调查了餐饮企业对行业政策的呼吁和建议。不少餐饮企业表明：（1）在资金方面，希望给予小企业贷款利率优惠；（2）在税收方面，希望给予小企业减税政策；（3）在监督方面，希望明确卫生监督标准，制定配套的法规、标准；（4）在营销方面，希望培育、推广餐饮品牌，加大对重点企业的扶植力度；（5）在维权方面，希望帮助企业加大对商标、知识产权的保护力度，维护品牌企业权益；（6）在人员方面，希望给予餐饮企业在人员招聘等方面特殊的优惠支持政策；（7）希望在促进行业发展方面出台新政策；（8）希望餐饮业与工业企业平等，实行水、电、气等同价。

中国烹饪协会将会秉承“提供服务，反映诉求，规范行为”的办会宗旨，认真研读企业的合理化建议，充分发挥协会的桥梁纽带作用，更好地为行业提供服务，与餐饮企业携手共度“寒冬”，推动中国餐饮事业新的发展。

“寒冬”来临：餐饮业的应对与思考

吴　坚*

摘　要：本文分析了金融危机对中国餐饮业的影响，理性回顾了改革开放30年来中国餐饮业的发展成就，通过对成功企业案例的分析，提出将“产品体系为目标顾客创造价值作为发展的核心竞争力”。本文认为：在不确定性成为常态时，回归基本面是最重要的。经济景气时，只要努力就有收获；当不景气来临之时，就要看企业是否足够“健壮”，以抵抗严酷的“寒风”。因此，经济不景气的“寒冬”也成为对企业运营是否“健康”的试金石。

关键词：餐饮业　金融危机　应对

由美国的次货危机引发的全球经济危机已呈现愈演愈烈的趋势，同时也对中国的经济造成了一定程度的冲击。而更为可怕的是，这场危机究竟何时“见底”，到目前为止也没有一个明确的判断。总之，“寒冬”来了，这已是一个不争的事实，这场“寒冬”对餐饮业有何影响？餐饮业如何应对？这是我们需要思索的问题。

2008年中国宏观经济环境变化幅度之大在共和国经济史上也属罕见。年初的主要问题是预防经济过热以及物价上涨，到了年中，宏观经济外部环境发生了变化，经济下滑趋势显现，宏观经济政策调整为保经济增长与继续控制物价上涨。到了2008年下半年，受美国金融危机蔓延的影响，经济下滑已成事实，宏观经济政策随之调整为进一步扩大内需以促进经济平稳较快增长。从这种政策变化的轨迹可以看出，全球经济危机对中国的影响比我们想象的要严重许多。

对餐饮业而言，从2007年下半年到2008年上半年，餐饮业已经呈现消费增

* 吴坚，硕士，中国烹饪协会职业经理人专业委员会执委，宁夏太阳神酒店董事、副总经理。

长但利润水平下降的趋势。CPI 上涨、人力成本提高，以及餐饮市场激烈的竞争，终究导致餐饮业在繁荣景象背后的利润负增长。在餐饮业还未能完全消化这一轮宏观经济环境带来的冲击之际，又不得不面临由于经济危机带来的更为严酷的冲击。

餐饮业是最敏感的消费行业，但凡政治上、经济上、社会上有一点风吹草动，首当其冲受影响的便是餐饮业。经济景气的时候，大小餐厅家家高朋满座、热闹红火；而经济不景气之时，餐饮业者每天望着空荡荡的餐厅摇头叹息。改革开放 30 年来，尽管我们也历经过多次宏观经济调控，但最多只能算作波动，这是首次真正经历经济危机。冬季本是餐饮业的“春天”，然而 2008 年的“冬天”却不同于以往，许多餐厅没有了以往红火的景象，来自各大供应商的供货量数据也证实了餐饮业业绩下滑的现实，尤其是大卖场与中高端业态的酒楼，业绩已不同程度地出现了 30% ~50% 的下滑，与往年同期相比则下滑得更深。

毫无疑问，在这场金融危机的冲击下，餐饮业不可能逆势偏安一隅。究其原因，宏观经济环境不景气带来的收入预期的不确定性与对危机的恐惧心理带来的消费信心不足、热情不高，是这场“寒冬”对餐饮业影响的基本面。餐饮业对此必须要有足够的认识。柳传志在 2008 年中国企业竞争力年会上也对这场“寒冬”表现出了无奈：“最后真的寒冬来临冻死人是没法的，就看谁更健壮，就看谁会保暖。能够活着，就可以了。”可见这个“寒冬”的严酷。正如柳传志所言，抵御“寒冬”需要我们具备的两大基础：一是“健壮”，二是“保暖”。然而，我们够“健壮”吗？“保暖”所需的物质与心态都具备了吗？

如果说“健壮”与否是经营能力的体现，“保暖”则是战略层面的考量。

我们都对经历了百年风云变幻还能屹立不倒的长寿型公司充满敬意，同时也发现这些长寿型公司存活的道理非常简单，那就是都具有符合顾客期望的产品、稳定成长的团队和保守的财务 3 个主要特征。当然，它们还会拥有各不相同的其他特点，但这 3 点却是它们的共性，而这 3 点也是能做到不受外部环境变化影响，是企业自身能力积累所获得的主导市场的要素。

让我深感不安的原因在于：餐饮业持续 30 年的高增长是来源于市场的自然增长，还是我们能力的不断提高？我们能否保持稳定的持续增长？

我们不会否认餐饮业在这 30 年间的持续高增长。改革开放 30 年，伴随着中国社会经济进步与发展的历程，餐饮业也走过了具有历史性、跨越性和巨变性的

30 年。但客观地说，其发展水平仍是粗放式的，还停留在流程、分工、协作的粗放阶段。即便在“顺风顺水”的条件下，也并非家家都是赢利的。市场上冒起来最快、关门转手最快的正是一家家大大小小的酒楼餐厅；在各地寻租、求转让合作的广告中，酒楼餐厅占了多数。根据统计及个人观察，近几年新开业的餐厅，能够很快步入正轨并盈利的，平均不超过 30%，而这些业者绝大部分是有开店经验或专业背景的；有近 50% 的业者属于“套牢”者，不算失败，但也不算成功；剩下的 20% 则是很快就被竞争激烈的市场淘汰出局的外行投资者。如果再看看另外一些企业，我们就更清醒了。麦当劳的一个单店年营业额不低于同城 3 倍于它的经营面积的中高档酒楼，而且前提还是这家酒楼经营良好。因此，我们不能再沉醉于餐饮业“成长最快”的美梦中，餐饮企业这几年的增长更大程度上来源于市场需求的增加而不是企业能力的增强。可以说，是市场造就了餐饮企业而不是餐饮企业造就了市场。所以我认为，我们真正的泡沫源自良好的业绩带来的兴奋和满足感，却茫然不知自己的不足与危机。从 2007 年下半年到 2008 年上半年出现的总量增长、利润下降的现象，也印证了我的这种看法。

当然，餐饮业中不乏堪称“健壮”的业者。例如，北京的麻辣诱惑。我一直认为，麻辣诱惑的成功代表了餐饮业科学发展的方向：从市场细分、目标顾客的选择，到针对目标市场的特征设计产品、服务与环境并建立产品研发中心、品牌运营中心，形成了以顾客为导向的完整产业价值链。但这些还只是“健壮”的基础，是否“健壮”还取决于具有科学发展观的经营智慧。2007 年 11 月，笔者在海南参加中国餐饮业职业经理人年会时，与麻辣诱惑掌门人韩东有过交流。当时业内引入风险资本加速扩张的势头正劲，麻辣诱惑在北京也不断开出新店，但在谈起是否计划引入风险资本时，韩东却异常冷静，他说：“还没看清楚……”在 2008 年中国餐饮产业发展大会中，笔者再次与韩东有过交流，他告诉我，现在最大的问题是产品升级的压力。这种对“符合顾客期望的产品”的关注和扩张中“保守的财务”，不正是那些百年企业的特征吗?！这种智慧在大董烤鸭店的经营中也得到了验证。在 2008 年中国餐饮产业发展大会中举行的职业经理人专委会执委会上，许多同行在赞叹“大董”的产品创新与企业文化建设之余，纷纷问起董振祥何时“开疆扩土”，他的回答给我留下了深刻的印象。他说，之前是产品体系、团队建设尚不成熟，到今天，我才可以说产品体系建立以及产品标准化工作具备了扩张的条件……但大董的产品并不适合所有的商圈……

无论是麻辣诱惑还是大董烤鸭，都将产品体系为目标顾客创造价值作为发展的核心竞争力，而许多的餐饮业者仍停留在经验经营的阶段，尽管餐饮行业的经验很重要，但由于缺乏科学发展观而引发的问题比比皆是。例如，在产品定位上缺乏明确的市场细分，试图满足所有人的需要；在产品创新上缺乏对顾客价值的判断，导致为创新而创新，甚至闭门造车；在产品竞争力上缺乏核心专长，从而难言可持续发展。四川的大蓉和曾以“融合”的出品、出新、出奇创下了骄人的业绩，然而近年来果断转型，回归精品川菜，这种转型正是深刻洞悉餐饮市场发展规律的经营智慧。遗憾的是许多业者缺乏这种认识，仍停留在简单的模仿阶段。我们不否认学习、借鉴的重要性，问题在于如果缺乏自己的体系，或者不能将借鉴的经验吸收、提升并融入到自己的体系中，对核心专长培育是毫无助益的，而缺失核心专长，又如何谈得上持续增长？

总之，在不确定性成为常态时，回归基本面是最重要的。经济景气时，只要努力就有收获；当经济不景气时，就要看企业是否“健壮”，能否抵抗严酷的“寒风”。因此，“寒冬”也成为验证企业运营是否健康的试金石。

在经济萧条、大部分企业业绩下滑的大环境下，有些餐饮企业却仍保持着过往的红火。银川的广东雪花大酒楼，就是当地市场上为数不多的具有“抗寒”能力的餐饮企业之一。据笔者观察，其赖以抵抗经济环境变化的基础在于：10年来，以其一贯的市场定位、稳定的产品质量、鲜明的产品体系，形成了价格大众、菜式正宗的良好口碑，而且企业10年来专注于对产品体系、产品质量、服务水平以及就餐环境进行不断改善，在未形成优质的运营能力之前绝不轻言“扩张版图”。在餐饮业界以发展规模与速度称英雄的今天，能够甘受寂寞，埋头打好基础，看来不仅是经营的智慧，更是抵御市场波动的资本。正是这种对核心竞争力的锤炼，对品牌、优质运营的坚持，对扩张的冷静，使该企业直到2008年才迈出扩张的脚步。

因此，我们在赞叹北京麻辣诱惑、大董烤鸭、银川广东雪花、四川大蓉和等餐饮企业的经营智慧的同时，再回到餐饮经营的层面，我们对餐饮业优质经营、抵御市场变化的“健壮”与“保暖”基因能够形成以下判断。

第一，以目标市场的顾客价值创造为依据构筑环境、产品、服务体系，并不断地升级与强化该体系，从而形成可持续发展的核心竞争力。

第二，唯有做强方有做大的资本。做强可能独善其身，也可能错失良机；一味做大，可能一飞冲天，也可能一蹶不振。这不仅考验业者的经营智慧，也反映了业者的战略思维。“寒冬”往往也是餐饮企业的战略思维的试金石。从根本上讲，企业之所以能够存活得长久，并不是它们把握了多么好的机会，而是控制风险的能力胜人一筹。

第三，追求优质运营。只有专注于培育执行战略的“组织能力”，不被眼前的短期业绩牵着鼻子走的企业，才能维持长久的竞争力和高水平的经营质量。因为，除非是靠专利保护，否则仅依靠战略差异化的经营优势是不会长久的，因为你做的事别人同样可以模仿。但是凭借运营的力量取得的优势却不是竞争对手随便可以模仿得了的。因为依靠运营构建质量、成本、速度的优势是企业综合能力的体现，是一个体系，这种能力的培养费时费力，绝不是那么好模仿的。

如果说“健壮”是过往的锤炼，而如何“保暖”则是“寒冬”里的应对策略。

有句话叫“不景气淘汰不争气”。有智慧的业者会沉住气，比平常更努力，静待环境转变。而心浮气躁或缺乏经验的业者，就会采取打折、杀价等“自杀性”做法，求得一时之快。当不景气持续的时间比预期更长，打折、杀价也不能吸引客人上门的时候，这些餐厅除了关门就没有别的路可以走了。从这个层面来看，那些“体质健全”、经营得法的企业的生存环境可能比以前更宽松。因为如果市场上乱打折、乱出招的餐厅都垮了，消费者自然就集中起来向存活下来的餐厅靠拢。如果能看得透这一层，当“寒冬”来临时，非但用不着慌张，甚至还可以将此当成是一件好事呢！

然而，我们关心的问题是，如果市场必须淘汰四成的竞争者才能稳定下来，那么如何才能让自己成为幸存者呢？

首先，应该对这次“寒冬”有清醒的认识。我们今天所面临的是改革开放30年来第一次真正意义上的商业周期。从市场方面看，由于老百姓对“寒冬”持续时间不可预知的恐惧，以及预期收入的不确定性，将会导致消费恐慌。尽管“民以食为天”，但消费锐减已是不争的事实，不应再存有侥幸心理，要全力以赴争取“活下来”。

其次，在市场不景气时，餐饮企业常会出现各种变相减价的促销手段，但这种做法并不足取。因为只有市场有足够的消费意愿时，刺激消费的杀价、特卖的杠杆作用才能生效，因此倘若业者觉得自己因为消费额过高不利于争取客源，宁可光明正大地全面降价，也不要只挑特殊时段降价而自乱阵脚。倘使自己的消费额并不高而生意不好，必定是出品品质有些问题，即便使用特价的手段也不会吸引顾客。

最后就是应强身健体，苦练内功，为回暖打好基础，以求尽快转危为安。餐饮业者现在可以冷静下来思考一些问题，从基础管理到运行管理，一个环节一个环节地进行推演，以达到最优化。例如，我们需要清楚谁是我们的顾客？顾客重视的价值是什么？从而重新审视企业的产品与服务体系以及营销策略；我们还需要强化现场力与可视力以提高服务执行力，从而让创造顾客价值与顾客满意不再只是口号……这些东西其实可以把企业过往的经验和别的企业的经验、教训整合起来进行调整。有了心得后，再来改造自己的经营体制。

尼采有句话：那些没有消灭我们的东西，将使我们变得更加坚强。以此话与餐饮业者共勉。

关于我国餐饮产业研究的三个核心问题思考

荆林波　甄宇鹏*

摘　要：我国餐饮业理论研究薄弱是一个十分突出的问题，本文对我国餐饮产业研究的方法论、研究内容、研究人员等三个核心问题进行了回顾与探讨，并对如何加强餐饮业理论研究提出了建议。

关键词：餐饮业　研究　问题

我国的餐饮产业经过改革开放 30 年的大发展，取得了举世瞩目的成绩，然而，与此相对应，我国的餐饮产业理论研究却处于起步阶段。本文就我国餐饮产业研究的三个核心问题进行一些探讨。

一　关于我国餐饮产业研究的方法论问题

中国社会科学院财政与贸易经济研究所是在 2003 年开始关注餐饮产业问题的，并与中国烹饪协会、全聚德集团联合组建了服务经济与餐饮产业研究中心，对餐饮产业问题开始了系统的梳理与研究。在中国烹饪协会的全面组织协调下，由中国烹饪协会杨柳博士主编的《中国餐饮产业运行报告》第一次出版就荣获了商业科技进步一等奖，这几年，该报告逐步获得业界的认可。尽管如此，我们深知在餐饮产业研究的方法论方面，我国的研究界与产业界仍然处于

* 荆林波，经济学博士，中国社会科学院财政与贸易经济研究所副所长，研究员，博士生导师，兼任世界烹饪联合会国际饮食文化研究会秘书长，中国烹饪协会专家工作委员会副主任，中国社会科学院财政与贸易经济研究所研究员，甄宇鹏，中国社会科学院经济师。

探索阶段。

按照传统产业经济学的研究方法，从产业组织理论角度而言，所包括的研究方法主要有 3 种，即案例研究、经济计量学和博弈论方法。[1] 对应到我国餐饮产业，应该研究如下问题。

（一）餐饮企业案例研究

我们曾经在 2008 年《中国餐饮产业发展报告》中，推出了类似的研究案例。[2] 比如，《革故鼎新、锐意进取——江苏莱根香餐饮连锁有限公司华丽蜕变》和《谭鱼头信息化的启示》，都借鉴了哈佛商学院创立的企业案例研究方法。尽管现在许多业界的刊物和报纸，甚至企业内刊都在做企业研究，但是总体而言，这些研究多数是企业宣传报道，带有软广告的性质，而具有企业研究性质的深度案例分析却始终欠缺。

可喜的是，近年来，《销售与管理》、《IT 经理世界》、《商业周刊》中文版和《商界》等刊物，都纷纷开始采用案例分析方法，解剖国内的餐饮企业，深度揭示中国餐饮的工业化过程，探索中餐标准化的路径，彰显出中餐欲在与洋快餐的竞争中提升自己的不屈精神。

（二）采用现代经济学方法研究餐饮经济

纵观全国已有的研究成果，很少有采用计量经济学方法、博弈论方法等进行研究的。造成这种现状的原因一方面在于我国餐饮统计数据残缺；另一方面在于我国对餐饮产业的研究严重滞后于我国餐饮产业的发展，也就是说，餐饮产业理论研究无法给餐饮产业实践提供充足的理论支持。这也是为什么我们当年策划成立服务经济与餐饮产业研究中心，推动出版《中国餐饮产业运行报告》的根本原因。

总之，要推动我国餐饮产业研究的深化，必须确立科学的方法论，引入已有的产业经济学方法，而不是简单地从计划经济的部门经济管理角度，进行一般的数据梳理与总结。

---

① 孙文平、刘志迎：《产业经济学研究方法综述》，《沈阳工程学院学报》2007 年第 2 期。

② 杨柳主编《2008 年中国餐饮产业运行报告》，湖南科技出版社，2008。

二　关于我国餐饮产业研究内容的问题

确立了科学的方法，还需要选择好餐饮产业研究的核心问题。这里，我们重点选择三个问题进行简要分析。

（一）餐饮产业服务密度

我们认为，对中国餐饮产业的研究应当选择新的视角，突破已有的研究范围。比如，应当选择餐饮产业密度作为一个新的突破口。

我们课题组曾经以我国现有的287个地级及地级以上城市和31个省（自治区、直辖市）为研究对象，比较不同地区的服务密度，分析影响不同地区的服务密度的因素，以期为各地提高服务业发展水平提供合理的政策建议。① 服务密度作为衡量一个地区的服务业发展水平的指标，与该地区的经济发展水平、人口总量、人口密度、城市化水平、服务业增加值占GDP的比重、服务业就业比重等指标有一定的关系。本文以287个地级及地级以上城市为样本，以上述六个指标为因变量，构建了一个多元回归模型，分析影响我国城市服务密度的因素，对服务密度与人均GDP、总人口、人口密度、城市化水平（非农人口占总人口的比重）、服务业增加值占GDP的比重、服务业就业占就业总人数的比重等因素之间的相关程度进行线性回归，分别得到各变量对服务密度的影响程度（见表1）。

表1　各因素对地级及地级以上城市的服务密度的影响

因变量	人均GDP	总人口	人口密度	城市化水平	服务业增加值占GDP的比重	服务业就业占就业总人数的比重	调整后的R^2	F统计量
服务密度	0.465	-0.004	0.672	0.012	0.211	-0.008	0.992	5645.071

资料来源：国家统计局：《中国城市统计年鉴2005》，中国统计出版社，2006。

对各变量进行无量纲化处理后，记服务密度为变量F，人均GDP为变量F1，总人口为变量F2，人口密度为变量F3，城市化水平为变量F4，服务业增加值占

① 荆林波、李蕊：《服务业发展水平与服务密度的地区差异及其影响因素的分析》，《产业经济学》2007年第1期。

GDP 的比重为变量 F5，服务业就业占就业总人数的比重为 F6，得到服务密度与下列变量之间的多元回归方程：

$$F = 0.465F1 - 0.004F2 + 0.672F3 + 0.012F4 + 0.211F5 - 0.008F6$$
$$(-66.931)(58.497)(-0.612)(102.202)(1.416)(33.397)(-1.242)$$
$$R = 0.996 \quad 调整后\ R^2 = 0.992 \quad F = 5645.071 \quad D.W. = 1.618$$

由上述回归分析结果可知，各统计指标都符合要求，统计结果基本合理，据此可以做进一步的分析。

根据上述技术路线，中国烹饪协会年鉴编辑部对我国省会城市餐饮服务状况与餐饮服务密度进行了梳理（见表2）。

表2　中国省会城市餐饮服务状况

省会城市名称	人口（万人）	面积（平方公里）	2008年餐饮零售额（亿元）	餐饮服务密度：每平方公里餐饮消费额（万元）	人均餐饮每年消费额（万元）
石家庄	918	1.57	99.10	63.12	0.11
太原	331	0.70	57.01	81.44	0.17
长春	726	2.10	40.70	19.38	0.06
哈尔滨	947	5.38	120.90	22.47	0.13
南京	584	0.66	108.20	163.94	0.17
杭州	660	1.66	127.50	76.81	0.19
合肥	445	0.69	75.00	108.70	0.17
福州	608	1.21	151.63	125.31	0.25
南昌	476	0.74	40.10	54.19	0.08
济南	582	0.82	223.90	273.04	0.39
郑州	708	0.74	207.50	280.41	0.29
武汉	786	0.85	247.03	290.62	0.31
长沙	602	1.18	190.12	161.12	0.32
广州	725	0.73	515.61	706.32	0.71
南宁	638	2.23	71.73	32.17	0.11
海口	138	0.23	21.15	91.96	0.15
成都	1060	1.21	303.30	250.66	0.27
贵阳	350	0.80	61.13	76.41	0.17
昆明	608	2.15	122.01	56.75	0.20
西安	727	1.00	112.27	112.27	0.15
兰州	309	1.33	65.27	49.08	0.21
西宁	184	0.75	23.18	30.91	0.13
银川	138	0.96	23.18	24.15	0.17
乌鲁木齐	185	1.10	67.80	61.64	0.37

注：其中沈阳、呼和浩特与拉萨的餐饮零售额数据不明确。

资料来源：中国烹饪协会年鉴编辑部：《餐饮密度数据库》，2009。

从回归结果可见，如果仅考虑单因素影响，那么人口和面积的回归结果都并不显著，而餐饮零售额的回归效果最好。这表明对餐饮服务密度影响最为显著的因素是该地区的餐饮零售总额（can_sales，以每平方公里餐饮消费额度量）。回归结果同时表明，这两者之间存在显著的正向相关关系。一般来说，零售总额较高的地区，餐饮服务密度相应也较高。

逐渐加入其他次要影响变量，可以发现，一个地区的人口总量（pop）以及面积（area）大小都与该地区的餐饮服务密度呈负向相关。人口较多、面积较大的省会城市所能提供的餐饮服务密度比较小。

回归结果如下所示：

$$can\_density = 44.557 + 1.353can\_sales - 0.096pop - 23.854area$$
$$(2.449) \quad (14.897) \qquad (-2.148)(-2.540)$$
$$R^2 = 0.948 \quad \tilde{R}^2 = 0.940 \quad DW = 2.415$$

回归结果中 R^2 和调整后的 $\tilde{R}^2$ 都较大，说明这 3 个解释变量较好地解释了餐饮服务密度随地区变化的趋势。回归结果中的 DW 统计量为 2.415，说明回归中存在一定的相关性，即各地区之间的餐饮服务密度与诸影响因素的回归关系所得的残差之间存在相关关系，从计量经济学的角度来考察，除了此处所考虑的 3 个因素之外，还有其他共同的因素会对各省会城市的餐饮服务密度产生影响。

由回归分析得到的是各地影响因素对餐饮服务密度的一个平均影响效果。具体考察各地区的实际数据和回归结果可以发现，该方程拟合效果较好的省会城市（回归残差与实际值之比小于 20%）包括石家庄、太原、合肥、济南、郑州、武汉、广州、南宁、贵阳、西安等地。这些城市的餐饮服务密度行为基本可以由该方程较好地加以解释。而残差偏小（为负值）的省会城市包括杭州、福州、长沙、成都、昆明、兰州、西宁、银川和乌鲁木齐。但是这些地区的餐饮服务密度实际数据要低于由回归方程得到的拟合结果，方程的解释变量高估了实际结果。具体来看，这些地区的餐饮零售总额都要高于同等规模人口和面积的其他省会城市。但是其中兰州、西宁、银川和乌鲁木齐都属于餐饮零售总额较低的西部省会城市。其餐饮服务密度水平要低于国内其他地区。由全国平均水平得到的回归结果与实际水平进行比较，发现其中高估的较多。还有一些省会城市的餐饮服务密度实际值要显著低于方程回归得到的结果，如长春、哈尔滨、南京、南昌、海口等。其中长春和哈尔滨的人口和面积规模较大，因此根据全国平均水平得到的回归结果计算会出现低估的情况。

（二）餐饮产业的竞争力问题

关于产业竞争力的研究论著很多，但是，关于餐饮产业的竞争力问题，学术界触及的很少。我们在2002年较早地对我国餐饮企业的竞争力问题进行了研究，并在当年中国商业经济学会征文中获得奖励。而杨柳博士在《中国餐饮产业竞争力研究》中提出了一套全新的评价模式，把该领域的研究大大向前推进了一步①，她利用2005年度可用数据，筛选资产、营业额、从业人数、连锁比率、百强企业数量、主营业务利润率、人均营业利润等指标，利用SPSS因子分析法，将餐饮产业竞争力分解为规模扩张能力因子F1、品牌塑造能力因子F2和赢利能力因子F3，推导出餐饮产业竞争力模型为：

$$F = 0.53791F1 + 0.22217F2 + 0.12629F3$$

在此基础上，杨柳博士对我国餐饮产业的国际竞争力与国内30个省、自治区、直辖市的区域竞争力进行了详细的分析。结果显示，广东、北京、上海、江苏、山东分列竞争力前五位，而甘肃、新疆、贵州、青海、海南则位列最后。此外，她还从经济发展水平、城市化进程、金融等相关产业发展角度分析了餐饮产业竞争力差异的原因。

（三）餐饮产业的集中度问题

产业经济学已经提供了足够的产业计量分析方法，比如测量市场集中度的值、赫希曼指数、熵指数、基尼系数和反映市场绩效的勒纳指数、贝恩指数等量化指标，特别是SCP分析范式建立后，各国学者纷纷用本国的不同产业的实际数据对之进行实证分析。

而我国目前还没有对餐饮产业集中度进行过深入研究。我们认为，可以按照产业集中度的计算方法，比如 C_4、C_{10} 和 C_{100}，来分析我国餐饮产业集中度的变化（见表3）。②

---

① 杨柳：《中国餐饮产业竞争力研究》，经济科学出版社，2009。

② 集中度也叫市场集中度，是指市场上的某种行业内少数企业的生产量、销售量、资产总额等方面对某一行业的支配程度，它一般是用这几家企业的某一指标（大多数情况下用销售额指标）占该行业总量的百分比来表示。一个企业的市场集中度如何，表明它在市场上的地位高低和对市场支配能力的强弱，是企业形象的重要标志。本文采用餐饮业销售额计算。

表 3 2002～2008 年我国餐饮产业集中度分析

单位：%

年 份	C_4	C_{10}	C_{100}	C_{100}变化
2002	2. 14	3. 01	6. 52	
2003	3. 00	4. 00	8. 53	1. 99
2004	2. 87	3. 84	7. 11	－1. 42
2005	2. 82	3. 79	7. 67	0. 56
2006	2. 94	4. 04	8. 05	0. 38
2007	2. 99	4. 09	8. 08	0. 03
2008	2. 72	3. 46	6. 62	－1. 46

资料来源：中国烹饪协会行业部：《餐饮产业集中度数据库》，2009。

通过以上分析，我们可以看出，我国餐饮产业的行业集中度偏低，C_{100}还未达到 10%，行业十分分散。但从近几年的数据来看，集中度虽然增幅较低，但基本处于上升趋势。2008 年，由于金融危机的影响及一些大中型餐饮企业的结构和策略调整而未参加全国餐饮百强企业数据统计，致使行业集中度有所降低。不过，前 10 家餐饮企业的销售额达到了 532. 25 亿元，占全国餐饮百强企业销售总额的 52. 23%，销售额超过 10 亿元的企业有 19 家，达到了历史同期的最高水平。餐饮业规模化、产业化、国际化的趋势仍在不断推进之中。

三 关于我国餐饮产业研究人员的问题

目前，我国与餐饮相关的烹饪、旅游院校不下百所，既有国家统一招生的院校，还有许多民办的院校，更有众多餐饮企业投资创办的各类培训学校。

然而，在如此众多的院校中，多数是研究烹饪技法、营养配餐、餐饮管理，而从产业经济学角度培养人才的院校却是凤毛麟角，个别院校在产业经济学或者管理学中选定一个方向做些尝试。因此，造成经过科班严格训练的餐饮产业方面的研究人员很少。

此外，要培养一支高素质的研究队伍，必须要有相应的研究经费投入。但是，目前无论是从国家层面，还是从产业层面，我们都缺乏足够的研究经费的支持。一些餐饮企业热衷于参会、评奖，而对餐饮产业研究的投入很少。由此，造成中外关于餐饮企业的研究水平的差距就更大了，当国家有关部门要调研我国餐饮业的安全问题时，我们所有的研究抵不上一家跨国餐饮企业的研究。

我们一再强调，要掌握话语权，可是，要掌握话语权的前提条件是要有足够的知识储备，要有一支过硬的研究队伍。要走出目前的困境，我们提出如下建议：

（1）从国家教育层面，推动餐饮产业方向乃至专业的设立与普及。从可操作层面来讲，先从中国烹饪协会专家工作委员会开始，侧重每年进行一次全国餐饮产业理论的征文，并且举办有针对性的、高水平的学术研讨会。

（2）从百强企业层面，引导这些有实力的企业建立自己的餐饮产业研究队伍，从企业发展战略角度进行必要的专题研究，推动我国餐饮企业良性发展。埋头拉车是必要的，但是，更重要的是抬头看路。

（3）从研究投入力度角度，我们倡议建立中国餐饮产业研究基金，加大对中国餐饮产业研究的支持力度，下一步我们应当努力与相关部委取得联系，与地方相关部门建立互动机制，争取更多的课题立项，以资助高水平的研究成果面市。

参考文献

[1] 藏旭恒：《产业经济学理论与问题研究》，经济管理出版社，2000。

[2] 李孟刚、蒋志敏：《产业经济学理论发展综述》，《中国流通经济》2009年第4期。

[3] 荆林波、李蕊：《服务业发展水平与服务密度的地区差异及其影响因素的分析》，《产业经济学》2007年第1期。

[4] 刘志彪、石奇：《产业经济学的研究方法和流派》，《产业经济研究》2003年第3期。

[5] 卫志民：《20世纪产业组织理论的演进与最新前沿》，《国外社会科学》2002年第5期。

[6] 夏大慰、王步芳：《新奥地利学派：产业组织学的行为流派》，《山西财经大学学报》2004年第10期。

[7] 杨公朴、夏大慰、龚仰军：《产业经济学教程》（第三版），上海财经大学出版社，2008。

[8] 杨柳：《中国餐饮产业竞争力研究》，经济科学出版社，2009。

[9] 杨柳：《2008年中国餐饮产业运行报告》，湖南科技出版社，2008。

[10] 中国烹饪协会行业部：《餐饮产业集中度数据库》，2009。

[11] 中国烹饪协会年鉴编辑部：《餐饮密度数据库》，2009。

[12] Tirole, J. *The Theory of Industrial Organization*, Cambridge. MIT Press. 1988.

经济欠发达地区餐饮业产业化发展的思考

——以云南省为例

于千千　杨艾军*

摘　要：本章分析了云南餐饮业发展现状、市场特点及存在问题，并从产业规划、品牌建设、人才培养、交流合作等方面对云南省餐饮业发展提出了相应的对策建议。

关键词：餐饮业　产业化

餐饮业直接关系到人民群众的生活和身体健康，是商贸服务业的重要组成部分。重视并发展餐饮业是关注民生的重要体现，是拉动内需和增加就业的重要举措，是促进社会和谐，全面建设小康社会的内在要求，也是目前云南省积极应对金融危机，拉动内需、扩大消费、繁荣市场、增加就业、维护社会稳定的现实需要。推进餐饮业的发展将对建设绿色经济强省、民族文化大省和发展旅游产业提供产业支撑。

一　云南餐饮业的发展现状与问题

改革开放30年来，云南省餐饮业呈现出了快速发展的势头，初步形成了能够满足基本需求的大众化餐饮，餐饮业处于由传统手工服务业向现代生活服务产业转型的关键阶段。1999～2008年10年间，云南省餐饮业零售总额由61.8亿元增加到220.7亿元，增加了3.6倍，占GDP的比重由3.3%上升至3.8%，占社

* 于千千，云南财经大学公共管理学院副院长；杨艾军，云南省餐饮与美食行业协会副会长兼秘书长。

会消费品零售总额比重由 11.5% 上升到 12.8%，增幅居社会消费品零售总额各项之首。同时，云南省的餐饮业发展在改善云南省人民生活质量、扩大市场消费、拉动相关产业、增加社会就业、促进农副产品销售以及服务旅游产业发展等方面都作出了一定贡献。餐饮业是吸纳就业的重要渠道，云南省餐饮企业 99% 以上属于非公经济，223164 家餐饮企业与直接相关企业解决了 300 万人的就业。据不完全统计，仅 2008 年，云南省餐饮业农副产品采购额就超过了 80 亿元，对农民增收的带动作用十分明显。

目前，云南省餐饮业的发展已经取得了一定的成效。现有星级美食名店 55 家，中华餐饮名店 22 家，连锁餐饮单店 289 家，中国饮食文化大师和名师 12 位、烹饪大师和名师 82 位，出版各类饮食专著 50 余本，打造具有省内影响力的年度性美食节庆活动 3 个；形成了以过桥米线、汽锅鸡和傣味为主打的滇菜名品，伴之民族歌舞风情的地方餐饮特色，在国内外产生了一定的影响。然而，云南的餐饮业整体发展水平同全国其他省市相比仍然存在一定的差距，突出表现在以下四个方面。

其一，发展速度快，但餐饮业零售总额及占社会消费品总额的比例偏低。2008 年，全国餐饮业零售总额 15404 亿元，占社会消费品零售总额的比重为 14.2%；重庆市的餐饮业营业额达 295.1 亿元，占社会消费品零售总额的 14.7%；四川省的餐饮业营业额达 925.1 亿元，占社会消费品零售总额的 20.89%；湖南省餐饮业营业额达 594 亿元，占社会消费品零售总额的 15%；云南省餐饮业营业额为 220.7 亿元，占社会消费品零售总额的 12.8%。

其二，产业集中度较低。2002 ~ 2008 年，云南餐饮企业仅有 2 家曾于 2003 年和 2005 年入围全国餐饮百强，而且排名均在 90 名之后。同一期间，重庆市餐饮企业入围全国餐饮百强的数量却由 2002 年的 8 家增加为 2008 年的 17 家。

其三，品牌影响力弱。四川、湖南、重庆等省、市围绕火锅、川菜、湘菜等菜系，挖掘、创新菜品，打造品牌，在全国形成的知名度远超过滇菜。

其四，有待突破性的政策扶持。从政策扶持上看，四川、湖南、广西、重庆等省、区、市都将餐饮业作为发展服务业的重点工作内容，甚至作为支柱产业来抓，从 2004 年开始相继出台了促进、扶持餐饮业发展的政策措施。

和谐的社会环境、优越的自然环境是云南餐饮业发展的重要基础，丰富多样的食材原料和深厚的民族文化底蕴是云南省发展餐饮业的主要优势，但云南省餐饮业对资源的利用程度不高、开发力度不够，餐饮业规模化、规范化、标准化、连锁化、品牌化需要全面加强。总体而言，云南省餐饮业发展主要存在以下 5 个不容忽视的问题。

一是缺乏统一规划。受管理体制、思想观念等因素影响，云南省对餐饮业一直缺乏统一规划，产业集中度不够，餐饮企业既难“走出去”，也难“引进来”。餐饮业发展进程与社会消费需求和建设旅游大省的要求不相匹配，资源优势尚未转化为经济优势，仍然存在很大的发展潜力。

二是菜品研发与品牌建设滞后。云南省原材料丰富，具有发展绿色餐饮的天然优势，而且还拥有丰富的少数民族文化底蕴，但菜品却一直停留在粗放式制作的阶段，缺乏研发和创新，在全国有影响力的菜品屈指可数，没有形成独立流派，也未能在中国菜系中占有一席之地。川、粤菜系有 6000 多个品种，湘、鄂菜系有 4000 多个菜品，并且分别都拥有 50 多个核心菜点，而滇菜仅拥有 1000 多个品种，核心菜点不超过 10 个，亟待创新发展。

三是餐饮企业经营中缴费不合理现象较为突出。例如，云南省的餐饮企业至今未能享受水、电、气工商同价的优惠政策。营业额在 100 万元以上的餐饮企业还要交纳旅游宣传促销费，也增加了企业负担。再如，云南省餐饮业信用卡消费手续费率平均为 2% 以上，明显高于百货业和发达地区餐饮企业 1% 的手续费率，这些都挫伤了企业的积极性。

四是以中小企业为主体的餐饮企业融资困难。融资渠道少，缺乏政策支持，已经成为云南省餐饮行业发展面临的主要“瓶颈”，制约了企业做大做强，造成了餐饮企业散、小、弱的现状。餐饮企业基于品牌发展、资本运作、管理创新的融资需求不断增加，但多数因资信等级低，缺乏抵押资产，难以得到银行信贷支持。

五是人才培养和理论研究工作有待加强。云南省餐饮业中高等职业技术教育资源严重不足，既没有权威的理论刊物和专门的研究机构，也没有培养餐饮业专门人才的职业技术学院，致使人才短缺问题严重。

比较而言，云南省既有加快发展餐饮业的内在需求，也面临着明显的外部压力，只有迎头赶上，才能真正发挥餐饮业的作用。基于云南省餐饮业发展滞后的实际，要抓好此项民生工程，着力打造滇菜品牌，扩大内需、拉动消费，在云南这样一个经济欠发达地区，促进高度市场化的餐饮业发展更加需要政府的政策扶持和引导。

二　云南发展餐饮业的对策建议

（一）科学规划餐饮业发展，完善餐饮产业体系

按照“合理布局、突出特色”的要求，科学制定和实施《云南省餐饮业发展规划纲要》，细化未来5年云南省餐饮业发展的总体要求和发展目标，提出行之有效的扶持政策和保障措施。从餐饮业的经营方式、经营业态、网点建设等方面进行规划和布局，优化餐饮业空间结构，促进云南省餐饮业的集聚和可持续发展，逐步形成格局合理、重点突出、功能完善、特色鲜明、层次丰富的餐饮市场体系。各州、市要结合本地经济社会发展情况和区域特色，制定本地区餐饮业发展规划，形成促进本地餐饮业发展的长效机制。

在综合考虑城市功能布局、市政配套设施、环保排污、餐厨垃圾处理等因素的基础上，在区域中心城市的主城区规划建设特色突出、文化浓郁、风格各异的美食街区；支持区县结合旅游景区、景点开发，规划建设美食街区和发展少数民族特色餐饮。

结合农业产业化工作，重点支持一批企业发展原辅调料生产加工基地建设，促进餐饮业产供销一体化发展。在全省重点扶持30个原辅调料生产加工基地，力争2012年达到100个。推进云南地方特色原辅调料标准化、规模化生产，开发绿色原辅材料，加快无公害原辅调料的引进、示范和推广，带动发展农副产品精、深加工和半成品加工。重点支持品牌餐饮企业连锁配送中心的建设，鼓励餐饮企业引进国内外先进生产、包装、灭菌工艺和技术，大力推进加工基地、物流配送中心的标准化、科学化、现代化建设。在全省区域中心城市着力培育10～15个物流配送中心。扶持有条件的农贸市场、餐饮行业协会、农民合作组织等共同组建社会化的菜品配送中心。力争在2012年前形成从生产、加工、连锁配送到定销的相互配套、相互支撑的完整产业体系。

（二）实施振兴滇菜工程，提升云南餐饮业整体水平和滇菜知名度

设立振兴滇菜专项补贴，成立滇菜研发基地，鼓励企业发掘、研制、推广具有一定文化内涵和地方特色的菜品。争取形成具有民族和地方特色、符合大众消

费的菜品4000个，政务及商务宴请菜谱20套。支持企业、有关院校和科研院所有组织地对滇菜加工各环节技术标准和操作规范开展研究，制订《经典滇菜制作技术标准》等地方标准。引入现代科学技术、方法、设备和手段，提高滇菜加工的科技含量，加快标准化进程。引导经典滇菜和典型调料实行配方化、工厂化加工和批量化生产。支持企业和行业协会就经典滇菜传统制作工艺进行非物质文化遗产的申报，对进入国家级非物质文化遗产名录的申报单位和传承人给予奖励。

确定50家餐饮企业作为云南省重点扶持企业，引导企业进一步树立品牌意识，发展一批星级名店，提升云南省餐饮业的品牌效应。通过政策引导和扶持，培育餐饮龙头企业，推进餐饮企业集团化、国际化；通过招商引资、连锁加盟、收购、兼并等方式，引进国内外知名餐饮品牌，推进规模经营和产业升级。加大餐饮品牌培育和保护力度，逐步恢复和振兴云南餐饮“老字号”企业，扶持一批新兴优秀餐饮品牌。对于经典滇菜如汽锅鸡、过桥米线等进行集体商标注册，积极争取原产地保护。在上述工作的基础上，开展“三个一”工作，即出版一套云南菜品和企业丛书，创办一份云南餐饮业核心刊物，建立一个专业化培训基地。

依托高校、科研院所、行业协会，加强餐饮经济理论、菜品创新、健康食谱、食品科学、饮食文化、原辅材料加工等方面的研究，加强产、学、研结合，积极推动科技成果转化。每年开展一次新派滇菜评选活动，鼓励和组织餐饮企业选派人员及自主创新菜点参加国内外餐饮行业各类比赛和评比，提升云南省餐饮业的整体水平及知名度。

（三）加强交流与合作，大力开拓国内外市场

借昆交会、旅交会、农博会和重大节假日人员聚集的有利时机，筹办“七彩云南美食文化节”等大型美食文化节庆活动。积极参与或申办国内外知名餐饮会展活动及赛事，努力提高云南省餐饮业的知名度。借鉴其他省市在推动餐饮业发展方面好的经验与做法，加强菜系和企业间的交流。引导和帮助云南省餐饮企业开阔视野，博采众长。积极推进滇菜进京工作，今后5年内每年在北京举办1~2次推介会，扩大滇菜辐射面和影响力。支持具备条件的餐饮企业到北京等城市开店，支持餐饮企业参加各种展会和促销活动。

（四）加快餐饮专业人才培养，增强餐饮业吸纳就业的能力

在昆明市建立餐饮职业技术学院，各州、市要依托当地职业教育培训机构设置餐饮管理专业，形成餐饮业人才培训教育体系，加快推进餐饮业人才培养工作。省财政应安排专项资金，加大餐饮业经营管理人员和专业技术人员在职教育培训的工作力度。实行税费优惠政策，鼓励企业加强在岗培训，提高餐饮业从业人员的整体素质。在云南省餐饮行业全面实施职业资格证书制度，力争至2012年有80%以上的从业人员取得职业资格资质证书。定期对有突出贡献的从业人员进行表彰，提高其社会地位和从业荣誉感。

引导企业探索灵活有效的用工制度，为返乡农民工、大中专毕业生以及其他社会青年提供餐饮专业技能培训。为缓解社会就业压力，积极应对金融危机，拟组建20个青年创业就业见习基地，每年可提供500～1000个见习岗位，为餐饮企业搭建选人用人平台，以适应企业高速增长的需要，增强餐饮业吸纳就业的能力。

（五）倡导“绿色餐饮”，推进“七彩云南保护行动”的贯彻实施

积极推进“七彩云南保护行动”的贯彻实施，促进餐饮业循环经济和低碳经济，并保障其上游及下游产业链企业清洁生产，在2012年前力争限额以上的餐饮企业80%达到“绿色餐饮”标准。积极引导社会公众科学消费，倡导勤俭节约的消费方式，减少各类餐饮物品的不合理消耗，充分挖掘餐饮业节能减排的潜力。支持鼓励企业按照国家节能管理规定和节能设计标准开展节能改造，实施“绿色照明”工程，加强餐饮场所室内温度控制，逐步减少一次性筷子的使用。由省级商务部门牵头，其他相关部门积极配合，对餐厨垃圾统一进行无害化处理，杜绝餐饮废油重返餐桌。

餐饮业——构建和谐社会的动力产业

冯玉珠*

摘　要： 餐饮业是关系广大人民群众根本利益的一个基础性、渗透性强的产业，本章从经济发展、社会进步、文化教育三大方面分析了餐饮业在构建和谐社会中的功能与作用，指出餐饮业是构建和谐社会的动力产业。

关键词： 餐饮业　和谐　经济　文化

和谐，承载着人类几千年来的美好愿望，成为人类社会追求美好理想的不竭精神源泉。和谐的社会离不开餐饮业，餐饮业的和谐是社会和谐的重要组成部分。餐饮业在构建和谐社会中发挥着重要的功能和作用。

一　经济功能

（一）推动国民经济发展

餐饮业作为我国第三产业中的一个传统行业，在人民生活水平不断提高和改革开放政策措施的推动下，通过行业竞争和企业不断创新，已由原先规模小、设施简陋、对国民经济增长贡献率低的小行业，发展壮大为规模不断扩大、增势强劲、对社会文化和经济生活具有较强影响力的产业。在过去的20多年中，餐饮业一直以高于国内生产总值的速度增长。2005年，全国餐饮业零售总额实现8886.8亿元，餐饮网点达400万个，从业人员2000万人，餐饮业零售总额对社会消费品零售总额增长的贡献率大幅提高，达到17.4%。2006年，我国餐饮业

* 冯玉珠，河北师范大学职业技术学院旅游系副主任，教授。

市场活跃，餐饮消费实现历史性的跨越，全年零售总额首次突破 1 万亿元大关，达到 10345.5 亿元，同比增长 16.4%，比上年净增 1458 亿元，比同期社会消费品零售总额增速高出 2.7 个百分点，比 GDP 增速高出 5.7 个百分点，连续 16 年保持了两位数的高增长，与改革开放初期的 1978 年相比增加了 188 倍。餐饮业对经济增长的拉动作用十分明显，现代化的“美食”成为拉动经济增长的强劲动力。

（二）扩大内需，拉动市场潜在消费

内需指国内人民的需求，包括国家内部生产和人民生活的需求。扩大内需就是在生产相对过剩的情况下，调整经济结构（包括生产结构和消费结构），拓宽国内市场，培育消费热点，以拉动经济的增长。简言之，就是通过扩大投资需求和消费需求来拉动经济增长。餐饮业是关系广大人民群众根本利益的一个具有基础性、渗透性的产业。它不同于商业，又不同于工业，也不同于纯服务业，具有生产加工、饮食品零售和劳动服务的综合性特征。餐饮业涉及人们每天的基本生活，是居民休闲消费、社交消费、喜庆消费、假日消费、会展消费和旅游消费的重要组成部分。此外，城乡居民收入提高和入境旅游人数增加、国内旅游旺盛也为扩大餐饮消费增添了后劲。餐饮业是扩大内需的“急先锋”，是拉动内需的重要手段。

（三）带动相关产业和区域经济的发展

餐饮业作为国民经济的重要组成部分和现代经济中的一个重要产业，与其他产业有着密切的关系。对于第一产业来说，由餐饮业的食物需求所带动的种植业和养殖业是国民经济中的基础产业。从第二产业来看，食品加工、制造业依然是国民经济中的重要产业。另一方面，烹饪技艺的提高也带动了食品半成品加工业、调剂品工业等食品加工业的发展。从第三产业来看，餐饮业也催生了许多新生行业，如菜单制作、菜品摄影、设备清洗、厨具与餐具制作等行业。可以说，餐饮业对国民经济各产业的影响显著，能够很好地带动相关产业的发展，为构建和谐社会作出巨大的贡献。

餐饮业的繁荣对发展地方经济、增加居民收入具有较大的促进作用。可以加快种植业、养殖业、加工业、手工业等产业的专业化、现代化发展，进一步延伸餐饮经济的链条作用。现在国内一些地区已将餐饮业列入本地经济发展的重要或

支柱性产业，旨在利用餐饮市场的巨大商机，带动本地区相关产业的发展，从而带动区域经济的发展

（四）创汇能力强，在国际上具有竞争优势

在经济效益方面，餐饮业已经成为我国非贸易外汇的重要来源。餐饮业以其市场大、增长快、投入相对较少和吸纳劳动力多等特点，已经成为发达国家对外进行资本和品牌输出的载体。从 2006 年下半年开始，风险投资从 TMT（科技、媒体、电信）抽离，越来越多地转入被视为赢利丰厚且增长迅速的餐饮业。如 2005 年 10 月，“一茶一坐”连锁餐厅获得 1260 万美元的巨额投资；2006 年 7 月 26 日，国际知名投资基金 3i 集团和普凯基金与内蒙古小肥羊餐饮连锁有限公司在内蒙古包头市正式签订合作协议，两家外资公司将共同投资 2500 万美元（约合人民币 2 亿元）。可以说，餐饮业开创和培育了丰厚的税源，为国家增加了税收，有力地支持了国家的经济建设。

二 社会功能

（一）提高人民生活水平

“民以食为天”。俗话说“人是铁，饭是钢”，吃饭是一件大事，餐饮业作为“民生产业”，在国计民生中具有举足轻重的地位。如今，随着人民收入水平的提高和生活观念的改变，人们越来越期望从家庭厨房中解放出来，把节余的时间用于学习、工作、休闲等方面。餐饮业不仅能够满足这种日常饮食需求，还能提供多层次、安全、美味、绿色、营养保健、多样化和具有丰富文化内涵的餐食，使人民不仅能够从厨房中解放出来，还能够在餐饮活动中满足更高层次的物质需求，得到更高层次的精神享受，全面提高生活品质。

（二）吸纳社会就业的重要渠道

就业是民生之本、安国之策。就业不仅关系人民群众的切身利益，也关系国家经济发展和社会的和谐与稳定。当前我国经济发展中面临的一个重大难题是就业，包括下岗职工的再就业。餐饮业既是劳动密集型的行业，又是中小企业占多数、投入较少、收效较快、劳动力成本相对较低的行业。而且餐饮业还可以吸收和容纳多层次的就业人员，从高级经营管理人员、厨师、服务师，到一般水平的烹调、服务人员，乃至洗碗、洗菜、清扫等简单劳动人员，在餐饮业中都有相应的岗位需求。近几年，全国每年大众化餐饮新增200万个就业岗位。餐饮业是为国家减轻和缓解就业压力的最重要行业之一，为构建社会主义和谐社会立下了汗马功劳。

（三）扩大国际交流，促进改革开放

餐饮业作为我国开放最早的一面窗口，对内促进了物质和文化的交流，冲击和改变了局部地区和人群的陈规陋习，推动了社会生活方式和生产方式的革命性转变。在对外开放方面，餐饮业加强了世界各国的餐饮文化交流，促进了国际友好交往。餐饮业在扩大对外开放、提高城市的知名度、优化投资环境、促进区域经济发展方面也功不可没。目前世界上一些著名的外资餐饮企业如麦当劳、肯德基、必胜客等早已在中国登陆，并向内地扩张发展。同时，中国菜也早已走向世界，中国人在国外经营的中餐馆遍布世界各大洲，特别是在劳务输出领域，中餐厨师和服务人员更是占了很大比重。

（四）缩小地区差距，推动城市化进程

要缩小我国地区发展差距，包括东部和中西部地区之间、城市和农村之间的发展差距，一个重要的选择是发展餐饮业。中西部地区经济基础相对落后，培育餐饮业发展的政治、社会、经济环境相对较差，但土地资源和原材料都非常丰富，餐饮业发展空间和潜力巨大。有鉴于此，国家餐饮部门应调整工作思路，研究加快后发地区餐饮业发展的政策导向，强化支持力度，帮助他们加快发展速度，缩小同先进地区的差距，解决区域发展不平衡的问题。

餐饮业具有投入较低、见效较快的有利条件；还具有地方餐饮资源各具特色等优势。发展餐饮业，有利于促进经济欠发达地区的经济振兴，对于加快城镇化的进程，也具有非常重要的意义。实践证明，餐饮业的发展，已成为当前各地中小城市和集镇经济发展的一个重要标志。

（五）促进人与人的和谐相处

餐饮业是为人们提供宴请的场所。宴请既可以是企业或组织之间为了建立业

务关系、增进了解或达成某种协议而举行，也可以是企业或组织与个人之间为了交流商业信息、加强沟通与合作或达成某种共识而进行。通过宴请可以加强人们之间的感情交流，化解矛盾，消除分歧，缓和人与人之间的紧张关系，使之趋于和谐。

（六）餐饮业是社会的窗口

餐饮业是社会文明的窗口，是社会形象的一张重要名片。因此，餐馆是国内外游客接触社会最频繁的地方，也是给顾客留下印象最深刻的地方。餐馆是否干净、漂亮，能否提供多层次的美食需求和优质服务，能否体现社会的精神文明和生活质量，直接关系到社会整体的形象。

三　文化教育功能

（一）传播中外饮食文化

中国的餐饮行业是一个承载传统文化的行业，且不论浩如烟海的食经膳谱、奇美多姿的烹具盛器、养生治病的食疗秘方、美馔佳肴的烹饪技艺、名菜名食的掌故趣闻，以及湮没在正书野史中的店招楹联、诗词文赋，就连日常的经营谚语、服务方式、接待程序、规章制度中，也都渗透着中华民族传统文化的智慧和底蕴。餐饮业是向世界展示中华饮食文化、吸收国外优秀文化以及促进中外饮食文化相互交融的一个极佳的阵地。

（二）进行大众饮食科学教育

餐饮业是涉及人们基本生活的经营性消费行业。餐饮企业不仅能为消费者提供良好的饮食产品、适宜的饮食消费环境，而且还能积极引导饮食消费风气，倡导健康饮食消费文化，教育消费者树立适度饮食的消费观念，选择健康文明的消费方式。比如，浙江省消费者权益保护委员会、杭州市消费者权益保护委员会、浙江省餐饮行业协会、杭州市饮食旅店业同业公会2007年10月联合在全省发起“文明消费、健康餐饮”的倡议活动。红泥、张生记、避风塘、新香园、知味观、外婆家等48家老百姓耳熟能详的餐饮龙头企业积极响应了倡议。据悉，浙

江省消费者权益保护委员会已向这48家餐饮企业免费发放温馨提示牌3000块、宣传易拉宝300个，这些标有“适量点菜”、“节约用水”、“适度饮酒”、“吸烟有害健康”、“提供打包存酒服务”、“酒后请勿驾车”的友情提示牌和易拉宝已摆进了这些餐饮企业的店堂。

总之，餐饮业是关系广大人民群众根本利益的一个基础性、渗透性强的产业。在市场经济条件下，更发挥着扩大内需、拉动市场消费、广泛吸纳劳动力、促进相关产业发展、继承和弘扬中华民族饮食文化的重要作用。

社区餐饮发展的现状及对策

杨　柳*

摘　要： 本文从多角度论述了社区餐饮对促进大众化餐饮发展的重要意义，分析了当前社区餐饮发展存在的问题，最后从统筹规划、政策支持等方面对促进社区餐饮科学发展提出了对策建议。

关键词： 社区　餐饮　现状

经过近30年的竞争发展，中国餐饮业已形成中餐、快餐、火锅、休闲餐饮等多业态发展的格局，既有满足商务往来的高端餐饮，也有服务群众的大众化餐饮。从服务对象和社会影响上看，大众化餐饮是餐饮业发展的重点，也是政府关注并大力推动的，如何促进大众化餐饮发展是需要探讨的重要课题。

一　大力发展社区餐饮是促进大众化餐饮发展的根本

1. 发展社区餐饮、完善社区服务功能是提高人民生活品质的必然要求

社会是以家庭为单位的，城市中的每个人、每个家庭都隶属于一定的社区，社区建设是城市社会经济发展到一定程度的必然要求。2000年，民政部发布了《关于在全国推进城市社区建设的意见》，对社区卫生、文化、环境、治安等提出了相应的原则和要求，随后一些省市也据此出台了城市社区发展规划，有的还对社区服务功能有所拓展。如2006年，北京市民政局、北京市发展和改革委员会联合发布了《北京市“十一五”时期城市社区发展规划》，提出要大力发展社

* 杨柳，经济学博士，硕士生导师，高级经济师，世界中国烹饪联合会会长、中国烹饪协会常务副会长，行业管理经验丰富，主要从事餐饮产业经济学研究。

区服务，加强社区公共服务设施规划和建设，对洗衣、家政等服务业提出了明确的要求，但对与居民生活密切相关的饮食服务业基本都没有提及。然而，加强社区餐饮建设既是完善社区服务功能的需要，也是便利居民生活的必然需要。

2. 社区餐饮是服务居民、扩大消费的重要力量

社区餐饮主要是满足居民最基本、最普遍的日常饮食需要，是大众化餐饮的重要组成部分，具有广阔的发展前景。中国烹饪协会所做的调查显示，在城市居民中有外出就餐的需求已经占到了调查人数的70%，但是相应的餐饮配套供应不充足而不能满足群众消费需求也成为受访者的困惑。社区餐饮业的经营方式灵活，不囿于店堂，可以把商品、服务送到家庭，开展“家宴”、净菜或半成品、点送等形式的派生服务。2007 年，中国 5.94 亿城镇居民分布在不同的社区中，而他们又大致分为三类：上班族、学生和老年人。在受访人群中有一多半是 45 岁以上的中年人，这些人工作和家庭负担繁重，基本都处于“上有老，下有小”的状态，因而迫切希望能在社区解决日常吃饭问题。更由于早晨时间紧张，多数人难以在家或到饭店从容地吃早餐，他们对距离近、价格便宜、方便卫生的社区餐饮需求十分强烈。也有部分受访的青年人特别是工薪阶层，他们一方面没有时间做饭，另一方面又苦于找不到价位适合的就餐场所。

3. 发展社区餐饮是解决早餐、老人用餐的根本所在

作为最贴近民生、消费需求最迫切的早餐，一直备受各方面的重视。自 2001 年起，许多地方政府开始启动早餐工程，但直至今天仍然收效甚微，早餐问题依然没有得到有效的解决。中国烹饪协会对消费者早餐消费习惯、餐饮企业经营特点等进行了多方面的调查研究。调查显示，在全国大中型城市，超过 25%左右的上班族从不吃早餐，即使有吃早餐的习惯，吃早餐的过程也绝谈不上是享受，大多数人都是在路上、在公交车上或在公司附近和办公室里“消灭”早餐；60%左右的受访者吃早餐的时间为 5～10 分钟，超过 10 分钟者仅占 10%左右，与早餐时间至少保持 15 分钟左右的要求相差甚远。调查还显示，对于早餐的花费，3 元以下的占 25%，3～5 元的占 45%，5～10 元的占 20%。另一方面，由于早晨时间紧张，人们只能就近用餐，较低的消费和有限的客流使得早餐企业的纯利率仅在 3%左右，如此低微的利润，除街头小店、小摊点愿意提供早餐服务外，很多餐饮企业都不愿意提供早餐服务。通过“早餐工程”或提倡企业开办早餐服务来解决社会大众的早餐问题显然难以奏效。但如果从社区餐饮入

手，不仅可以解决早、中、晚餐问题，更可以充分发挥餐饮业促进就业、扩大消费的作用。

此外，老龄化社会的到来使得解决老年人的吃饭问题变得尤为重要。20世纪后期，为控制人口的急剧增长，国家推行计划生育政策，使得人口出生率迅速下降，这也加快了我国人口老龄化的进程。按照联合国的划分方法，65岁及以上老年人口比例在7%以上社会为老年型人口，2007年我国该比例已经高达9.35%，60岁及以上老年人口比例达到13.64%，中国已经成为老年型人口。据国家统计局预计，到2037年，我国老龄人口将超过4亿，到2051年将达到最大值。2007年，平均每户家庭人口2.91人，家庭规模小型化、老人家庭"空巢化"趋势明显，独居老人数量增幅较大，离退休人员社区养老达到高峰值。便利、实惠的社区餐饮在扩大消费的同时，正好可以满足一些人一日三餐的日常饮食需要。

二　当前社区餐饮存在的问题

1. 市场供给不足

由于大众化餐饮原本就是微利经营，加之近年来房租持续高涨、经营成本与费用加大、赢利水平降低，大众化餐饮经营企业的积极性严重受挫，主食加工配送中心建设滞后，中低档餐饮服务明显不足，大众化产品日益减少，大众化餐饮市场比率降低，难以满足老百姓的需求，居民"消费大众餐饮难"的问题已经成为城市特别是大城市普遍存在的问题。

2. 规模化和规范化水平低

调查显示，目前社区餐饮规划和规范化程度严重不足，全国350多家限额以上连锁餐饮企业拥有餐饮加工配送中心230多个，加工配送率仅为66%，平均每个加工配送中心覆盖餐饮门店不足50个。此外，加工设备陈旧也是普遍困扰大众化餐饮规模化发展的问题。大多数企业由于资金的制约，使用陈旧老化的设备，机械化出成率不高，产品科技含量低，规范化程度有待提高。

3. 缺乏规划和有力的政策支持

大众化餐饮及其社区餐饮供应服务兼具便民、惠民服务特性，但有关政府部门重视不够，没有相关政策支持。大众化餐饮特别是社区餐饮因赢利水平低、税费压力大、网点设置难和受非法游商冲击等因素影响，其发展受到了很大的限制。

三　保障社区餐饮科学发展需要相应的政策和措施

社区餐饮经营利润薄、工作艰苦，一般企业对此积极性不高。但是社区餐饮服务的对象是千家万户，特别是学生、工人、老人等普通消费阶层，是改善民生，扩大消费，建设和谐社会的根本，需要我们给予最大的关注。社区餐饮发展要以社区资源为依托，充分发挥政府、行业组织、企业、社区的作用，采取政府扶持、市场运作、实体管理、社会参与、专业化服务相结合的方式，共同把社区餐饮做好。

1. 加快制订与社区餐饮管理相关的国家级和地方性法规，建立健全行业发展法规体系

要在大众化餐饮发展规划中明确社区餐饮的建设规划，并将其纳入城市社区网点建设规划当中。政府应协同社区管理部门、房地产开发商、行业协会等有关单位做好社区发展整体规划，为社区餐饮发展提供合理的场所。目前很多社区提供商业、文化娱乐、卫生教育等服务，但基本没有考虑社区餐饮的发展问题，以后在社会发展规划和社区建设中，加强规划，将与民生关系最密切的饮食服务列入其中，在社区内部或社区临近街道为餐饮业发展提供与社区规模相适宜的场地。同时加强社区餐饮标准体系建设，尽快制订一些社区餐饮的国家标准和行业标准。加强社区餐饮的调查、统计工作，形成体系，增强运行分析。

2. 加强组织领导，加大对社区餐饮的政策支持，在一些成熟社区开展社区餐饮试点

社区餐饮是一项公共服务事业，各地商务、发改委、财政、税务、工商、质检、卫生、市政、交管等部门应高度重视社区餐饮这一重大民生工程，把发展社区餐饮当做为民办事的重要任务，将社区餐饮建设纳入服务业重点支持范围，研究并制定出促进社区餐饮发展的政策措施。选择人口规模较大，便于管理的国家部委的某些小区开展试点，可以由社区服务中心协调各部门，提供燃气锅炉、餐桌椅等厨房设备，重点对高校或团膳企业进行招标，最后的赢利由社区与中标企业按一定比例分成。上海外国语大学的后勤实业发展中心按此方式托管了两家社区餐饮服务社，受到社区居民的热烈欢迎，取得了良好的社会效益，政府的相应补贴也使企业获得了一定的经济收益，很好地维护了社区餐饮的可持续发展。此外，也可以由社区服务中心协调各部门，提供一定的场地，其他由企业自主经营，切实解决居民尤其是老年人的日常饮食问题。

3. 设立社区餐饮专项基金，支持社区餐饮企业发展

企业是追逐利润的，早餐及社区餐饮的低利润使很多企业望而却步，近年来早餐工程难以维系也充分说明了这一点。为改善民生，提高居民的生活品质，政府应该通过资金投入、政策支持鼓励有条件的餐饮企业进驻社区。建立现代化的中央厨房（主食配送中心）是实现节能减排、环保型餐饮、推动餐饮产业化的重要保证，也是发展社区餐饮的根本途径。场地、设备、信息系统、冷链及物流配送系统等需要几百万甚至上千万的资金投入，一般企业难以达到，政府有关部门要设立社区专项资金支持餐饮企业建立中央厨房，或通过房租、税收、减免收费以及便利运输等方面，为社区餐饮经营企业创造良好条件，鼓励企业承担社会责任，使用节能减排的现代化设施、设备提供便民服务，切实为居民办实事、办好事。同时，企业还要加强社区厨房物流建设，在没有场地或不具备开餐厅条件的小区，使用移动配餐车为居民提供成品和半成品服务，早送晚走，既不占用场地又解决了居民的用餐需求，同时还做到一头连着农田，一头连着餐饮业；一头连着农民，一头连着市场；一头连着农村，一头连着市区。

4. 行业协会加强引导、协调，为社区餐饮和企业发展服务

相关行业协会积极宣传和落实国家有关法律法规以及相关行业标准，引导餐饮企业严格按照国家法律法规及相关标准的要求，为居民提供价廉物美、方便快捷、安全卫生的社区供餐服务。同时，通过资源整合和专业优势，对设施设备采购、原料采购、标准化、产业化发展提供咨询、指导服务，对各地区社区餐饮经营效果好的企业进行调查研究，总结各地社区餐饮的经营经验并上升到理论层面进行推广，更好地促进社区餐饮业的发展。

中国团膳市场探讨

马彦华*

摘　要： 本章从团膳的界定及经营模式入手，概括了我国团膳市场的历史演变，剖析了当前团膳市场的发展格局，最后预测了团膳业的未来发展趋势。

关键词： 团膳　市场格局　发展趋势

一　团膳的界定及经营模式

团膳即团体膳食，主要是指为政府机关、企事业单位、医院、学校等团体单位提供承包、托管等餐饮服务的一种餐饮业态，也包括为各种大型活动、大型赛事提供餐饮服务。与社会餐饮相比，团膳企业一般通过竞标、比较和谈判获得饮食专营权，在特定时间、特定地点为特定人群提供餐饮服务，具有批量生产，需求时间集中，服务时间短暂，价格、利润低，以量取胜等特点。综合来看，目前的团膳经营模式主要有4种。

第一种，自我经营模式。是指政府机关、企事业单位、医院、学校等单位自行组建团队，为工作人员提供团体膳食，这是最普通、最常见的一种形式。

第二种，委托经营模式，又称专业经营模式。是指政府机关、企事业单位、医院、学校等单位通过招标等方式将团膳委托给专业团膳公司经营，将饮食服务社会化、市场化，是服务外包的运作模式。从厨房设计、设备提供到人员管理等全权由团膳公司负责，以现场制作供餐为主。

---

* 马彦华，经济学硕士，中级经济师，中国烹饪协会行业发展部副主任，主要从事产业经济研究、餐饮市场的数据统计和分析工作。

第三种，委托管理模式。是指政府机关、企事业单位、医院、学校等单位将团膳委托给专业团膳公司管理，采取所有权与经营权分离的方式，充分发挥专业团膳公司的水平。

第四种，无店铺送餐模式。一些团膳公司为很多大型活动、大型会议、会展提供送餐服务，这也是团膳市场的重要组成部分。

二　中国团膳市场的发展演变

改革开放前，我国有条件的党政机关、企事业单位都以“大食堂”的形式为职工提供午餐，厨房设备简单、就餐场所简陋、菜品单一。20 世纪八九十年代，除了延续“大食堂”模式以外，自备午餐的现象曾一度非常普遍，相当一部分上班族从家里带饭到单位，有些单位为此还专门配备了热饭的简单设备。90 年代初，餐饮市场发展迅速，一些餐饮企业开始拓展外卖业务，专门送餐的公司也应运而生。随着中国经济实力的增长、对外开放的深入、生活节奏的加快，人们的时间观念、效率观念明显提升，上班族的用餐行为也逐渐从个人行为演变为企事业单位的团体行为，加之商务写字楼的大量崛起及发达国家和地区先进团膳理念的导入，使中国团膳有了革命性的改变。团膳成为商务写字楼配套功能及提高租售率的重要砝码，并受到了业内人士的普遍关注。90 年代末，团体膳食社会化、市场化已成为主旋律，团膳由自主经营开始转向服务外包，团膳市场逐渐发展起来。

三　当前中国团膳市场的格局

目前中国的团膳市场主要由几大部分组成。

（一）实力强大的外资公司占据领导地位

美国爱玛客（Armark）、英国金巴斯（Compass）、法国索迪斯（Sodexho）是世界三大专业饮食及后勤服务公司，具有悠久的历史、科学的管理体系和强大的管理团队，是世界 500 强企业，20 世纪 90 年代中后期陆续进入中国市场，目前已成为中国团膳市场最有竞争力的领导者。作为全球餐饮和服务业的巨头，截

至2008年，索迪斯的业务已经遍布世界80个国家，有30600个网点，355000名员工，营业收入136亿欧元，净收益3.76亿欧元。索迪斯于1995年进入中国市场，公司的核心业务是为公司、政府、公立及私立学校、大学、健康中心和老年中心提供食品及服务管理，同时还承办正式宴会，大型会议的管理，饮食业人员的教育培训。目前在中国已经设立8个地区公司，其业务遍及北京、天津、上海、沈阳、青岛、苏州、无锡、武汉、广州、深圳、珠海、东莞、佛山以及香港等30多个城市，目前已拥有560多个营运点和12200名员工，管理近300家客户单位的后勤服务。2008年，索迪斯（中国）营业额达6.5亿元，位列全国餐饮百强第35位。

金巴斯作为另外一大跨国集团，2008年的营业收入达209亿美元，员工365630人。1996年金巴斯进驻中国，1997年成立了独资企业——怡乐食/康帕斯配餐服务（中国）有限公司，总部设在上海，致力于为工厂、企业、学校、医院和俱乐部会所提供优良的餐饮服务。至今，已经在中国30多个城市开展了业务，还相继在北京、广州、天津和大连成立了分公司，有100多个营运点，员工达到4500人，每天提供100000多份餐饮服务。

索迪斯和金巴斯虽然是世界500强企业，但由于其客户主要是机关、企事业单位，而不被消费者所熟悉，爱玛客则因为是2008年北京奥运会餐饮服务商而为更多的社会大众所熟知，实际上在北京奥运会之前，爱玛客已经是10届奥运会的餐饮供应商。爱玛客（中国）始于1998年，其前身是美国ServiceMaster的特许经营商光华服务产业（中国）有限公司。爱玛客在收购了ServiceMaster的项目服务业务后，于2004年收购了光华服务产业（中国）有限公司。2006年进一步收购北京金白领餐饮服务有限公司，完成项目服务和餐饮服务综合一体化的架构。爱玛客（中国）已经在北京、天津、上海、苏州、宁波、徐州、广州、中山、惠州、福州、厦门、泉州、成都等20多个城市为近200家医院、工厂、学校、政府及商业写字楼提供包括环境保洁、病人运送、保安、设备运行与维护、洗衣及用品发放、绿地维护、配餐等在内的综合服务，聘用员工超过12000人。

此外，成立于1994年3月的快客利（中国）控股集团有限公司也是一家以经营餐饮服务管理及相关周边行业为主的外资企业，在中国团膳市场发展得有声有色。目前，快客利（中国）控股集团有限公司拥有北京、天津、河北、广东、沈阳、长春、苏州等7家分公司，有3个生产供餐中心，2个培训基地，3000多名员工，日平均供餐量160000多人次。相继承接中国网通集团公司、长春一汽、北京百事可乐、北京奔驰－戴姆勒·克莱斯勒汽车、中石油华北石化公司、爱立信（中国）通信有限公司、UT斯达康通讯有限公司等知名企业和单位，为其提供餐饮服务。

综合来看，这些跨国公司拥有较长的发展历史，早在20世纪中期前后就开始探索团膳市场的运营管理，积累了丰厚的经验，具有科学的管理经验和先进的技术，在中国以外资企业、大型集团、党政机关、医院、高校为突破口，在团膳市场取得了绝对的优势和领导地位。

福记食品控股有限公司创办于1998年，旗下拥有福记联合（上海）餐饮有限公司、福记联合（苏州）餐饮有限公司、味鲜达（上海）有限公司等，其发展理念和良好的赢利模式赢得了多家国际知名金融机构的青睐。2003年与法国里昂信贷银行结成战略合作伙伴，2004年成功在香港上市。味鲜达（上海）有限公司目前已成为中国最大的学生营养餐制定中心和配餐中心；味鲜达（无锡）有限公司也已成为中国最大的铁路与交通配餐和军需配餐及食品的生产与制造基地。福记集团的工业化送餐业务为大、中型企事业单位提供员工膳食服务，其中包括通用、松下、英特尔、明基和德尔福等著名跨国公司的在华投资企业，团膳业务的年营业额超过亿元。

（二）后勤化改革自身及其衍生的巨大需求催生了一批本土专业团膳公司

中国团膳市场专业化最早可以追溯到1991年。1991年4月，新亚集团与二纺机厂合资成立了新亚快餐有限公司，将团膳列为公司的重点发展目标。1992年7月，新亚集团与浦东金桥开发公司合资成立了浦东金桥快餐食品有限公司，为工厂员工提供饮食服务。初期运行得比较顺利，但由于当时的员工大部分来自生活水平较低的地区，当知道每人的伙食费标准后就要求工厂发钱自己带饭，致使团膳业务无奈退出，但高校、部队、企业事业单位的社会化步伐依然在悄然推进。1992年，以团膳业务为主的建国快餐问世，目前公司总资产9000多万元，现有员工千余人，专用餐饮车辆50余辆。公司总部设在北京，占地面积10000多平方米，已形成了规模化、规范化的现代快餐加工基地，目前已为国家政府机关，企事业单位、5A 级写字楼提供厨房餐厅的托管经营，外送餐等多种形式的餐饮服务，还为中华世纪坛、奥林匹克中心、工人体育馆、北京电视台、中央电视台的春节晚会等各种大中小型晚会提供用餐，以及为全国农业展览馆的各种活动提供餐饮服务。2008 年，建国快餐凭借自身实力成为奥运会的餐饮供应商之一。承接了鸟巢、水立方、国家体育馆等奥运会 7 个比赛主场馆的志愿者、场馆工作人员、公安、消防及武警战士的餐饮服务工作。日供餐量最高峰达到 30000 多份，圆满地完成了“两个奥运”的餐饮服务，也使其服务、管理和品牌知名度得到极大提升。

1999 年，江泽民主席提出“军队的后勤保障特别是生活保障必须社会化”的重要指示。创立于 1993 年的千喜鹤集团斥资 8000 万元开始进入军队饮食保障领域。目前千喜鹤团膳业务部门员工近万人，在全国各地设立了 60 余个管理区，成功地为全军 3/4 的军事院校和 150 余家地方院校、大型企业及医院约 40 万人提供生活保障，年营业额约 6 亿元。

在全国后勤社会化改革的大潮中，大型企业的后勤服务也开始社会化、市场化。1999 年 5 月，在华为公司膳食事业部基础上创立的都乐门正式注册，致力于食堂托管承包、团体送餐和学生营养餐三大业务的拓展，为众多企事业单位、机关团体提供多元化的膳食服务。经过多年努力，都乐门已经从单一营业网点发展成为为专业团体供餐服务的连锁机构，拥有员工 1600 多人，在深圳建立了统一的采购配送中心，并在龙岗坪山自建了 500 亩蔬菜种植基地。同时，依靠珠三角坚实的基础，苦练内功，业务逐步拓展到上海、山东、湖南等省市，为华为、TCL 集团、海尔集团、美的集团、南方报业集团等提供膳食服务。2001 年 5 月，以原联想员工餐厅为基础创建的北京金白领餐饮有限公司正式注册面世。2004 年营业额已超过 1 亿元，2006 年 1 月被爱玛客收购。

（三）民营团膳企业茁长成长，以灵活便捷服务占据市场

民营企业是团膳企业的主体，特别是在深圳、东莞、昆山、上海、北京、天津等地的民营团膳企业茁壮成长，构成了团膳的主力军。据不完全统计，目前昆山共有 138 家经注册登记的团膳经营服务企业，每天承担了 60 多万企业员工、学校学生的用餐问题。其中有 28 家团膳企业从事外送服务，110 家团膳企业驻厂、驻校、驻企业。为了使团膳市场健康、有序地发展壮大，提高团膳企业经营

服务水平，2007 年 11 月，由昆山市私营个体经济协会牵头，并经昆山工商行政管理局批准，在昆山市卫监所的具体指导下，成立了昆山市团膳行业协会。深圳、苏州、上海等地的小型民营团膳公司以其方式灵活、价格便宜等优势占据了很大市场。此外，北京大学餐饮服务中心、上海外国语大学后勤实业发展中心等高校餐饮实行社会化改革后，也开始托管其他学校及社区食堂，在团膳市场中拥有了一席之地。

四　团膳市场的发展趋势

与中国餐饮市场的蓬勃发展不相适应的是，目前餐饮业的研究人员匮乏，餐饮市场发展缺乏理论的提炼与引导，团膳市场更是鲜有人问津，甚至连团膳的定义都没有界定，实践超前理论滞后的现象极其严重。同时，行业标准和政策法规缺失、人才缺乏等问题都需要在发展中完善。

（一）社会化、市场化、品牌化的趋势明显

随着党政机关、企事业单位、高校、部队的后勤体制改革的深化，人们逐渐认识到团体膳食走社会化、市场化道路的必然性。团体饮食由专业团膳公司运营的步伐加快，中国团膳市场的需求将不断扩大。随着越来越多的公司进入团膳市场，团膳业的竞争将更加激烈，打造品牌，提升品牌价值，通过良好的服务和管理开拓市场是团膳企业发展的大势所趋。

（二）更加注重个性化的营养健康和产品创新

在有限的时间、有限的空间内为固定的人群提供饮食服务是团膳区别于其他餐饮业态的重要特点之一。专业团膳公司针对医院、部队、学校内的特性人群的特点开发病人营养餐、战士营养餐、学生营养餐等，更加注重不同人群的个性化需求，对营养健康的研究也不断深入。团膳主要是满足人们的日常饮食需求，由于服务人群固定，如何通过产品创新保持大家的消费热情，是企业要重点研究的问题之一。营养至上、创新制胜是团膳业的必然趋势。

服务于企事业单位的团膳企业面对一天只卖一餐的市场、一周只有 5 天的市场、每月都有节假日的市场、每年休息日达 118 天的市场，如何充分利用如此多

的经营空白点是这类团膳企业保持可持续发展应考虑的关键问题之一，加强产品研发与创新，扩展产业链，通过外卖等多种方式增加营业收入是这类企业发展的重要途径之一。

（三）科技创新和资源整合是必然趋势

市场庞大但平均利润率低是团膳业的主要特点之一。要想在竞争中站稳脚跟且能一步步发展，经营者必须做大规模。首先要加强科技创新，增强设备科技水平与含量，保证出品的品质与营养美味；其次要整合上下游及平行资源，从整个产业链条中要效益。综合来看，中国本土的专业团膳公司更加注重纵向的产业链的打造，千喜鹤、福记联合等知名团膳企业基本都形成了种植养殖业、加工制造业、配送销售业链条的打造，而索迪斯、爱玛客、金巴斯等外资企业更注重横向的后勤服务的扩展，除餐饮服务外，还广泛涉猎保安、保洁等其他后勤服务。

（四）社区餐饮成为团膳市场的新亮点

社区餐饮主要是满足居民最基本、最普遍的日常饮食需要，也是大众化餐饮的重要组成部分，具有广阔的发展前景。近6亿城镇市民的早餐和晚餐，近2亿的离退休人员对一日三餐的需求都是潜力巨大的市场。团膳企业可以与有关部门联合进驻社区，在解决居民用餐难的同时，也为企业发展寻求新的经济增长点。

中国团膳市场是随着经济的发展和企事业单位的后勤部门的市场化改革而发展起来的，现在仍有很多问题仍处于探索之中，团膳业的理论研究与实践发展还需要我们投入更多的时间与精力，以此文抛砖引玉，希望有更多更有价值的研究成果出现。

我国餐饮业与商业地产

刘　波*

摘　要： 商业地产与餐饮业具有广泛深入的联系，本章首先分析了中国商业地产的现状，同时对餐饮业与商业地产的融合进行深入挖掘，最后对商业地产和餐饮业发展的未来走势进行了预测。

关键词： 餐饮业　商业地产　融合

一　中国商业地产的现状

2000～2007年是我国商业地产行业持续保持快速增长的几年。据国家统计局统计，2007年全年商业营业用房投资达2775.6亿元，增长率为17.9%，基本维持了2006年增幅17.3%的水平。可以看到，2000～2007年商业营业用房投资增速比较稳定，保持在15.4%～39.5%之间，可以认为市场已进入稳定发展时期。这8年间，商业营业用房投资额及增长率见表1和图1。

表1　2000～2007年商业营业用房投资额及增长情况

年　度	2000	2001	2002	2003	2004	2005	2006	2007
投资完成额(亿元)	580.0	755.3	933.6	1302.4	1723.7	2039.5	2353.9	2775.6
增长率(%)	19.8	30.2	23.6	39.5	32.3	18.3	15.4	17.9

数据来源：根据国家统计局数据整理。

* 刘波，现就职于中国社会科学院财政与贸易研究所信息服务与电子商务研究室，助理研究员。重点关注商业地产与电子支付，多次参与中国社会科学院重大课题、商务部重点课题，获得中国商业联合会商业科技进步奖等奖励。

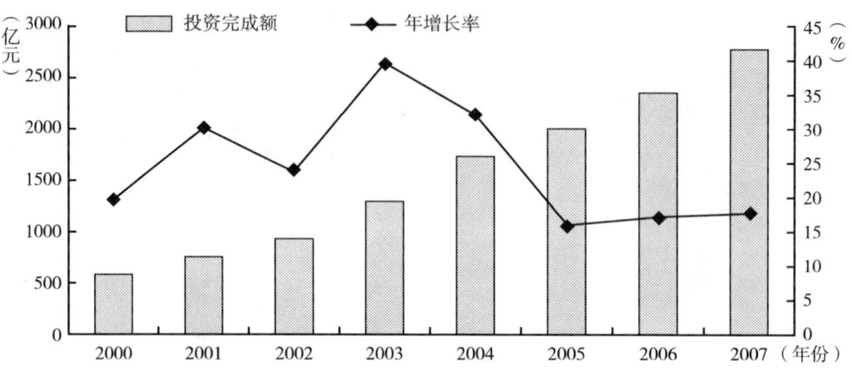

图 1　2000～2007 年商业营业用房投资额及增长情况

数据来源：根据国家统计局数据整理。

2007 年，全国办公楼投资达 1036.9 亿元，增长率为 11.7%，较 2006 年减少了 9.3 个百分点。办公楼投资额增长率从 2000 年的 －12.1%，到 2003 年的 33.4%，再到 2007 年的 11.7%，可以初步论断办公楼投资市场已经从 2000 年后开始的高速发展阶段逐步转变成目前的平稳发展阶段。2000～2007 年 8 年间，办公楼投资额及增长率见表 2 和图 2。

表 2　2000～2007 年办公楼投资额及增长情况

年　度	2000	2001	2002	2003	2004	2005	2006	2007
投资完成额（亿元）	297.9	307.9	381.0	508.3	652.2	763.1	928.1	1036.9
增长率（%）	－12.1	3.4	23.7	33.4	28.3	17.0	21.6	11.7

数据来源：根据国家统计局数据整理。

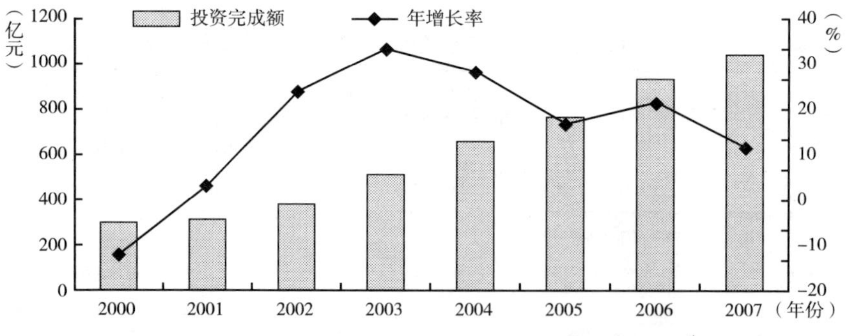

图 2　2000～2007 年办公楼投资额及增长情况

数据来源：根据国家统计局数据整理。

建设商业营业用房和办公楼的主要资金来源有国内贷款、外资、自筹资金和其他资金。如表3所示，2007年我国房地产企业的资金来源方式主要还是依靠银行信贷融资，其次是股票与债券等金融工具的融资，而利用外资融资的方式目前在我国还刚刚起步，所占比例并不大。

表3　2007年房地产企业资金来源情况

2007年资金来源	资金来源	
	完成额(亿元)	增长率(%)
国内贷款	6961.0	29.9
利用外资	650.0	62.4
其中:外商直接投资	502.8	65.9
自筹资金	11772.0	36.9
其中:自有资金	6991.8	38.0
其他资金来源	17873.7	39.8
其中:定金及预收款	10628.5	29.7
个人按揭贷款	4877.1	88.4

数据来源：根据国家统计局数据整理。

目前我国商业营业用房和办公楼所采取的投资模式和其他用途的房地产类似，主要是以银行信贷为主，债券、股票、信托及基金等作为辅助方式。融资渠道狭窄，过度依靠银行信贷是我国目前商业地产融资市场面临的最大问题，这种问题在短期内很难改变。2007年开始，为了抑制国内流动性过剩以及固定资产投资增速过快的问题，同时为了防止局部资产价格泡沫膨胀，央行开始执行从紧的货币政策。以银行贷款为主要融资方式的商业地产行业将面临一定的贷款限制，建立多元化融资方式成为未来相当长一段时间内行业融资的发展方向。目前房地产信托、基金等国外运用成熟的融资方式在我国刚刚起步，相信也会有较大的发展潜力。

受全球性金融危机以及美国次贷危机的影响，2008年上半年，全球商业房地产交易量比2007年同期下跌41%，投资额仅有2360亿美元。[①] 造成交易量下

① 如果按照当地货币计算，下跌的幅度更大，因为在2008年上半年，美元对世界主要货币的汇率平均下降了9%。

降的主要原因在于全球金融危机导致信贷市场的不稳定，同时随着全球商业抵押担保证券市场的崩溃以及借贷成本的普遍提高，那些融资比例较高的投资者纷纷退出了市场。①

在金融海啸的“寒潮”下，我国商业地产也受到了一定的影响。2008 年上半年，我国主要大中城市商业地产的市场租售价格相对平稳，但从 2008 年下半年开始出现下降趋势，根据全国工商联房地产商会不动产专业委员会发布的《中国商业地产专家报告》预测，2009 年上半年商业地产可能较为困难，下半年才有可能回暖。

我国商业地产目前面临的短暂困境，其主要原因是全球金融海啸带来的商家资金紧张及其投资谨慎。由于经济危机带来的消费者购物尤其是建材、家电和中高端商品消费开始下滑，有的大型连锁商家减少了投资的额度，有的商家甚至紧急停止扩张方案，从而导致了供需失衡。

而与需求萎缩同时袭来的还有供应量的进一步加大。进入 2008 年以来，北京的商业地产处于一种“火热”的状态。在此期间，西单大悦城、华贸商城、万贸购物中心、龙德广场等大型的商业地产相继进入市场。国际物业顾问 DTZ 戴德梁行的研究报告显示，2008 年上半年北京商业总供应量达 180 万平方米，三季度又新增 76.2 万平方米，预计未来 3 年内，计划开业的商业项目面积合计将高达 630 万平方米。

二　餐饮业与商业地产的融合

随着城镇居民收入水平持续提高，消费类型由需求型快速向享受型转化，因此餐饮及休闲业态增长迅速，从而担当了消化商业地产面积的重要角色。纵观北京、上海这几年的商业地产，小到一座商业楼，大到一个商业 mall，甚至是一个商圈都少不了餐饮的助阵，餐饮行业已经逐渐成为商业地产的主力军。

为何商业地产如此钟情于餐饮业？其原因主要应有以下几点。

---

① 由于我国目前还没有一个机构对国际商业地产行业的相关数据进行完整的评估和预测，所以以上关于国际商业地产行业的数据均取自国际房地产研究及服务机构仲量联行公布的最新全球资本流动报告。

（一）我国餐饮业的发展速度远远高于其他商业业态的发展速度

根据商务部发布的数据显示，中国的餐饮业已连续16年保持两位数的增长。2007年全国住宿和餐饮业零售额实现12352亿元，同比增长19.4%，增幅比上年高出3个百分点。其零售额占社会消费品零售总额的比重为13.8%，拉动社会消费品零售总额增加2.6个百分点，对社会消费品零售总额的增长贡献率为15.6%。2008年，我国餐饮业克服自然灾害和国际金融危机的不利宏观影响，整体呈现持续平稳增长的发展态势。全国住宿和餐饮业零售额15403.9亿元，同比增长24.7%，比社会消费品零售总额21.6%的增长速度高出3.1个百分点，占社会消费品零售总额的14.2%。这些数据表明，餐饮业已经成为一个消费新亮点。餐饮业的高速发展已经被越来越多的人所关注，也必将成为商业地产开发商们所追逐的目标。

（二）商业地产与餐饮联手在于餐饮业对商业地产人流的带动作用

餐饮业是一个人群高度聚集的场所，餐饮业的进入必然会带来大量的消费人群，这些人不仅仅会带来餐饮业的繁荣，而且具有很强的联动作用，带来其他商业业态的发展。正是这种积极的辐射作用，使得不少商业地产不约而同地把主要业态定位于餐饮娱乐休闲方面，甚至出现了餐饮街这样专门的餐饮娱乐商业地产。以北京金源时代购物中心为例，其第一期餐饮部分面积约6.6万平方米，却为金源吸引了大量客流，成为西部区域商务宴请、家庭聚餐、朋友聚会的首选餐饮场所。再看亦庄上海沙龙新天地，商业面积约6万平方米，其中餐饮约占了一半以上，在目前所有的商业业态中，餐饮业经营情况最好，为该项目吸引了大量的亦庄区域内外的消费者，带来了一定的商业人气。这些事例说明餐饮业是能够使商业地产迅速积攒人气的最好业态，所以，餐饮结合商业地产可以走上高速发展之路，商业地产凝聚餐饮的火暴人气也可以实现价值的最大化。

（三）餐饮业可以加速商业地产商业价值的提升

餐饮是商业地产实现价值最大化和实现快速销售、迅速回款的途径之一。据了解，具有餐饮用途的商业地产一般比不能做餐饮商铺的地产在价格上平均要高出上千甚至几千元。以北京海淀区紫金长安项目为例，餐饮部分一层的平均销售价格约为35000元/平方米，而非餐饮部分一层的平均销售价格约在32000元/平方米，差距达到3000元/平方米。在销售速度及回款方面，以国美第一商街为例，国美第一商街餐饮街总建筑面积3.3万平方米，由2、6、9、12、17共5栋楼组成，商业设计基本上都是铺铺临街，这几栋楼盘均出现了供不应求的场面，其中“国美后街”开盘当天有2000人抢368个商铺，仅3个小时，二层商业面积计11000平方米就全部售罄。再看东亚奥北中心的辣街，全部定位于“辣”餐饮，2007年3月11日正式开盘，销售率超过80%。这两个典型的商业地产与餐饮结合的项目充分说明，餐饮业在为开发商利润最大化提供充分保障的同时，也大大加快了其销售速度，快速回笼了资金。

综上所述，无论是从餐饮市场的发展趋势看，还是从餐饮对商业地产的带动作用看，商业地产与餐饮联手已经成为一种发展的必然趋势。目前不仅仅是商业地产积极引入餐饮企业，一些餐饮集团随着自身实力不断壮大，也开始谋划多元化经营，以降低单一化经营的风险。根据国家统计局的数据显示，2007年中国餐饮业零售额达到12352亿元，人均消费950.15元。随着人民生活水平和餐饮社会化程度的提高，近年来，餐饮消费一直保持着快速增长，行业中产生了至少百家资产上亿元的企业，如小肥羊、全聚德等，其更是通过上市募集了大量资金。

目前，一些餐饮大鳄，比如便宜坊、翔达、狗不理、小肥羊等餐饮企业都纷纷涉足商业地产，将购置的房地产用以经营或出租，寻求集团固定资产的利益最大化。由于拥有北京哈德门饭店南侧的一块土地，便宜坊集团将与国瑞城开发商合作开发，集团将拥有国瑞城新建的16层写字楼的产权。便宜坊集团计划将1~3层作为百货商场，4~16层作为写字楼出租，预计实用面积超过1万平方米的写字楼租金将占到集团年收入的15%左右。除了便宜坊集团，北京翔达集团也开始进军地产业，该公司筹备10年，投资数亿元兴建翔达大酒店，已于2008年5月投入运营，目前出租率达80%以上。该酒店占地面积12593平方米，总建筑面积48884平方米，地下3层，地上15层。西段为翔达大酒店部分，建筑面积23938平方米；中段为写字楼部分，建筑面积14870平方米；东段为教育培训中心，建筑面积10076平方米。得益于该商业地产项目的良好效益，预计该集团公司年收入将增加1倍。除了这些餐饮集团企业，一些老字号餐饮也开始转换思维，寻求多元化的经营发展。例如，2008年末，狗不理集团斥资1.5亿元购买

了东直门 NAGA 上院 6000 平方米的地产，用于其高端酒店 NAGA 上院大酒楼的经营。狗不理 NAGA 上院大酒楼坐落于高档社区和商务办公区，为进一步适应和满足中外高端人群消费与招待需求，并实现与狗不理前门店大众化经营错位，狗不理集团决定在狗不理 NAGA 上院大酒楼旁，改建设立具有时尚元素的“9 号大酒楼”作为狗不理集团在北京直营的高端酒店，服务高端消费。

中国餐饮企业经过十几年的快速发展，已经具备了一定的规模和实力，特别是其中的百强企业基本都拥有非常充足的资金。2007 年，全国百强餐饮企业最低年营业额已经从 2000 年的 4500 万元跃升为 2.2 亿元。餐饮百强企业零售总额已经近千亿，个别行业大亨年收入超百亿元。在具备雄厚的资金流的前提条件下，购置商业地产自用或用于多元化拓展已成为成功的餐饮企业的发展趋势。

三　餐饮业与商业地产的发展趋势

餐饮业与商业地产充分融合的同时，也会带来一些前所未有的问题。如何更好地认识和解决这些问题，需要餐饮企业以及商业地产企业的共同努力。针对 2008 年下半年我国宏观经济形势和现在餐饮企业与商业地产的融合情况，我们提出几个需要关注的方面。

第一，餐饮企业在商业地产中的定位还不是非常明确，缺少相应的规划。一个好的商业地产不仅要满足该区域消费人群的衣食住行，还要激发区域消费潜力，引导区域消费行为。餐饮业态的不同将会使不同的餐饮业态面对不同的消费群体。例如，社区型餐饮业态主要在住宅区域内，服务于周边常驻消费人群，消费以日常餐饮消费为主，因此餐饮业态主要以中餐为主，涵盖八大菜系、特色餐饮、家常菜、小吃等，辅助以西餐、咖啡、酒吧等业态。而商务型餐饮业态位于商务区内，面对的是写字楼里的商务消费，主要服务于商务洽谈、商务宴请、商务谈判等，消费相对较高，要求环境高，品质好，因此业态主要以高档中餐、各国特色美食、西餐店、咖啡店、酒吧、茶馆等为主，传统的家常菜相对较少。所以针对不同的商业地产区域，应在引入餐饮企业上要具有一定的针对性，同时还应该与周边的餐饮业态区分开来，形成互补。目前商业地产在一些餐饮项目上定位雷同，业态细分不是很明确，基本上是将所有的餐饮分类都招进来，没有明确的规划，招商到最后就形成了只要是餐饮就可以进，而无论品牌、种类的状况，这样往往会造成后期经营中的竞争及困难。而这个方面做得较好的是以“辣”为主题定位的辣街，作为北京首个“辣”主题商业街，辣街辣得有味道，辣得有文化，辣得够时尚：3万平方米的综合商业街区，由独栋商业楼与底商店铺组成。多元业态主要涵盖了特色的美食广场还有精品购物、时尚特区，营造出奥北核心区域的“辣”主题消费区，将美食、文化、时尚相容。

所以，商业地产企业在招商前应充分对周边进行调研，根据项目量体裁衣，规划得出适合于自身的餐饮企业。商业地产开发商不仅要了解不同类型的餐饮商家的选址要求，更要根据项目定位合理引进。根据北京汉博投资顾问有限公司董事总经理鄂丽华的观点，购物中心一定要有一个大众中餐的组合，其面积要大于西餐和快餐，以家庭型和宴请型为主，并以当地最有影响力的品牌作为项目的支撑；而且几家店应该拉开档次，实现差异化竞争。除了大众中餐，购物中心还要包括一些商务茶餐厅、快餐厅，可以根据周边商业环境以及消费结构调整其配比。

第二，由于全球性金融危机的蔓延，目前中国的商业地产也受到了一定程度的影响，但却给餐饮企业带来了一个扩张的好机会。根据仲量联行发布的报告显示，由于我国政府限制海外热钱及全球范围内的信贷市场资金流动不畅，2008年一线城市商业地产市场外资收购交易额明显萎缩。北京全年外资并购总额同比下降74%，上海下降26%。仲量联行预计，2009年北京写字楼市场新增供应量将达到233万平方米，使市场存量再增长27%；商铺市场新增供应量将达到167万平方米，市场存量将飙升至51%。预计北京写字楼及商铺平均租金将下降15%~20%。

投资的减少直接影响到商业地产的繁荣程度。2009年第一季度在全国房地产出现复苏的情况下，商业地产的表现依旧疲软。以北京市场举例，北京甲级写字楼整体空置率在第一季度上升至17.38%，环比上升0.90个百分点；租金报价环比下跌3.87%，至每月每平方米人民币260.92元。部分写字楼业主提供更长的免租期，导致平均净有效租金环比下降7.7%，这一现象在燕莎和中央商务区市场尤其明显。业内专家表示，造成这种现象的主要原因是由于许多企业尤其是跨国公司因面临财务困境而纷纷降低企业运营成本以及外籍人士住房津贴，这也直接导致了中国写字楼市场和住宅租赁市场的低迷。

商业地产的暂时疲软导致租金价格的下降，却给了餐饮企业更大的活动空间。根据调查，目前北京出租铺位的价位也根据地理位置的不同出现了不同程度的下降。二环崇文门、东直门等商圈的新店租金下降了5%～10%，四环周边的朝阳北路、亚运村商圈租金下浮10%～20%，尤其是2000～4000平方米的大面积商业用房的租金下降近30%。租金价格的降低为餐饮企业抢占市场提供了一个有利的时机，不少大型餐饮集团都表示出在保证销售收入的同时要加快其扩张的步伐。在俏江南公布的2009年市场拓展计划中可以看到，其在北京、上海市场推出的新品牌餐厅将着重突出与现有3个品牌的差异化，并计划在全国范围内开设50家左右以中央厨房为核心的商务休闲餐厅；小肥羊在其最新发布的年报中表示，2009年的发展策略仍以开店为主，其将在以北京、上海及深圳为主的一、二线城市增加40家分店；全聚德方面，继双榆树店落户中关村商圈外，2009年上半年还将有3家直营店开张；2008年11月获得私募投资的呷哺呷哺火锅2009年3月便新开张了6家店面。除了本土的餐饮企业外，肯德基、麦当劳等洋快餐也纷纷表示不会放缓扩张步伐。星巴克大中华区总裁王金龙则表示，中国市场逐渐成为星巴克除美国本土以外第二大市场，2009年起，中国仍是星巴克开发的重要市场，在中国的店面数量、规模可能超过美国市场。

第三，政府出台相应政策，积极支持餐饮产业进行升级，为餐饮产业创造出好的发展环境。《国务院办公厅关于扩大消费的意见》中明确指出，倡导餐饮企业发展新型消费模式，促进消费升级。培育大型流通企业集团，支持中心商贸企业的发展，充分发挥其便利消费、稳定市场的作用。同时实行商业与工业用电、用水同价政策，减轻商贸企业的负担。

我国旅游业发展透析与展望

宋 瑞 何宜杰*

摘 要： 结合国际国内经济形势，剖析了2007年、2008年、2009年我国旅游业的发展状况及特点，阐述了影响旅游业未来发展的因素，并对未来旅游业走向进行了展望。

关键词： 旅游业 发展 展望

作为活动，旅游是人的流动，各种政治、经济、社会、文化乃至气候等因素都可能对其产生影响；作为产业，旅游业是社会经济发展的晴雨表，折射着国内外经济形势的走向，也牵动着相关产业的发展。从2007年的历史高点，到2008年的全面放缓，再到2009年的严峻形势，这3年成为中国旅游业发展中最为复杂多变的一段时期，而在此期间旅游业的具体表现，也最为鲜明地显示出其综合性的产业特征。

一 2007年：多重利好下的新高

2007年，与奥运会有关的各种对外宣传给入境旅游营造了良好的发展环境；在整体经济形势喜人、股市繁荣以及铁路第六次全面提速等利好因素的共同作用下，国内旅游蓬勃发展；在居民收入稳定增长、出境目的地国家和地区增多、境外促销力度加大的背景下，出境旅游也呈现良好的发展势头。总体来看，入境旅游、出境旅游、国内旅游三大市场高速增长，各项统计指标创下历史新高；旅行社、饭店、景区景点三大行业均实现了稳步发展。

* 宋瑞，中国社会科学院财政与贸易经济研究所副研究员，博士；何宜杰，中国社会科学院研究生院工业经济系，博士研究生。

(一) 三大市场创新纪录

根据国家旅游局发布的数据，2007 年我国全年共接待入境游客 13187.33 万人次，实现国际旅游外汇收入 419.19 亿美元；国内旅游人数 16.10 亿人次，国内旅游收入 7770.62 亿元人民币；中国公民出境人数达 4095.40 万人次；旅游业总收入首次突破 1 万亿元，达 10957 亿元人民币；所有指标均创下历史新高。中国继续保持全球第四大入境旅游接待国和亚洲最大出境旅游客源国的地位。

1. 入境旅游

2007 年，我国入境旅游接待人次、旅游外汇收入均达到历史最高纪录，较 2006 年分别增长 5.5% 和 23.5%（见图 1、图 2）。入境旅游接待人次排在法国、西班牙和美国之后，居世界第四；外汇旅游收入排在美国、西班牙、法国、意大利之后，居世界第五。

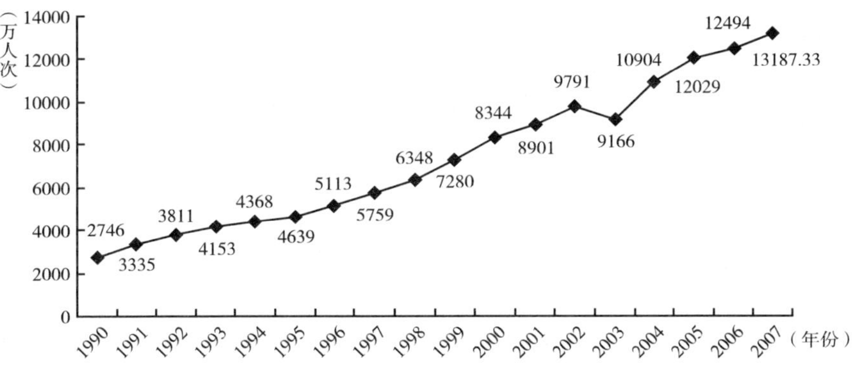

图 1　我国入境旅游接待人次（1990～2007 年）

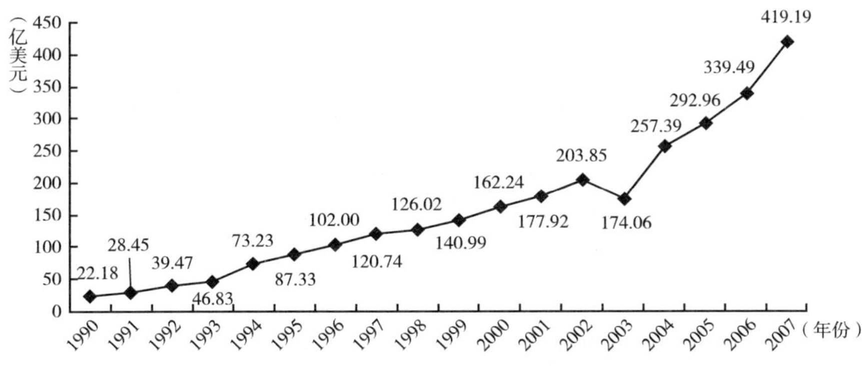

图 2　我国入境旅游外汇收入（1990～2007 年）

2. 国内旅游

2007 年，我国国内旅游人数达 16.10 亿人次，国内旅游收入 7770.62 亿元人民币，分别比上年增长 15.5% 和 24.7% （见图 3、图 4）。有两点需要特别强调：其一，2007 年，不仅中国国内旅游的旅游人次数和旅游收入数是空前的，各自的增长率也是进入 21 世纪以来最为引人注目的（2004 年是 2003 年大幅度下滑后的复苏，应该视作例外）；其二，尽管我国国内旅游近年来得到迅猛发展，但国内旅游的出游率仅为 122.5% （也就是说，全国居民平均每人每年才有 1.2 次的出游），国内旅游人均花费也较低，仅有 446.90 元，因此如果经济形势能够保持稳步发展，我国国内旅游还将会有较高增长。

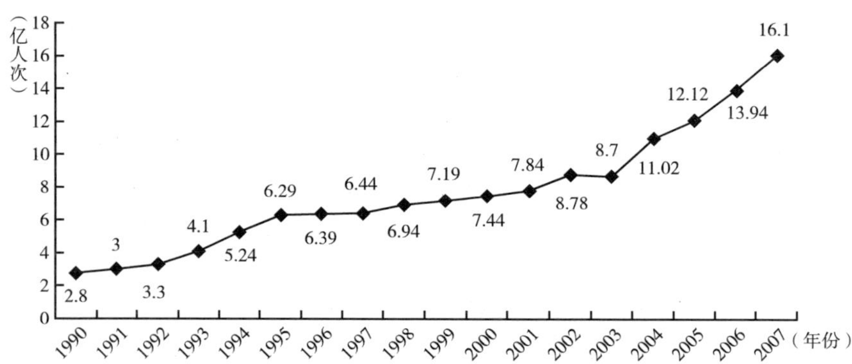

图 3　我国国内旅游接待人次（1990 ~ 2007 年）

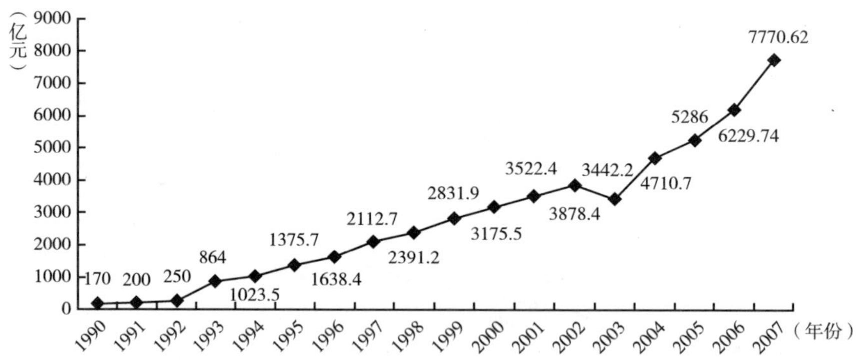

图 4　我国国内旅游收入（1990 ~ 2007 年）

3. 出境旅游

如果说1997年中国第一部关于出境旅游管理的法规《中国公民自费出国旅游暂行管理办法》的发布是中国公民自费出国旅游正式开始的标志，那么到2007年，中国公民的出境旅游恰好走过10个年头。在此期间中国公民出境人次增长迅速，特别是近年来因私出境增长尤为显著（见图5）。2007年，我国出境人次首次突破4000万人次，达4095万人次，同比增长18.6%。中国已成为世界增长速度最快的重要客源国之一。

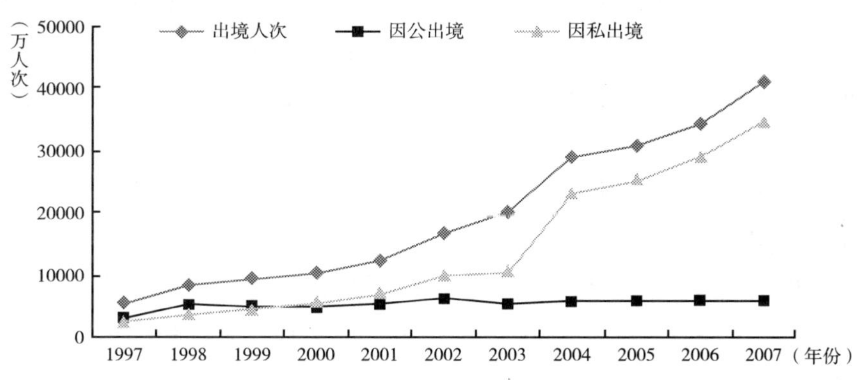

图5 我国出境人次（1997～2007年）

4. 三大市场结构

我国旅游业三大市场中，入境旅游最早占据主体地位，20世纪90年代以后，随着社会经济的发展以及假期制度的调整，国内旅游增长迅猛（1993～2007年的15年间，国内旅游人次年均增速达10.3%，国内旅游收入年均增速达16.1%），最近10年国内旅游收入占旅游总收入的比重稳定在70%左右。特别是最近两年，国内旅游增长速度明显超过入境旅游。与此同时，随着出境政策的放开，中国公民出境旅游也得以迅猛发展。2007年，国内、入境、出境三大市场在旅游人次上所占比例大致为90.3∶7.4∶2.3；在旅游花费上所占比例大致为58.4∶24.0∶17.6，国内旅游占绝对主体地位。

（二）三大行业形势良好

2007年旅行社、饭店与景区景点都得到了较好的发展，数量规模不断扩大，经营状况普遍喜人。

1. 旅行社

根据国家旅游局公布的数据，到2007年末，全国纳入统计范围的旅行社共有18943家，比上年末增加986家。其中国际旅行社1797家，比上年末增加143家；国内旅行社17146家，比上年末增加843家。全国旅行社资产总额517.00亿元，比上年增长6.6%；各类旅行社共实现营业收入1639.30亿元，比上年增长16.2%；实际缴纳税金10.97亿元，比上年增长10.8%。

2. 饭店

2007年，全国星级饭店的总体规模继续保持稳步增长，经济效益进一步提高。根据国家旅游局公布的数据，到2007年末，全国共有星级饭店13583家，比上年末增加832家，增长6.5%；其中五星级饭店369家，比上年末增加67家；四星级饭店1595家，增加226家；三星级饭店5307家，增加528家；二星级饭店5718家，增加20家；一星级饭店594家，减少9家。

3. 旅游景区

到2007年底，我国拥有各类旅游景区2万余家，经全国旅游景区质量等级评定委员会评定等级的景区3000余家。2006年12月，国家旅游局出台了5A级景区评定办法，自此5A级替代了原来的4A级，成为我国旅游景区的最高级别。2007年，安徽黄山、北京故宫博物院等66家景区成为我国首批国家5A级旅游风景区。截至2007年底，我国共有4A级旅游景区845家。

二　2008年：复杂背景下的减速

正如世界旅游组织（UNWTO）在2009年初发布的年度报告中所指出的，“作为极具波动性的一年，2008年将被载入史册”。就全球范围而言，金融危机蔓延、商品和石油价格上涨、汇率大幅震荡等因素给世界旅游业造成了深刻影响。2008年全年入境过夜游客为9.24亿人次，较2007年增加了0.16亿人次，全年增长率约为2%，与2007年7%的增长率相比，减少了约5个百分点，结束了自2004年以来连续4年的高速增长态势。就我国情况而言，2008年也是我国社会经济发展中极为特殊的一年。诸多重大事件接连不断，从年初的冰雪灾害、拉萨“3·14”暴力事件，到年中的“5·12”汶川特大地震和北京奥运会的举办，以及年末全球金融危机的全面爆发，多种因素共同作用于旅游业，积极影响和消极影响交织其中，构成了一个很复杂的发展过程，反映到三大市场上各自表现不同，对三大行业也各有影响。

（一）三大市场表现各异

根据国家旅游局发布的数据，2008 年我国国内旅游和出境旅游保持增长，但增速明显放缓，入境旅游则出现下滑（见图 6、图 7、图 8）。

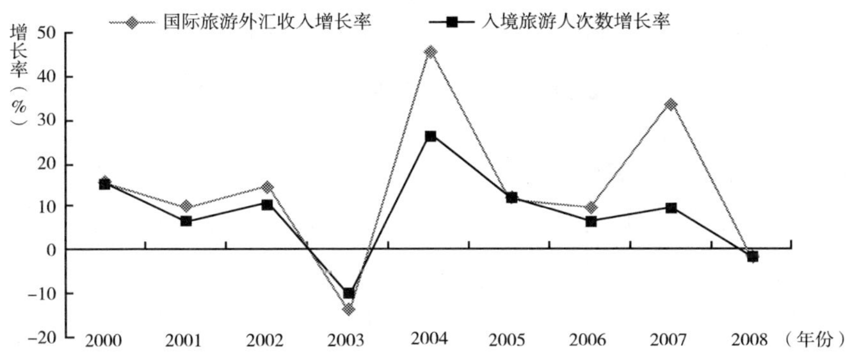

图 6　我国旅游外汇收入增长率、入境旅游人次数增长率（2000 ~ 2008 年）

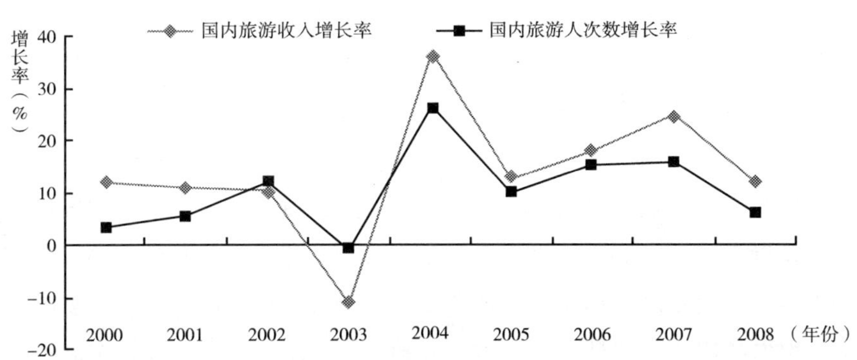

图 7　我国国内旅游收入增长率、国内旅游人次数增长率（2000 ~ 2008 年）

1. 入境旅游

2008 年，我国入境旅游出现了继 1989 年和 2003 年之后的第三次下降（但降幅低于前两次），全年接待入境游客 13002.74 万人次，比上年下降 1.40%；其中入境过夜游客 5304.92 万人次，比上年下降 3.05%；旅游外汇收入 408.43

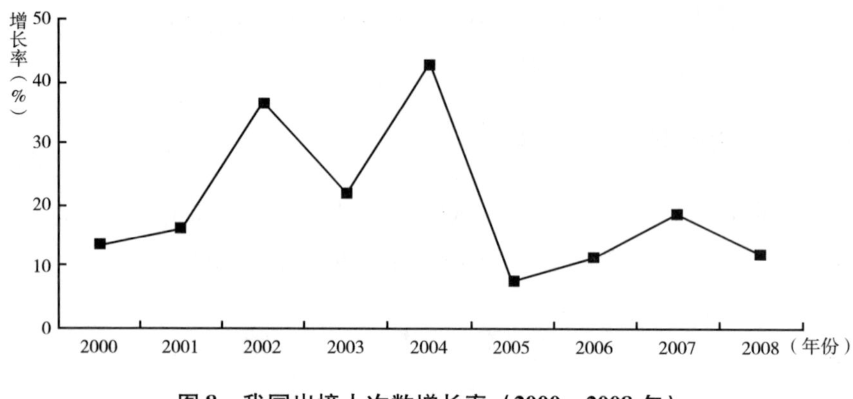

图8　我国出境人次数增长率（2000～2008年）

亿美元，比上年下降2.57%。

从客源市场来看，作为我国最大的两个入境客源国，韩国、日本从3月份开始一路下滑（韩国、日本两大客源市场约占外国客源市场的1/3），直接导致外国客源市场出现低迷，其他主要客源市场随后也相继出现下滑（在中国入境旅游的16大客源市场中，上半年只有韩国、日本出现下降，到7月份就有7个国家出现了下降，8月份增加到12个国家，而到年底，除俄罗斯和蒙古两大近邻市场外，其余14个国家全部出现下降），最终导致整个入境市场出现负增长。

从时间分布来看，前3个月入境旅游增速虽有所放缓，但基本保持了增长态势；4月份受拉萨“3·14”暴力事件影响，入境旅游人数和过夜旅游人数出现负增长，但是接待外国游客人数和旅游外汇收入仍保持小幅增长；从5月份开始，受地震等因素影响，我国入境旅游全面下滑，奥运会开始前我国入境签证政策收紧以及世界经济形势变坏进一步强化了这一态势；到7月份，我国年内累计旅游外汇收入与去年同期相比已出现负增长；而8月、9月份以后，受国际金融危机全面爆发的影响，累计过夜旅游人数和入境旅游接待人数全面下降。

2. 国内市场

根据国家旅游局的初步统计，2008年全国国内旅游人数达17亿人次，同比增长6%；国内旅游收入8700亿元，同比增长12%。国内旅游人次数和旅游收入增速明显放缓。

从影响因素来看，2008年春节黄金周受雨雪冰冻灾害影响，全国旅游收入与旅游人数同比出现下滑，下降幅度分别为6.2%和5.2%，此后的拉萨“3·14”

暴力事件、“5·12”汶川大地震等也给国内旅游发展造成了较大冲击，而从2008年开始实施的新的假日制度对国内旅游的时空分布也产生了较大影响，但在总量上影响不大（清明、端午、中秋3个小长假实现的收入基本上与2007年“五一”黄金周持平）。由于国内宏观经济形势基本保持良好，国际金融危机对中国经济尚无较大影响，因此，全年国内旅游需求保持小幅增长。

从时空分布来看，2008年国内旅游有两个重要特点。一是短途旅游比重增加。受国内旅游总体发展趋势和长假期调整等因素的影响，郊区游、省内游和区域内旅游数量大大增加，而跨省、市的远程旅游增幅有所降低。这在山东、天津、辽宁、海南等地表现得尤为明显。二是“十一”长假火暴异常。2008年的春节因受南方的冰雪灾害影响，“五一”长假调整后取消，尔后因为筹备和举行奥运会，一些旅游活动受到了限制，因此“十一”黄金周异常火暴。据全国假日旅游部际协调会议办公室的统计，全国“十一”黄金周旅游接待量为1.79亿人次，实现收入796亿元，分别比2007年同期增长22%和24%。

3. 出境旅游

根据国家旅游局的初步统计，2008年我国出境人数达4600万人次，较上年增长12%，增速较往年有所放缓。

从影响因素来看，受南方冰雪灾害、“5·12”汶川地震、“五一”黄金周取消等因素影响，中国公民出境旅游市场在2008年前3个季度有所抑制，但由于中国经济保持增长、人民币升值、启动美国作为出境旅游目的地、赴台旅游得到较快推进、中央政府进一步支持港澳地区、海外旅游目的地加大对华促销、金融危机导致境外旅游价格下降等诸多因素对我国出境旅游消费起到了促进作用，使之保持了小幅增长。

从市场热点来看，受益于中央政府的支持政策，港澳台成为我国公民出境旅游市场增长较快的地区，而中国赴美旅游团的成行也成为当年出境旅游市场上的热点。

4. 总体评价

总体来看，由于受国内外各种因素的影响，2008年我国旅游业受到了较大干扰，但是依然保持了一定的增长。根据国家旅游局的统计，2008年我国国内旅游总收入为8749亿元，入境旅游总收入折合人民币2839亿元，总计11600亿元，比上一年度增长5.8%。应当说，这一成绩的取得是相当不容易的。但是需要注意的是，许多外部不利因素的影响并未在2008年完全释放出来，因此未来还面临着更大的挑战。

（二）三大行业景气不高

2008年，旅游行业景气度不高，特别是旅行社受挫感尤为强烈。中国旅游研究院2008年11月对564家旅游企业进行的产业景气调查显示，旅游企业景气指数为89.3，处于相对不景气区间①。具体到三大行业来说，景区、饭店、旅行社行业的景气指数分别为130.5、100.5、54.7，旅行社的景气指数最低。

1. 旅行社

2008年，我国旅行社数量小幅增加。国家旅游局发布的全国旅行社业务年检通报显示：全国旅行社企业19720家，其中国际旅行社1838家、国内旅行社17882家，无论是旅行社总量还是国际社或国内社的增速均保持在7%～9%；截至2008年5月底，出境游组团社共计915家，外商投资旅行社共计37家。根据国家旅游局2008年底对全国20家较具代表性的旅行社企业的抽样调查显示，旅行社企业普遍感受到经营压力，特别是入境业务，同比普遍下降了20%～30%。

2008年，我国旅行社企业运行有以下特点值得关注：一是年初的冰雪灾害给旅行社经营带来短期冲击。二是休假制度调整引发旅行社产品结构变化。2008年正式实施新的休假制度，新增的清明节、端午节、中秋节小长假，为旅行社企业提供了新的市场空间，很多旅行社将长线调整为短线，增加短线产品品种，推出自驾游线路。三是奥运旅游成为全行业关注焦点，许多旅行社在赛前、赛后开发出丰富多彩的线路产品，例如作为北京奥组委指定的旅行服务提供商，国旅总社负责奥运火炬接力境外及境内传递后勤保障工作，奥运期间接待了近两万名来京游客；神舟国旅将奥运与旅游、文化与旅游结合，仅奥运会期间就接待国内外游客近万人。四是中国公民赴美旅游成行以及大陆居民赴台旅游更加便利化，也带动了相关旅行社的发展。

---

① 根据国家统计局规定，企业景气区间的划分标准为：180以上为“非常景气”区间，180～150为“较强景气”区间，150～120为“较为景气”区间，120～110为“相对景气”区间，110～100为“微景气”区间，100为景气临界点，100～90为“微弱不景气”区间，90～80为“相对不景气”区间，80～50为“较为不景气”区间，50～20为“较重不景气”区间，20以下为“严重不景气”区间。

2. 饭店

2008 年，我国全年新开业饭店 330 家，到 2008 年底，全国星级饭店总数超过 15000 家，是 1978 年的 100 多倍。

2008 年，我国饭店业呈现以下特点：一是受奥运效应带动，新开业饭店数量众多，其中全年 4 批次公示五星级酒店 97 家，创历史之最。二是市场融资、交易频繁，有代表性的包括：美国私人股本集团凯雷入股杭州开元国际酒店管理公司；上海东方航空酒店（集团）有限公司出售部分股权；中国网通、邮政等央企进一步剥离饭店业务；7 天连锁酒店集团、汉庭酒店集团等完成新一轮融资等。三是经济型饭店开始实施多品牌战略，代表性的有如家、汉庭更名为酒店集团；汉庭除原有汉庭酒店、汉庭快捷外又推出汉庭客栈；如家除如家快捷、如家七斗星外推出中高端品牌和颐；格林豪泰形成商务连锁酒店、格林酒店式公寓、贝壳酒店和格林联盟等四大品牌的格局。四是国际品牌加大扩张力度，如希尔顿逸林酒店、喜达屋国际集团旗下雅乐轩等相继落户北京；半岛酒店、柏悦酒店、文华东方等都宣布了在华发展计划；喜达屋、万豪、雅高宜必思、洲际等也都在华有新的扩张。五是北京奥运会期间，饭店房价和入住率喜忧参半，部分酒店的平均房价高出市场平均水平 1.5 ~2 倍，北京 CBD 区、市中心区和燕莎区域的酒店以及成为奥运会指定接待住宿场所的酒店业绩强劲，而部分新开业和地理位置不甚理想的酒店则业绩平平。六是美国金融动荡引发全球经济衰退，国内饭店业受到波及，其中北京、上海等大中城市的入住率明显下滑。

3. 旅游景区

2008 年，全国旅游景区质量等级评定委员会共组织评定 163 家 4A 级旅游景区。截至 2008 年底，全国共有 5A 级旅游景区 66 家，4A 级旅游景区 1008 家，全国已经评定等级的旅游景区超过 3500 家。

2008 年，我国旅游景区发展呈现以下特点：一是受到冰雪灾害、“5·12”汶川地震的影响，相关景区蒙受一定损失。二是门票价格再次成为焦点。针对近年来景区的涨价之风，2008 年 4 月，国家发改委、国家旅游局等联合下发了《关于整顿和规范游览参观点门票价格的通知》，要求全面清理整顿门票价格。三是景区实景演出再掀高潮，除了桂林、丽江、杭州西湖以外，井冈山、曲阜、平遥、周庄等诸多景区纷纷推出大型实景演出。四是地方政府回购景区经营权。20 世纪末，我国很多景区尝试引入民营企业对景区进行投资和开发，政府将景

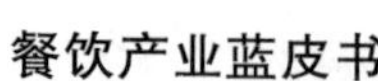

区经营权作为回报交予民营企业，由此引发了诸多争议。近年来，一些已经出让景区经营权的地方开始采取“民退国进”的做法。例如政府回购八达岭长城风景名胜区的经营权；重庆武隆县政府成立重庆武隆喀斯特旅游投资公司，对已经出让经营权的天生三桥、芙蓉洞、后坪天坑等5个景区进行回购。五是旅游景区成为投资热点，以上海的迪斯尼项目论证为代表，北京、天津及东部沿海大城市，也在酝酿投资规模在100亿元以上的大型主题景区。六是景区管理体制谋求创新。2008年7月，国家林业局批准云南为国家公园建设试点省，并评价这是全国第一个国家公园建设试点省份。同年10月，环境保护部与国家旅游局在京共同召开国家公园建设试点新闻发布会，并批准了第一个国家公园试点单位——黑龙江汤旺河国家公园。

（三）国际排名跃升最快

2009年3月4日，世界经济论坛发布了《2009年旅游竞争力报告》,[①] 分析了全球133个经济体的旅游发展状况。由于该报告的数据采集是在2008年进行的，因此所反映的实际上是2008年的状况。中国排名由上年度的第62位上升至第47位，是本年度位次上升幅度最大的一个国家。根据该报告的分析，中国排名上升的主要因素是政策环境、旅游业商业环境与设施的大幅改善，其中旅游基础设施改善的作用尤为显著。报告同时指出，中国旅游竞争力的优势主要体现在旅游业的优先权、旅游业价格竞争力、自然与文化资源等方面，具体来说是旅游企业等级数量、国内国际航班座位及公里数、航线数量、基本教育率、世界自然遗产和世界文化遗产数量等指标得分较高；而制约中国旅游竞争力的因素主要表现在政策制度、环境可持续性、安全、健康与水环境、旅游基础设施、通信设施、旅游开放性等方面。尽管该报告在某些指标的评定方法和可信度方面值得商榷，但至少给我们提供了一个国际比较的基础和理性自省的参考。

① 世界经济论坛（World Economy Forum）是一个非盈利的中立组织，成立于1971年，总部设在瑞士日内瓦，致力于召集各界领导人开展合作，以确立全球、区域和行业议题。该机构自2007年开始每年发布旅游竞争力报告，对全球各经济体的旅游发展进行比较，其中包括政策背景、环境可持续性、安全、健康与水环境、旅游业的优先权、基础设施、旅游设施、通信设施、价格竞争力、人力资源、旅游业开放性、自然资源与文化资源等14大类共73个指标。

三　2009 年：动荡环境下的挑战

（一）第一季度的总体表现

1. 三大市场有升有降

2009 年第一季度，我国旅游市场需求总量有所增长（国内旅游和入境旅游接待总人数为 5.9 亿人次，同比增长 8.46%；旅游总收入 3433 亿元，同比增长 6.14%）。三大市场依然延续了 2008 年的“两升一降”格局，即“国内升、出境升、入境降”。

（1）入境旅游持续下跌。根据国家旅游局公布的数据，2009 年第一季度我国入境旅游人数 3027 万人次，同比下降 7.2%（各月同比增长率为 -4.42%、-5.14%、-11.31%），入境旅游外汇收入 87.64 亿美元，同比下降 15.4%（各月同比增长率为 -19%、-9.2%、-17.21%）。

受境外经济不景气的影响，入境旅游业务大幅下滑，特别是来自日本、韩国和欧洲一些国家的入境游客人数锐减。中国旅游研究院的监测数据显示，几个大型口岸城市的大型旅行社入境旅游降幅相对较小，但中部和西部地区的部分大中型旅行社相对往年降幅较大，部分旅行社降幅高达 50%～70%。纯粹的入境游地接社和以入境旅游业务为主的小型旅行社，经营尤为困难，部分旅行社仅能勉强维持经营，部分旅行社转向国内旅游业务，也有极少数暂时停业。

（2）国内旅游好于上年。由于从中央到地方各级政府出台了一系列刺激国内旅游需求的政策，包括景区、旅行社、旅游网站等在内的旅游相关企业采取了诸多措施，国民出游和旅游消费保持了较好的发展势头，总体状况好于上年，特别是城市周边游和到周边省市的短线游增幅最大。根据国家旅游局公布的数据，2009 年第一季度我国国内旅游人数为 5.6 亿人次，同比增长 9.4%，国内旅游收入 2834 亿元，同比增长 12.9%。

（3）出境旅游稳定增长。受暂停收取航空燃油附加费、国际原油价格下降、境外目的地汇率下降等多重有利因素影响，在全球经济不景气的情况下，我国出境旅游在 2009 年依然保持了稳定增长，第一季度出境人数达 1197 万人次，同比增长 4.91%。受益于两岸直航和航点增加以及大陆居民赴台旅游其他便利措施的推进，赴台旅游成为出境市场的一大亮点。

2. 三大行业低位运行

总体来看，2009 年第一季度我国旅游产业仍然延续 2008 年第三季度以来的低位运行状态，但局部出现了一些积极的变化。根据中国旅游研究院所监测的 9 项企业经营指标分析，大幅下滑的指标是接待人数、预订人数、价格水平、营业收入、利润水平 5 项指标，小幅下滑的指标是从业人员，持平的指标是员工报酬，有所改善的指标是营业成本和固定资产投资。上述指标变化说明消费需求制约了企业绩效，但旅游企业员工队伍整体保持稳定，营业成本下降有助企业发展，固定资产投资增加说明企业对未来预期看好。

从各行业来看，旅行社和旅游饭店的经营状况较差；旅游综合企业较好，其多元化业务支持企业平稳运营；景区的经营状况最好，一季度增长速度较快。具体而言，旅行社总体呈“量升价跌收益下降”态势；饭店业客房入住率和平均房价两项指标下降幅度收窄，部分地区较同期还略有增长，其中高星级饭店、东部地区饭店、国际性大都市的饭店、商务饭店、涉外饭店、外资饭店等受到金融危机的影响普遍较大；有近一半综合性旅游企业第一季度的营业收入出现小幅上涨或者持平，热点旅游城市、重点景区、经济型酒店和主要布点在二线城市的旅游集团表现不俗；而旅游景区运行良好，接待人数增长幅度基本都在两位数，营业收入略有增加，固定资产投资增加明显，利润水平与往年基本持平。

3. 市场呈现新的特征

受经济形势、假期制度变化、刺激内需政策、旅游促销措施等多重因素影响，2009 年第一季度，我国旅游市场上出现了一些新的特征，其中某些特征之前就已出现，而在此期间得以加强，有些则是刚刚有所显现。

从需求方来看：（1）入境旅游大幅缩水，国内市场主体地位更加凸显。（2）金融危机后，公司会议、奖励旅游、政府公务活动减少，团队旅游受到较大影响，散客游的数量和比例均有上升。（3）在景区优惠政策等因素的带动下，受金融危机影响较小的老年市场、学生市场、农民市场增长明显。（4）金融危机导致部分居民实际收入或未来收入预期降低，加之假期制度调整的影响，长线旅游明显萎缩，城市一日游及城市周边短线旅游产品保持稳定，本地游客及短程游客（3 小时经济圈）成为主导。（5）由于短途性的休闲旅游增多，加之景区企业的促销活动，游客重复购买率增加。

从供给方来看，就旅行社而言：（1）为了激励旅行社招揽和组织游客，各地旅游局均出台了不少鼓励政策，其中最突出的包括山东省、湖南省、北京市、重庆市等地。同时各景区也纷纷制定了针对旅行商的门票优惠和奖励政策，旅行社在客源组织方面的重要性受到普遍重视。（2）旅行社更加注重产品研发创新，如围绕生态旅游、跨国旅游等方面都有创新性的举措。（3）年初所发生的携程旅行网“假保单”事件和美国游安全事故引起了人们对旅行社服务质量的广泛关注。（4）旅游市场处于低迷时期，一些旅行社以较低成本进行资源整合，特别是大的旅行社，除了通过连锁加盟、特许经营、互为代理、相互持股等形式参股或吞并小型旅行社外，也通过兼并收购进行扩张，其中影响最大的包括港中旅、广州中旅和湖北旅游集团等。就饭店而言：（1）由于酒店价值缩水，拥有资本实力的企业纷纷开展收购活动，如2009年2月锦江股份将公司持有的上海中亚饭店45%的股权在上海联合产权交易所挂牌交易、上海实业控股与美国基金公司洽谈朱美拉汉唐新天地酒店和康拉德酒店的收购事宜（这将是近两年内上海最大的一笔收购案）。（2）国际酒店品牌将中国视为全球金融危机下一个充满希望的地方，纷纷加速扩张。例如，万豪集团宣布未来4年内在亚洲新开57家酒店，其中中国21家，2009年喜达屋开业酒店包括青岛的喜来登、上海的威斯汀、拉萨的瑞吉等。（3）在酒店类物业上市步伐放慢的同时，新的融资方式开始出现，一些酒店项目以不动产信托方式发售。（4）信息技术应用更加广泛，如7天连锁酒店与分类信息网站58. com展开合作，国内独立第三方支付企业“快钱”与芒果网宣布共同推出订机票、酒店等优惠活动，朗廷酒店集团发布全新官方网站，网页功能包括Google地图、电子指南等。就景区而言：（1）诸多景区加强与旅行社和其他景区的合作，形成了更多区域性合作旅游线路。（2）很多景区采取门票优惠吸引客源，同时通过产品创新增加游客的重复购买，并针对不同细分市场（特别是受金融危机影响较小的老年市场、学生市场等）开发产品，形成新的增长点。（3）为降低销售成本并获得更多散客，不少景区开始尝试新兴网络直销或代理渠道，从传统的旅行社中介销售和景区直销走向利用网络直销平台进行销售，“驴妈妈”景区直销网站的业务量以级数递增正是这一趋势的表现。（4）户外俱乐部在景区旅游中作用增加，各种驴友组织在散客旅游中发挥积极作用。

4. 相关政策引发热议

2009年前后，政府有关部门围绕国内旅游消费和旅游行业管理制定了一些新的政策，引发了全社会的广泛讨论，其中尤以“国民休闲纲要”的制定、是否应该恢复“五一”黄金周、如何评价各种“旅游消费券”、如何看待新的《旅行社条例》等问题最受关注。

（1）“国民休闲纲要”。2008 年 11 月 19 日，时任国家旅游局旅游促进与国际联络司司长祝善忠在上海参加中国国际旅交会时表示，为了拉动国内旅游市场，已向国家相关部门提出“国民旅游休闲计划”，该计划包括倡导奖励旅游（对优秀员工）、福利旅游（对低收入群体）、修学旅游（对学生群体）、银发旅游（对离退休人员）等内容。此消息一经披露便引发社会广泛讨论。随后广东、山东、浙江、北京等地纷纷提出制定地方性国民旅游休闲计划。就在全国各省市着手出台各自旅游休闲计划时，国家旅游局的“国民休闲纲要”从名称到内容悄然做了调整，且几易其稿而未出台。从“旅游休闲”到“休闲”，从“计划”到“纲要”，名称上的改变反映了对旅游与经济、就业、休假制度等关系认识的深化，而围绕此纲要所进行的有关经济与民生、居民休闲活动与政府公共管理、短期经济需要与长期发展目标等关系的讨论，也从不同角度折射出我国社会经济发展中的一些深层问题。

（2）“五一”假期安排。自 2008 年实行新的休假制度以来，关于恢复“五一”黄金周的呼声就不绝于耳，并在 2009 年初逐渐高涨，不仅成为“两会”中多个代表和委员的提案内容，而且直接转化为广东省的政府决策，引来重庆、湖南、新疆等地跃跃欲试，由此引发了一场影响广泛、对峙激烈的论战。就在广东省出台“五一”详细休假方案的第二天，国务院办公厅发出通知，要求严格执行国家法定节假日有关规定，明确指出各地“不得擅自调休、自行安排”。尽管该通知从实际上否定了广东省的休假方案以及此前国家旅游局有关地方政府可以试点的表态，也中止了不少地方试图曲线恢复“五一”黄金周的设想，但关于此问题的争论还在继续。中央和地方政府的博弈、不同利益主体意见的分歧、不同专家之间的交锋、真实民意与专家代言的混淆、法规尊严与经济利益的权衡等问题在这场争论中得到了充分的体现。

（3）“旅游消费券”。自 2009 年初以来，在中央“扩内需、保增长、调结构”战略指引下，按照国家旅游局促进旅游消费的工作部署，全国各地采取了各种手段促进旅游消费，旅游消费券的发放就是其中的重要手段之一。据初步统计，截至 2009 年 3 月初，仅长江三角洲地区已经明确发放的旅游消费券以及各种优惠总价值已经超过10亿元。此外，广东、湖南、湖北、山东、北京等地也发放了形式不同的旅游消费券。

尽管发放旅游消费券被视作旅游业应对金融危机的新举措，对提高社会各界对旅游业的重视起到了一定作用，并从舆论宣传和实际效果方面促进了相关地区的旅游发展，但也有不少人质疑，消费券到底能给老百姓带来多少实惠，是天上掉下的馅饼，还是食之无味弃之可惜的鸡肋？对此有以下不同声音：第一，对其内涵和外延提出异议。有人指出，消费券应该是由政府依托财政以公平方法发给行政辖区内的每一位公民，是一种税收返还性质的社会再分配行为，但目前的"旅游消费券"比较混乱，发放主体既包括政府也包括企业，发放对象则涉及特定地区特定群体，并不是真正意义上的消费券。第二，对其公平性表示质疑。目前旅游消费券的发放对象或者面向特定群体（如困难居民），或者摇号产生，或者面向全体居民以户为单位发放，或者通过网络等，而这些方式都无法保证发放对象的广泛性和公平性。第三，对其有效性表示怀疑。例如，旅游消费券使用方式和范围限制太多，不便使用；多数地方均规定旅游消费券只能在指定商家使用，有不正当竞争之嫌；也有人认为，发旅游消费券不如降价更为直接和公平，成本更低等。

（4）新的《旅行社条例》。2009年1月，国务院批准通过了《旅行社条例》，并于2009年5月1日起实施。这是在1985年颁布的我国旅游业第一部行政法规《旅行社管理暂行条例》的基础上进行的第三次重大修订。相比较而言，新条例及相关实施细则有四个方面的明显变化：第一，放宽了旅行社的设立条件，简化设立程序，下放许可权，具体体现在下调旅行社注册资金、旅行社质量保证金数额限制、放宽旅行社设立分社条件、将设立旅行社审批权下放到省市、下放出境旅游业务审批权等。第二，对我国旅行社业内体系分工、经营服务作出重大调整，主要表现在取消旅行社类别划分、扩大业务范围、增加分支机构、允许委托代理、健全经营规则等方面。第三，采用疏堵结合的方式对付零团费操作模式、部门挂靠承包、超范围经营和无许可经营等问题作出明确的禁止和处罚规定，并加大了对违规行为的处罚力度。第四，对我国旅行社的许可证、保证金、业务年检三大制度进行了改革。

业界普遍认为新条例将从根本上遏制我国旅行社行业中的一些顽疾，但也有不少人对以下问题表示出忧虑：放宽旅行社准入标准和设立分支机构限制后，可能会导致旅行社的过度竞争；新条例中必须明示出每个景点和购物点游览时间的要求，其实施可行性值得商榷；也有旅行社担心新条例过于保护旅游者的利益，可能导致过度维权。

（二）流感疫情带来的阴影

2009 年 4 月，发端于墨西哥的甲型 H1N1 流感，目前正在全球传播。除墨西哥外，德国、奥地利、荷兰、瑞士、西班牙、英国、以色列、新西兰、美国、加拿大、法国、韩国等国家不断发现新的疫情。据有关报道称，甲型 H1N1 流感在疫情性质、传播途径、传播速度、危害程度等多方面都与 SARS 具有一定相似性。此次流感疫情对全球旅游业的实际影响还有待观察，这主要取决于疫情的发展情况。世界旅游组织 2009 年 4 月 30 日表示，该机构对本次甲型 H1N1 流感暴发对旅游业可能造成的影响保持密切关注。实际上，截至 2009 年 5 月初，墨西哥、新西兰、泰国等国家的旅游业已经受到严重打击。尽管中国目前发现确诊病例较少，旅游业也未受到明显影响，但疫情的蔓延还是给我国旅游业的未来发展蒙上了浓重的阴影。

（三）影响未来发展的其他因素

1. 不利因素

（1）世界经济形势不容乐观。对于 2009 年世界经济的增长速度，国际货币基金组织的预测是2%，世界银行预测是3%，经合组织预测是1.7%。普遍的估计是，主要发达国家经济很可能出现全面衰退，新兴市场和发展中国家经济增速也将明显放缓，同时世界贸易增长也将放慢。目前对于这场经济危机何时结束的看法众说纷纭。比较普遍的观点是，欧美等发达国家受灾最重，估计最早在 2010 年才能摆脱危机，走向复苏；中国经济受害相对较轻，有望在 2009 年下半年开始重回增长轨道。

（2）全球旅游市场低位运行。由于全球经济发展放缓，旅游市场也将出现低迷，不管是商务旅游还是消遣旅游，都将有所缩减。经济增长放缓的直接结果将导致商务旅游的低迷。与此同时，国际通货紧缩的压力加大会使得各国居民收入缩减，消费意愿减弱，消遣旅游也将大幅缩减。据世界旅游组织预测，2009 年全球国际过夜旅游人数增长率将不会超过2%，甚至出现零增长；增长最快的亚太旅游地区其入境过夜旅游人数增长率也将不会超过2%，均低于2008年的增长速度。

（3）入境客源市场需求萎缩。据世界旅游组织预测，亚太地区作为全球旅游业增长最快的地区之一，2009年的入境过夜旅游人数增长率也将不超过2%，这大大低于以往的预测水平。2009年，我国主要客源市场，如美国、欧盟、日本、韩国、东南亚的旅游需求增长依然不甚乐观，从而给我国入境旅游市场发展带来严峻挑战。

（4）流感疫情可能雪上加霜。自2003年爆发SARS以来，传染性疾病的全球传播让全球旅游业几经受挫，而此次甲型H1N1流感又发生在全球金融危机之时，这必然会使已经面临衰退趋势的世界旅游业雪上加霜。对我国旅游业来说将会有不同影响：入境旅游肯定将受到影响，尤其是散客将会因此减少更多，如果疫情不能很好控制，入境团队也会大幅减少；国内游是否会受到很大的影响，取决于国内会不会出现相关病例；而受疫情影响最大的是出境游，由于一些目的地国家和地区都出现了确诊病例，因此会极大地影响到人们的出境旅游意愿。

2. 有利因素

（1）宏观调控营造有利环境。为了应对来势凶猛的国际金融危机，我国政府提出了“保增长、扩内需、调结构”的基本方针及相关措施。2008年11月，国务院确定了进一步扩大内需、促进经济增长的10项措施，涉及加大投资、增加收入、减少税收、放松信贷4个方面，这些皆与旅游有直接或间接关联，特别是其中关于加快铁路、公路和机场等重大基础设施建设对旅游影响最为直接。从供给方来说，基础设施和交通条件的改善，必将大大便利国民的出行，利于旅游业的长期发展。而其他扩大内需的政策，也主要是解决居民，特别是低收入人群、农村居民等弱势人群的后顾之忧。相对于高收入人群来说，尽管这部分人的人均旅游消费数额较少，但由于具有更高的边际消费倾向，加之人群基数较大，因此也能在某种程度上拉动中低端旅游市场的发展，从而对国内旅游有较大促进作用。

（2）多重措施促进国内旅游。从国家层面来看，目前新增1000亿元中央投资中用于社会事业的130亿元投资计划已全部下达，其中在文化领域安排8亿元，另外安排10亿元支持旅游基础设施项目32个，包括国家遗产地、红色旅游及其他旅游景区相关设施的建设，面积约9.2万平方米，旅游公路建设约170公里。这将直接推动旅游产业的建设和发展。与此同时，为应对全球金融危机所带来的负面影响，中央和地方旅游管理部门也采取了多重措施促进旅游发展，其中既包括刺激旅游消费的举措，也包括暂退部分旅行社质量保证金及针对旅行社的各项鼓励措施。随着更多刺激消费和鼓励企业措施的不断出台，会给国内旅游带来发展机遇，而“五一”假期国内旅游的蓬勃发展就很好地印证了这一点。

（3）多个重大活动值得期待。2009 年，国内有一系列重大活动，如新中国成立 60 周年、澳门回归 10 周年、两岸三通进一步实施、上海世博会倒计时开始、重大旅游项目落户京沪等。上述重大活动所引发的旅游效应值得期待。

（四）形势预测

结合国内外因素分析，预计 2009 年我国入境旅游会低于 2007 年水平，国内旅游总体上可能会略好于 2008 年，出境旅游或将出现小幅回落。

1. 入境旅游

在 2009 年的全国旅游工作会议上，国家旅游局给 2009 年入境旅游发展确定的目标是：入境旅游人数 1.32 亿人次，同比增长 1.5%；旅游外汇收入 415 亿美元，同比增长 1%。这一目标基本等同于历史最好时期的 2007 年。从目前的情况来看，估计这一目标的实现有一定难度。首先，我国入境主要客源地为周边国家（或地区）和欧美发达国家（除港澳台外，2008 年主要入境客源国依次为韩国、日本、俄罗斯、美国、马来西亚、新加坡、菲律宾、蒙古、澳大利亚、泰国、英国、加拿大、德国、印度、法国等）。从目前的形势来看，占主体的港澳地区、韩日等主要客源国受金融危机影响较大，如果受全球经济恶化拖累，上述国家和地区经济持续下滑，我国入境旅游市场可能绝对值下降。其次，不断蔓延的甲型 H1N1 流感疫情也使得各国公民尽量减少外出旅游，我国边防检疫措施也将逐步加强，这都会使入境旅游进一步萎缩。

具体到不同客源市场，由于美国、日本、韩国等我国主要客源国受金融危机影响较大，我国入境旅游发展的重点必然转向周边其他国家，如俄罗斯、东南亚国家以及受金融危机影响相对较小的澳大利亚、中东地区国家、拉美地区国家等。

2. 国内旅游

2009 年，国内旅游的发展主要取决于宏观经济的发展趋势。当下，围绕着中国经济究竟将会出现“V”型发展还是“U”型甚至“W”型反转，从学界到业界，看法各异。中国社会科学院发布的《2009 年中国经济形势分析与预测》

指出，2009 年我国 GDP 增速继续有所回落，不过仍有望保持 9.3% 左右的增长，但也有不少人认为政府刺激经济的实际功效尚需观察，宏观经济可能还会在较长一段时间内在底部徘徊，“保八”将是一项艰苦的工作。因此，尽管各级政府已经出台并可能继续推出一系列刺激国内旅游消费的措施，但对于 2009 年国内旅游发展依然不能过于乐观。综合正反两方面因素，估计国内旅游可能会与 2008 年基本持平，如果要实现人数和收入均有较大幅度增长有可能要等到 2010 年。

3. 出境旅游

近年我国出境旅游增长迅速，至今已达到一定规模，其中因私出境人数已经占到 85% 以上。相对于以往的高速发展而言，2009 年将会有一定回落。从出境旅游人次和出境旅游花费来看，将基本保持 2008 年的水平，或略有增加。2009 年，我国出境旅游有两个方面值得特别关注：一是港澳台将成为 2009 年中国公民出境旅游市场的热点。2008 年末，中央政府提出了支持香港和澳门的具体措施（包括基础设施的建设，粤港澳三地深化合作，促进内地居民赴港澳旅游的新政策），再加上人民币对港币和澳门币汇率升值导致其价格优势增加，以及 2009 年适逢澳门回归 10 周年，内地与澳门将举办一系列庆祝活动，这些都将促进大陆居民赴港澳地区的旅游。与此同时，随着从两岸直航航线裁弯取直、大陆赴台旅游地区扩大、每日赴台人数限额上调、两岸客运包机航点增加等措施陆续出台，会使赴台旅游得到较快发展。二是旅游安全问题引起关注。近期受泰国政局不稳、甲型 H1N1 流感在世界各国蔓延、大陆游客在台出现安全事故等因素影响，出境安全问题成为政府、业界和旅游者关注的焦点，也将是影响我国出境旅游市场未来发展的一个重要因素。

参考文献

[1]《2008 年中国旅游经济运行分析与 2009 年发展预测》，中国旅游出版社，2009。

[2]《2009 年中国经济形势分析与预测》，社会科学文献出版社，2009。

[3]《2008 年中国旅游发展分析与预测》，社会科学文献出版社，2008。

[4]《2009 年中国旅游发展分析与预测》，社会科学文献出版社，2009。

[5] 历年《中国旅游统计年鉴》。

我国旅游饭店业面临的问题及应对措施

依绍华　焦永明　聂新伟*

摘　要： 梳理了我国旅游饭店业的发展历程，分析了行业在产品档次结构、市场细分、人才培养、饭店集团化和品牌建设等方面存在的一些问题，最后从政府、行业协会和企业角度提出了应对措施。

关键词： 旅游饭店业　问题　措施

改革开放以来，随着我国旅游行业市场的迅速发展，作为我国较早对外开放并推行市场化改革的行业之一——旅游饭店业，其发展规模得以迅速扩大，管理水平也得以迅速提高，通过引进国外著名饭店管理集团的经营管理模式，加上有效地结合本土文化特色，大大缩小了与国外同行的管理差距，成为旅游产业中最具国际竞争力的行业。但是由于旅游饭店结构不合理，国际饭店品牌的大量涌入，以及专业人才的匮乏，导致我国旅游饭店业面临诸多问题和挑战，如何在扩大规模的同时，提高旅游饭店的管理和服务水平，从而提升全行业的整体实力成为旅游饭店业面临的重要课题。

一　我国旅游饭店业的现状及特点

（一）旅游饭店业的发展历程

我国旅游业是以大力发展入境旅游起步的。在改革开放之初，我国入境接待设施极度匮乏，接待能力远远不能满足境外旅游者的需求。1978 年，我国能够

* 依绍华，中国社会科学院财贸所副研究员、博士；焦永明、聂新伟，中国社会科学院研究生院。

接待入境旅游者的饭店仅有137座，而且设施陈旧、条件简陋。为解决住宿难的问题，加快旅游饭店业发展，20世纪80年代初期，通过合资、合作、独资和引进海外管理的方式，建设了一批旅游涉外饭店和星级饭店，提高了旅游接待能力，增强了旅游产业实力。到1989年，全国已有星级饭店135家，到1992年猛增到1028家，1999年上升到3856家，[①] 年均增长率达到20.65%。旅游饭店业呈现了全面、多层次、快速发展的态势，但由于国家对国内旅游采取“不宣传、不提倡、不反对”的政策，集中有限的宾馆、饭店、景区资源发展入境旅游，而中低档饭店的发展速度则相对缓慢。虽然自20世纪90年代后期，一些城市开始兴建一批不同档次的饭店，使社会饭店硬件设施条件有所改善，但是管理和服务水平仍然滞后，使旅游饭店业没有形成针对不同目标客户市场的多元化业态。

进入21世纪，尤其是加入WTO后，旅游饭店业进入新的发展阶段。由于国内旅游的迅猛发展，对中低档饭店的需求日益扩大，从而形成了高档饭店和中低档饭店齐头并进的多元化发展格局。旅游饭店业发展重点从高档饭店转向中低档饭店，从单一星级饭店转向多元化饭店，经济型酒店异军突起，并成为当前经营业绩、发展前景都较好的业态之一。

（二）旅游饭店业的发展现状及特点

经过30年的迅速发展，我国旅游饭店产业规模不断扩大，产业形态逐步多元化，在管理水平和经营实力等方面都有了显著提高，服务设施和水平有了明显改善，到2008年底，全国已拥有星级饭店15000多家、客房160多万间，直接从业人员超过160万人，初步建立了满足多种需求的包括高、中、低不同档次的饭店业态体系。

1. 高档饭店的发展现状及特点

自改革开放之初到20世纪90年代中期，四星、五星级高档饭店的数量和规模一直呈现较快增长的态势，但是从1996年开始，高星级酒店出租率每年以2%的速度下降，到1998年形成了全行业亏损，随后平均出租率以每年1.5%的

① 国家旅游局：《2000年中国旅游统计年鉴》，中国旅游出版社，2000。
国家旅游局：《2007年中国旅游统计年鉴》，中国旅游出版社，2007。

速度回升，到 2002 年，高星级酒店全行业的出租率达到了 60.15%①。自此之后，再一次掀起了兴建高星级饭店热潮，到 2006 年底②，全国五星级饭店已达 302 家，四星级饭店 1369 家。随着北京奥运会的召开，高星级饭店开业呈现“井喷”现象，2008 年新开业五星级饭店高达 97 家，但总体来看，星级饭店的客房出租率都比较高，经济效益也相对较好。其特点如下：（1）高档饭店数量不多，但是客房数量占全部星级饭店客房数量的比重相对较高。2006 年，全国共有五星级客房 11.52 万间，占星级饭店客房总数的 7.9%，客房出租率为 66.4%；有四星级客房 29.00 万间，占客房总数的 19.9%，客房出租率为 64.3%。（2）高档饭店的营业收入所占比例高。以上海市为例，2006 年上海市五星级饭店的营业收入为 753875.74 万元，占所有星级饭店总收入的 48.9%；四星级饭店的营业收入为 404565.38 万元，占总收入的 26.3%。五星、四星级饭店的数量仅占总数的 21.8%，但二者营业收入之和却占到星级饭店总收入的 75%③。（3）高档饭店被国外著名饭店管理公司垄断。在全国 15000 多家星级饭店中，有 41 家国际饭店管理集团、67 个饭店品牌进入中国市场，管理了 516 家饭店，目前世界排名前 10 位的国际饭店管理集团均已进入中国市场。其中，国际饭店管理公司 10 强托管饭店 480 家，房间 161974 间，平均托管饭店 48 家，平均拥有房间 16197 间。本土最具规模的 30 家饭店管理公司托管饭店 1532 家，房间 303506 间，平均托管饭店 51 家，平均拥有房间 10117 间。其他 276 家饭店管理公司共托管 2027 家饭店，平均托管饭店 7 家④。

2. 中档饭店的发展现状及特点

中档饭店主要指经济型酒店。随着国内旅游的快速发展，大中城市对经济酒店的需求十分旺盛，相对于星级酒店，经济型酒店投资低、回收快、回报率高，吸引各种资本大量涌入，扩张速度较快。到 2007 年⑤，中国经济型酒店前 10 强企业已开店数量达到 1080 家，比 2006 年增长了 125%，平均收益比上年提高

---

① 陈雪琼：《中国高星级酒店投资前市场分析研究综述》，《北京第二外国语学院学报》2006 年第 3 期（总第 133 期）。

② 国家旅游局：《2007 年中国旅游统计年鉴》，中国旅游出版社，2007。

③ 根据《2007 年上海旅游统计年鉴》整理。

④ 赵焕焱：《中国酒店市场 2008 年回顾》，2008 年 12 月 31 日《中国旅游报》。

⑤ 中国饭店协会：《2008 中国经济型饭店调查报告》，2008 年 6 月 12 日发布。

11%，平均出租率与上年相比微降了0.4%。其特点包括：（1）民族自创品牌逐渐成名。“锦江之星”，“如家酒店”已经成为全行业的领头羊，连锁店遍及全国29个省、自治区、直辖市。一些地区品牌的经济型酒店，如“莫泰168”、“7天”等也逐渐从区域性品牌向着全国知名品牌的方向发展。（2）以北京、天津为首的华北地区、以上海为首的华东地区、以广东为首的华南地区发展迅速。（3）国外著名品牌与民族自创品牌的竞争日益加剧。一些国外成熟的经济型酒店品牌大举进入，其成熟的管理经验，雄厚的资金实力和人才储备，享誉世界的品牌，发达的营销网络，给民族自创品牌的发展带来极大压力。

3. 低档饭店的发展特点

低档饭店有时也被称为社会旅馆，多为各级机关、企事业单位和个人所建，规模普遍较小，价格多比较低廉，档次亦较低，但平均出租率较高，顾客群主要为国内游客。资料显示①，目前国内一部分成熟、理性的大众旅游消费者选择低档饭店作为住宿设施。据统计，2007年北京低档饭店平均出租率高达69%，超过了低星级饭店59%的平均出租率②。

二 我国旅游饭店业存在的问题

通过对我国旅游饭店业的发展现状和特点的分析，可以总结出我国旅游饭店业目前存在以下几个突出问题。

（一）高星级饭店多，中低档酒店少

由于高星级饭店的综合效益较高，同时由于一大批国外知名饭店集团和饭店管理集团的进入，使我国饭店业的发展始终集中在高星级饭店的建设和改造方面。近年来，随着经济生活的多元化发展，人们外出旅游和公务出行的机会越来越多，对大众性、经济型的酒店需求越来越迫切。经济型酒店的崛起，一方面满足了人们对旅游饭店档次、服务水平、性价比的要求；另一方面也填补了中档旅游饭店市场的空白，因此得以迅猛发展。到2007年，中国经济型饭店前10强企

① 颜菊阳：《经济型酒店接管社会旅馆悠着点》，2007年6月22日第2版《中国商报》。

② 颜菊阳：《经济型酒店接管社会旅馆悠着点》，2007年6月22日第2版《中国商报》。

业已开店数量达到1080家，客房数135896间。但和高档饭店数量相比，差距仍较大[①]。另一方面，以社会旅馆为代表的低档饭店的发展，仍处于缓慢增长状态，虽然近年来在硬件设施和管理水平方面都有了很大提高，但是增长速度和规模都无法与高档饭店和经济型饭店相比，在一定程度上还存在缩减规模或经营不善等情况，这与市场需求存在较大差距。据统计[②]，2007年北京房间数在50间以下，日收费在50元以下的低档饭店占到整个北京住宿业市场的32%，也就是说低档饭店有着巨大的客源市场需求和潜力，因此，提升中低档饭店的服务水平和档次，是旅游饭店业面临的重要任务。

（二）同质化严重，细分市场不明确

由于长期以来，旅游饭店过多关注眼前与局部利益，加上缺乏政府和行业组织之间的有效监管和合理规划，使饭店经营范围集中于“吃、住”基本阶段，市场定位不明确，没有形成各自的特色，同质化现象严重；同质化导致各个微观经济主体被动接受市场价格，提高企业效益只能依靠降低价格，别无他法，这样导致相互之间为了各自利益，相互压价、削价，进而陷入恶性竞争的泥潭。同时，随着卖方市场向买方市场的转变，顾客偏好的改变，对个性化、特色化需求的增加，使得同质化不能满足其有效需求，必然引起顾客群消失，致使整个行业利益受损。

旅游饭店业虽然经历了30年的迅速发展，但是大多数饭店企业，尤其是一些国内自创品牌饭店，没有明确的发展理念，缺乏有效的市场调研，其产品的开发依旧停留在过去的模式上，市场定位模糊。由于没有形成自己特定的目标市场，或者对目标市场的细分工作不够细致，产品设计没有层次，导致市场重叠或者过于宽泛，缺乏针对不同细分市场的产品和服务，也就不可能形成自己的特色。

（三）经营管理水平差距过大，专业人才匮乏

目前，国内旅游饭店业虽然在管理、经营、营销、人才培训和服务等方面积

---

① 根据本文前面数据整理得到。

② 颜菊阳：《经济型酒店接管社会旅馆悠着点》，2007年6月22日第2版《中国商报》。

累了一些经验，但是与国外同行相比，在成本控制、服务质量、培训机制、物流配送等方面，仍然需要继续强化和改进。另外，不同档次饭店的管理水平差距较大，由于中、高档次的经营者拥有较雄厚的资金和人力资源，加上有利的区位优势，其经营管理水平较高；而低档次的饭店经营者由于其自身文化素质较低，在经营理念、市场运作方面缺乏经验，加上人力和资金有限，制约了其经营管理水平的进一步提高。

饭店是服务性的行业，其行业特性要求其员工提供优质高效的服务，如果没有优秀的员工，就不可能提供令顾客满意的服务，企业也就不可能发展壮大。然而，由于以往的饭店人才多是按照高档饭店的服务规范培养的，无法适应经济型酒店和低档饭店一人多岗，一职多能的技能要求，导致旅游饭店业在各个层次上都面临人才供应不足的局面。同时，虽然一些企业开始认识到一线员工在服务性行业中所起的重要作用，但是由于受传统因素的影响，人力资源管理在饭店企业管理中仍是一个薄弱的环节，这些员工在实际的工作中往往遭受鄙视，其价值也被低估，甚至一些管理者认为这些员工可以随时被替换。由于不注重员工的培训，不能有效激励员工，也就不可能吸引一些懂外语、懂法律、懂管理、懂财务的经营管理人才，这在一定程度上阻碍了我国旅游饭店业的发展。

（四）集团化程度不高，民族品牌知名度低

饭店集团化是企业在市场竞争中的必然趋势，然而与国际著名饭店集团相比，我国饭店集团多是靠行政划拨，政府推动而形成的，缺乏以真正的市场为纽带而形成的饭店集团，而且其档次参差不齐，不能实现集团内部各个环节的协调运作，也就不能实现规模效应；同时，由于集团化发展速度缓慢，现有饭店集团市场占有率低，缺乏竞争力，未能形成规模经济。截至 2008 年底，全国 15000 多家星级饭店中，实行集团化管理的仅为 4167 家。中国饭店市场上共有国内外饭店管理公司 316 家，托管饭店 4167 家（其中经济型饭店 567 家），连锁化经营饭店 3600 家，仅占星级饭店的 1/4①。

品牌是一个企业的无形产品。顾客的品牌忠诚度对于饭店具有重要的作用。在竞争日益加剧的全球化进程中，旅游饭店要在市场上立足，就必须拥有自己的

---

① 赵焕焱：《中国酒店市场 2008 年回顾》，2008 年 12 月 31 日《中国旅游报》。

品牌，培养品牌在顾客中的忠诚度，只有这样，才能在危机中突出重围，实现跳跃式发展。目前，国内虽然已经出现了一些具有一定知名度的民族化饭店集团品牌（如锦江饭店集团），但这些民族品牌与国外品牌相比，在知名度、无形资产价值、扩张程度、市场竞争力等方面均存在巨大的差距。目前在中国饭店业集团20强排名中，有12家是国外著名品牌饭店集团，仅有8家是中国本土品牌的饭店集团①。因此，在国际知名饭店集团大举进入中国市场、并不断增强其品牌渗透力的背景下，中国饭店集团如何加快品牌建设与管理，树立企业形象，扩大市场影响力，就将越发重要。

三　应对措施

根据上述分析，我国旅游饭店业在产品档次结构、市场细分、人才培养、饭店集团化和品牌建设等方面存在一些问题，与饭店业发达国家还有很大差距。因此，政府、行业协会和企业应该从以下几个方面采取措施，逐步提高我国旅游饭店业的竞争力水平。

（一）大力发展中低档旅游饭店

对低档酒店进行软、硬件改造升级，对低星级酒店（一、二、三星级）进行成本控制，剔除非核心业务，加快发展经济型酒店建设，鼓励有条件的经济型饭店对低档饭店的兼并和重组整合，完成对其转型升级，进而实现规模效应。

（二）加强目标客源市场细分

目前，旅游饭店业面临激烈的市场竞争。在这种情况下，不同档次、类型的饭店应有针对性地做好市场调研，聚焦其目标消费者，对其收入、偏好、文化程度、年龄、信仰等方面做细致的总结，然后根据消费者的需求情况，推出适合特定消费人群的服务，从而建立自己的饭店品牌。只有通过市场细分，才能进行正确的市场定位，明确适合自己的目标市场，努力实现个性化、特色化的发展方式，进而促进不同档次饭店健康、有序、持久的发展。

① 根据《2007年中国旅游统计年鉴》整理而得。

（三）有针对性地培养旅游饭店专业人才

饭店的人力资源管理是多方面的：既包括职业经理人在内的管理者，也包括一线员工。饭店管理对职业经理人的要求很高，除了具备应有的丰富从业经验外，还要有很强的理论知识和灵敏的市场危机处理策略，要熟悉相关行业国际惯例、法律法规，具有国际战略眼光，灵活有效的市场运作手段等；一线员工必须严格要求自己，兢兢业业，全身心地投入到自己的工作中。国际、同行业间的竞争日益激烈，必须加强人力资源管理，各个饭店要切实根据自己的实际，形成一套系统化、程序化的人才选聘、培训、选拔、考核、淘汰机制；逐步完善用人机制，加强绩效鼓励机制建设，培养员工的职业热爱度、事业忠诚度。进而，解决旅游饭店业发展的“人才瓶颈”问题。

（四）积极推进集团化和连锁化进程

市场竞争机制是实现资源优化配置的重要途径，竞争必然导致优胜劣汰。由于旅游资源和旅游产品具有明显的地域性，这就决定了单个财力薄弱的企业无法实现地域间的扩张经营，这就要求必须实现旅游饭店业的集团化。只有通过集团化，才能增强饭店集团的财力、物力和人力，进而实现遍布全国的、管理和服务理念统一的连锁化经营，从而实现产业的升级转型，加强行业间的宏观规划，避免了恶性竞争，改变行业内“多、小、乱”的问题；只有通过集团化，才能形成一定的品牌效应，促进营销网络化，进而有利于培育和塑造民族品牌，提升我国旅游饭店的整体竞争力。

在当前金融危机的大背景下，入境游、跨国公司高档商务游明显减少，以此为目标市场的高档饭店业受到较大影响，客房出租率明显下降。随着国内经济刺激计划逐步落到实处，各种社会保障体制的完善，恩格尔系数会逐渐降低，家庭游、自驾游逐渐升温，将会对性价比较高的经济型酒店产生更多需求，从而促进经济型酒店的发展；随着经济的复苏，人民生活水平和档次的提高，人们也将会减少对软硬件设施都比较简陋的低档酒店的需求。根据不同的市场需求，低档酒店会被改建为精致的小型商务酒店、适合团队就餐的大型餐厅，加入专业饭店的分销网络，打通客源渠道，寻求夹缝突围。

鉴于此，未来几年，受全球金融危机影响，中国旅游饭店业，尤其是高档酒店业将迎来寒冬。随着全球金融危机影响的减弱，全球经济逐渐复苏，中国旅游饭店业将会逐渐回暖，迎来新的春天。与此同时，在未来几年，经济型酒店将迎来一个新的发展阶段，低档饭店服务和管理水平也会稳步提高。

参考文献

［1］戴斌：《中国国有饭店的战略转型：目标与模式》，中国社会科学院研究生院，2004 年博士论文。

［2］沈涵：《中国经济型酒店研究：动态视角下的机构演进》，中国社会科学院研究生院，2006 年博士论文。

［3］张广瑞等：《2004～2006 年：中国旅游发展分析与预测》，社会科学文献出版社，2006。

［4］苍英美：《我国旅游饭店业现存问题及对策分析》，《今日科苑》2008 年第 22 期。

［5］唐超：《我国社会旅馆业发展策略研究》，《技术经济》2005 年第 5 期。

［6］唐岭：《我国小型旅馆业发展现状与对策》，《华东经济管理》2006 年 3 月第 20 卷第 3 期。

［7］费寅：《中国饭店业的现状分析与未来发展趋势》，《无锡商业职业技术学院学报》2004 年 6 月第 2 期。

［8］沈涵：《中国经济型酒店的历史发展与未来趋势》，载张广瑞等《2004～2006 年中国旅游发展：分析与预测》，社会科学文献出版社，2006。

［9］孔海燕、宋海岩：《中国饭店业 30 年——海内外文献回顾与比较》，《旅游学刊》2008 年第 6 期。

［10］曲秀梅：《我国旅游饭店集团化发展的策略研究》，东北师范大学，2006 年硕士论文。

［11］张亚辉：《上海高星级饭店空间分布结构与经营绩效研究》，华东师范大学，2008 年硕士论文。

［12］汪勤：《中国旅游饭店的社会责任探讨——内容、现状及提升对策》，华中师范大学，2008 年硕士论文。

我国调味品行业发展状况

王 惠[*]

摘 要： 概述调味品行业的发展现状，并对业内主要企业进行了考察分析，剖析了当前调味品行业存在的问题，最后预测了调味品行业未来发展的空间和趋势。

关键词： 调味品 问题 趋势

俗话说，百姓开门七件事，柴米油盐酱醋茶，其中调味品所占席位最多，可见其在人民日常生活中的重要位置。调味品、发酵制品等餐饮辅料作为人民日常生活的必需品，在我国有着悠久的历史。随着我国改革开放的进一步深入，国家相关政策的出台使得人民可支配收入有了较大的提高，调味品、发酵制品等餐饮辅料行业也得到了快速的发展。

餐饮辅料主要包括传统的调味品、香辛类天然调味料和复合调料。传统的调味品就是酱油、食醋、味精、精制盐、料酒、香油等酱油产业和辣酱、豆瓣酱、甜面酱、果子酱、海鲜酱、榨菜、腐乳等酱菜类、腐乳类产业。香辛类天然调味料有辣油、辣椒粉、香精等。新兴的复合调料包括鸡精调味料、鸡粉调味料、火锅汤料、方便面汤料、涮肉调料、烧烤调味汁、炸鸡粉、炖肉调料、炒菜调味料、调味包、调味汁和各种卤料等。

从调味品的行业特点来看，主要用于家庭厨房、餐饮业和食品加工业三个方面，它们的迅速发展带动了整个调味品产业的发展。近两年，餐饮业逐渐成为调味品销售的主导渠道，餐饮业的快速发展带动了调味品的飞速发展，两者表现出明显的正相关性。据了解，调味品在餐饮业消费中的比重逐步上升，餐饮业每消

---

* 王惠，中国政法大学硕士。

费10元钱，调味品消费就占1元钱的比重。《2007年中国餐饮产业运行报告》显示，2006年餐饮业零售额达到10345.5亿元，增长16.4%，比GDP增速高出5.7个百分点，连续16年实现两位数的高速增长；商务部公布的数据显示①，2007年1~10月份餐饮消费十分旺盛，住宿和餐饮的零售额达10030.6亿元，全年餐饮业零售额达到12352亿元，比上年同期增长19.4%；据中国烹饪协会网站资料显示②，我国2008年全年餐饮业零售额达到15404亿元，同比增长24.7%，连续18年实现两位数高速增长。餐饮业的迅猛增长也必将促进调味品业的进一步发展。

一　行业概况

自2003年以来调味品行业进入了高速发展的阶段，近6年行业年增长率达20%左右，已连续10年实现年增长幅度超过10%以上。据国家统计局的数据显示：2006年全国调味品、发酵制品制造工业总产值为722.47亿元，产品销售收入为686.47亿元，利润总额为50.6亿元。2007年，行业总产量已超过1000万吨，规模以上企业实现总产值914亿元，同比增长27.9%；2008年1~11月行业实现累计工业总产值1043亿元，比上年同期增长了28.9%；累计实现产品销售收入975亿元，比上年同期增长27.79%；累计实现利润总额63.7亿元，比上年同期增长46.78%；预示着调味品行业的品牌时代已经来临，整体状况呈现如下特点。

（一）调味品企业数目较多，呈现无规则性，行业投资额和产品消费额日益增长

近10年来，我国食品企业平均每年以10%的速度增长，已成为国内第一大产业，而调味品业的增长每年都在20%以上，目前我国市场上大约有3.2万多家调味品食品企业，产品种类繁多，杂乱无章，呈明显的无规则性。

2006~2008年，我国住宿和餐饮业零售消费额呈绝对增加，增速呈上升趋

① http：//provincedata. mofcom. gov. cn/hotdate/disp. asp. pid = 27394.

② http：//www. ccas. com. cn/Article/HTML/9517. html.

势（见表1）。城镇固定投资额和外商直接投资额绝对数和相对上年增速升降不一，其中城镇固定投资额增速连年上升，外商直接投资额绝对数和增速在2008年都呈下降趋势（见表2）。

表1　2006~2008年住宿和餐饮业零售额

年　份	住宿和餐饮零售额	
	住宿和餐饮零售额(亿元)	增长(%)
2006	10354	16.4
2007	12352	19.4
2008	15404	24.7

数据来源：中华人民共和国国家统计局网站发布的《中华人民共和国国民经济和社会发展统计公报》，2006、2007、2008。

表2　2006~2008年住宿和餐饮业投资额

年　份	外商直接投资		城镇固定投资	
	实际使用资金额(亿美元)	比上年增长(%)	投资额(亿元)	比上年增长(%)
2006	8.3	47.8	929	37.4
2007	10.4	25.8	1326	41.2
2008	9.4	-9.9	1735	30.5

数据来源：中华人民共和国国家统计局网站发布的《中华人民共和国国民经济和社会发展统计公报》，2006、2007、2008。

（二）业内兼并重组势头迅猛，市场竞争激烈

2006年新年伊始，我国调味品行业新一轮国际化和专业化兼并重组拉开帷幕。相继有日本味滋康入主“北京和田宽”并控股“龙门和田宽”和“虎王和田宽”，北京王致和集团公司与广西桂林腐乳厂合并重组成立王致和（桂林腐乳）有限公司，日本调味品巨头味之素公司重组了以酱油生产为主导的上海淘大、金山淘大、香港淘大和深圳淘大4家公司，中国调味品市场最大的一宗并购是2008年8月日本最大的调味品生产厂家——龟甲万与河北石家庄珍极酿造集团建立了合资公司，另有几家国内外著名的大牌食品和调味品集团公司正在紧锣密鼓地策划兼并重组事宜。

调味品行业中的酱油产业是目前调味品行业中竞争最为充分和激烈的领域，

每一次大的兼并重组都是从酱油产业开始的，食醋产业目前的竞争格局较小，区域性较为明显。随着国家对调味品行业的不断规范，使得进入门槛逐步提高，加上国际化、专业化的并购重组相继上演，调味品行业集中度将逐步增强，产品质量日益提高，中小企业的优胜劣汰也将加速。外资企业之所以在中国调味品行业全力展开并购，出于其十分看好中国调味品市场的发展。面对外资企业的兼并和重组势头，中国的本土调味品企业也开始暗自发力、谋划通过改制上市力保国有品牌在调味品行业的地位。中国调味品市场经过几轮的行业整合和国内、国际资本重组之后，已经从一个相对滞后的行业，跨越式地转型为充满激烈的市场竞争的行业。

（三）随着居民消费水平提高，调味品种类日益增加，并向高档化趋势发展

随着中国经济快速发展，居民消费水平的不断升级，对高附加值及高档化调味品商品的需求量在增加，中高档调味品市场容量在进一步扩大，品牌产品的市场份额进一步提高。为了满足不同地区、阶层、年龄群体客户的需要，新开发的调味品种类日益增多。据中国调味品网的数据显示，近年来，我国调味品的种类增速较快，细分的小类不下数万种，且每年仍在以20%的速度增加，是食品行业中增幅最快的门类之一。力争做大做强品牌的企业，争相采取不同的广告途径，如央视黄金时段投放广告、利用公交传媒等手段来扩大自己产品的经销网络，迅速扩大市场份额。

（四）受国际因素影响，调味品价格指数整体呈上升趋势

据国家统计局数据显示，我国居民消费价格指数在2006~2008年持续不断高升，2006年城市和农村保持平衡，2007年农村高于城市，全国食品行业中调味品指数由2006年的102.3上升到2007年的104.1；商品零售价格指数中，调味品指数也由2006年的102.2上升到2007年的103.9（见表3）。

2006~2007年，全国、城市和农村的居民消费价格指数和商品零售价格指数中调味品指数都趋于上升趋势，但幅度远远低于食品类总指数。2007年居民消费指数同比上涨4.8%，食品上涨12.3%，拉动居民消费指数上涨4%。2007年上半年，食品上涨幅度在6%左右，下半年增长幅度增加，都在两位数以上，

表 3　2006～2007 年居民消费价格指数和商品零售价格指数

项目名称	2006 年			2007 年		
	全国	城市	农村	全国	城市	农村
居民消费价格指数	101.5	101.5	101.5	104.8	104.5	105.4
食品	102.3	102.5	102.1	112.3	111.7	113.6
调味品	102.3	102.1	102.5	104.1	104.4	103.7
粮食	102.7	102.7	102.9	106.3	106.4	106.2
油脂	98.6	98.9	98.3	126.7	125.5	128.3
商品零售价格指数	101.0	100.9	101.4	103.8	103.3	104.9
食品	102.6	102.6	102.4	112.3	111.7	113.6
调味品	102.2	102.2	102.3	103.9	104.3	103.4
粮食	102.5	102.7	102.4	106.4	106.1	107.0
油脂	98.7	99.0	98.4	126.3	125.2	128.1

数据来源：国家统计局编《中国统计年鉴》，中国统计出版社，2007、2008。

其中 8 月和 11 月份达到了 18.2%。2008 年，受国际因素的影响，国内大部分商品的价格都在上涨，在这一次全国食品涨价中，调味品涨幅是最低的。在 2008 年下半年食品类的居民消费价格指数上涨幅度减少，而调味品的上涨幅度呈缓慢上升趋势，由 1 月份的 4.1% 增加到 12 月份的 6.2%（见表 4）。

表 4　2007～2008 年各月份 CPI 总指数和分类指数增减幅度

单位：%

项目名称		1 月	2 月	3 月	4 月	5 月	6 月	7 月	8 月	9 月	10 月	11 月	12 月
居民消费价格指数	2007 年	2.2	2.7	3.3	3.0	3.4	4.4	5.6	6.5	6.2	6.5	6.9	6.6
	2008 年	7.1	8.7	8.3	8.5	7.7	7.1	6.3	4.9	4.6	4.0	2.4	1.2
	食　品	18.2	23.3	21.4	22.1	19.9	17.3	14.4	10.3	5.9	8.5	5.9	5.8

数据来源：国家统计局网站和新浪财经网站。

（五）我国已成调味品大国，调味品区域性特色明显

我国已经成为了响当当的调味品生产大国，在中国的调味品市场上几乎可以找到世界上所有的强势调味品，传统调味品生产企业纷纷投资进行技术改造，调味品产品的技术含量日益增强，产品质量进一步提高。外资对国内调味品市场的

渗透力度加大，但由于我国调味品消费的区域性特色明显，传统的调味品如酱油和醋等本土品牌具有相当的优势，在未来相当长时期内，国内名优品牌仍将占据主导地位，但其他调味品几乎被洋品牌所占领，整个调味品市场将出现各国的调味品与中国本土品牌共存的局面。

二　主要企业

据中国调料行业网①信息显示，不同种类调味品的主要品牌如下：

（一）传统调味品的主要品牌和龙头企业

1. 主要品牌

食醋类：恒顺、水塔、天立、珍极、保宁、宝鼎、龙门、老才臣、巧媳妇等。

酱油类：海天、加加、李锦记、太太乐、渝楚红、珍极、老才臣、灯塔、味事达、厨帮等。

腐乳类：王致和、广和、老才臣、渝楚红、华桥、鼎丰、桂林腐乳、成都罗氏腐乳、八千岁等。

目前在中国的食醋市场上，处于第一、第二名的是江苏恒顺和山西水塔，区域性品牌为天津天立、四川保宁、北京龙门、河北珍极、上海宝鼎、青岛灯塔等。另外，山西陈醋除水塔和东湖以外，近几年新崛起的品牌有山西金元公司的紫林和山西来福公司的来福，均有后来居上的趋势。其他品牌均不具备竞争的先决条件和优势。目前食醋行业的竞争格局不太明显，江苏恒顺为行业龙头，山西水塔和东湖是山西醋业的鸡群之鹤，天津独流、北京龙门和田宽和北京龙门醋、四川保宁醋成点状分布格局。预计未来8~10年，除饮料醋、保健醋市场有变化外，我国食醋消费的主体仍然是以山西为代表的陈醋、以镇江为代表的香醋和北方的米醋为主。

酱油行业是目前调味品领域竞争最为激烈的行业，每一次大的兼并重组活动无不从酱油行业开始。高档酱油形成了东西南北的发展格局：北方以河北珍极酱

① http：//tiaoliao168. com/product/product. aspx.

油、北京王致和和北京和田宽为主；南方以广东海天、致美斋、美味鲜、李锦记、福金香、美味源为主；西部以大王酱油和千禾香为主；东部以淘大和统万为主。随着酱油生产市场的发展和消费水平的提高，一批二三线品牌脱颖而出，如山东淄博的巧媳妇食品有限公司，通过扩大产能和贴牌生产，由年产5000吨的小厂，发展到年产酱油、食醋、豆酱5万吨的大型企业，年产值由3000万元到2亿元，用了不到4年的时间。今后几年，巧媳妇的产能将以每年40%的速度递增，力争2010年实现年产值5亿元的宏伟目标；北京的龙菲公司，2006年新增酱油生产能力2万吨，老才臣公司在腐乳发展的基础上已形成4万吨酱油、食醋生产能力，这两家公司的主要销售市场都在北京；浙江绍兴的至味公司依托“酱缸文化”战略，2006年有3万吨母子传统酱油和“玫瑰米醋”生产能力入市。湖南加加集团公司在经过8年时间进入“中国酱油十强”后，2006年在河南郑州的10万吨酱油生产企业投产；北京王致和公司2006年在北京新建投产酱油生产能力5万吨，力图“收复失地”，形成新的竞争态势；石家庄珍极公司除在河北省全面扩张、形成规模占据主要市场外，正伺机向西北等地延伸。我国的国产酱油占据主要地位，但我国酱油生产工艺难有实质性的突破，预计未来10~15年内，酱油生产仍然是以北方的“低盐固态工艺”和南方的“高盐稀态工艺”为主。

2. 主要龙头企业的生产状况

江苏恒顺集团有限公司始建于1840年，设有国家级的博士后工作站，下辖数十家子公司。2001年A股上市，是国内食醋业首家上市公司。主要生产香醋、酱油、酱菜和色酒等近200个品种的系列调味品，2008年主营的调味品产能增长了20%。

山西水塔老陈醋股份有限公司是中国食醋行业10强品牌企业，先后投资千万元上马了现代化的老陈醋生产线，推出了水塔牌陈醋、老陈醋、风味醋、保健醋、饮料醋、精品醋等多系列产品。

广东美味鲜调味食品有限公司①是中炬高新的控股子公司，是专业生产调味品的现代化大型企业。主要生产厨邦系列、美家系列、美味鲜岐江桥系列产品，生产经营的产品有：酱油、鸡粉、鸡汁、蚝油、食醋、腐乳、调味酱、味精、调

① http://www.mwx.cn/index.php.op=main.

味粉九大系列，共100多个品种。2008年7月，公司生产的厨邦牌酱油获许成为“人民大会堂宴会用酱油”，是全国同行业中唯一获此殊荣的产品。

（二）复合调味品和香辛调味品主要品牌和龙头企业

1. 复合调味品和香辛调味品的主要品牌

鸡精类：太太乐、冰花、莲花、加加乐、红梅、百味佳、品品味、渝楚红。

味精类：太太乐、冰花、莲花、红梅、渝楚红。

复合调味料类：十三香、李锦记、味达美、渝楚红、好人家、德馨斋、美味源。

火锅底料类：重庆红九九、渝楚红、重庆三五、顶辣。

据中国调味品网站统计，2006年1～11月，全国味精总产量为1232113吨，累计同比增长21.04%①。2006年1～11月，全国味精制造企业单位数78个，工业总产值为16859028千元，工业销售产值为16638978千元，占工业总价值的98.7%②。2007年1～12月份，全国味精总计达到1912922吨，累计同比增长16.6%。③ 2008年1～11月份，全国味精总产量达到1694728吨。全国味精制造行业规模以上工业企业有96家，其中亏损22家；主营业务收入为22788676千元，累计同比增长27.04%；利润总额2432160千元，累计同比增长31.58%；全部从业人员平均数为53543人，累计同比增长-4.32%④；工业总产值累计31038313千元，累计同比增长25.37%，其中新产品产值为460139千元；工业销售产值（现价值）本年累计29939497千元，占工业总产值的96.45%，累计同比增长26.61%。

复合调味料是以多种调味料为原料，经特殊的风味设计，以一定的配方，进行工业化规模生产的新型调味产品。它可以直接应用于家庭或餐饮业中的菜肴烹调和佐餐，也能直接应用于方便食品、肉制品加工、休闲食品等食品工业生产中。

据国家统计局统计数据显示，目前，我国复合调味料的年产销量已经达到150万吨，品种达到了上千种，出现了王守义、太太乐、珍极、阿香婆、巧厨

---

① http://www.chinacondiment.com/news/news_zs/yjxw/20070123100730.htm.

② http://www.chinacondiment.com/news/news_zs/yjxw/20070123100926.htm.

③ http://www.chinacondiment.com/news/news_zs/yjxw/20080327105913.htm.

④ http://www.chinacondiment.com/news/news_zs/yjxw/20090123094847.htm.

娘、川崎等多个知名品牌。我国复合调味料的发展，起始于20世纪80年代。当时，天津副食调料公司开发的“八菜一汤”调料，是根据我国传统菜肴和消费习惯开发出来的，冠名为复合调味料，在业界曾引起轰动。但最终没有发展起来，其主要原因是和传统菜肴结合得太紧密，无法完成产业化生产进程。

全球最大汤品制造和行销商的美国金宝汤（年销售额达73亿美元），联手太古集团，借用可口可乐在广东的相关销售渠道，以适合本地化的中式汤品进军内地，并实现本地化生产。中国已成为金宝汤全球投资最重要的发展地区，未来10年中国市场销售额将超过10亿美元。金宝汤旗下的史云生（Swanson）此前就已进入香港市场，并推出清鸡汤、全天然鸡汤、上品鲜贝汤等适合粤菜烹煮需求的产品，目前占据香港液态汤品市场超80%份额。而金宝汤旗下的蘑菇汤等西式汤品，也一直以进口的方式在中国部分一线城市销售，但一直未在中国推出本地化生产的罐装羹汤。展望未来，金宝汤可能将成为汤品领域的主导品牌，而中国将在金宝汤全球120个国家的销售榜中排名前列。汤料的品牌和产品开发还是国外品牌占据主要地位。

2. 主要龙头企业的生产状况

王守义十三香调味品集团创始于1984年，目前是我国最大的纯天然调味品生产企业，在纯天然调味品行业中独占鳌头，产品形成了家喻户晓、老少皆知的知名品牌。主要生产香辛料，研制开发了麻辣鲜、包子饺子调料、炖肉料、鸡精、炖鸡料、炖鱼料、凉拌菜调料、炸鸡料、精姜粉、孜然粉、海鲜调料、白胡椒粉等40多个品种100多种规格的王守义清真系列调味品。

上海太太乐食品有限公司是中国驰名的食品企业之一，是全球最大的食品公司——瑞士雀巢公司大家庭的一员，是一个集生产、销售、研发于一体的综合性企业，并拥有全国性的销售网络。主要产品中的鸡精、味精已成为中国鸡精业的第一品牌。

联合利华食品有限公司最大的食品品牌——家乐是世界上著名的汤料产品品牌之一，遍及全球100多个国家，产品涵盖汤类、汁酱类和调味料类等。1886年，当德国人卡尔·家乐创制出第一个汤料块，便奠定了汤粉产品最早的雏形，也就造就了一个卓越品牌——家乐；1993年，家乐产品来到中国，强势推出家乐鸡粉，引导全新健康概念，是最早进入中国市场的国际调味品品牌之一，也是鸡粉类产品第一品牌。

三 存在现象和问题

（一）生产技术落后于国际水平，高端产品占据的市场份额较小

酱油生产虽然起源于我国，但传统的中国酿造酱油技术率先在日本完成了工业化进程，我国调味品生产和工艺水平总体上与国际水平存在着差距。以酱油来说，全国酱油市场规模达500万吨，但大型企业生产量只占4%，大部分产品都是由分散的小企业甚至小作坊生产。目前，虽然我国酱油的产量已居全球首位，但优质酱油的大部分市场份额却被日本、韩国企业所占有，日本酱油已经确立了其在高档酱油市场的主导地位，而且在技术创新方面他们可以说远远地走在了我国的前面。韩国以及中国台湾现在也有后来居上之势。食醋行业发展还有广阔的空间，不应仅局限于调味品的功能，更重要的是向饮料行业延伸，充分挖掘醋的营养保健作用，开发保健醋和醋饮料，增加产品的附加值。

（二）行业技术门槛低，虽然实行了市场准入制度，但仍存在质量问题

近年来，由于调味品的行业技术门槛低，外来资本很容易进入，无论个体、集体还是合资企业相继增多，使市场需求总量趋向过剩。在狭小的生存空间中，一些调味品企业彼此竞相压价，大打价格战，导致本就收益甚微的调味产品利润更加微薄，更有甚者进行不计成本的恶性竞争，偷工减料、降低质量，粗制滥造、以次充好，假冒伪劣大行其市，这样不但造成了市场竞争的严重无序，更使调味产品的利润、档次极度降低，企业很难创造出高质量、高效益品牌。

自从实行市场准入制度以来，几大类调味产品，如酱油、醋、味精、酱腌菜等都已纳入到这一管理制度中，从客观上提高了造假者的入市门槛，保护了著名品牌生产企业和消费者的权益。然而，当前调味品行业中仍存在以下质量问题①。

---

① 参考 http：//www. cfda. com. cn/NewsDetail. aspx. id =2819，《调味品行业质量分析报告》。

1. 酱油产品

酱油按是否添加酸水解植物蛋白调味液，有“酿造”与“配制”之分，并应在商品标签上必须标明是酿造酱油还是配制酱油。酿造酱油是由原料发酵制成的，是不得添加酸水解植物蛋白液的；而配制酱油中虽可以添加酸水解植物蛋白液，但酿造酱油的比例也必须占50%以上。个别企业为了降低成本，混淆“酿造”与“配制”的定义，在消费者不知情并对食品的品质认识不足以及贪图便宜的心理操控下，反而使配制酱油成为当前市场销售的主体，制约了酿造酱油的健康发展。

2. 食醋产品

食醋也有与酱油相类似的“酿造”与“配制”问题，这主要是通过是否添加食用冰乙酸来进行区分。食用冰乙酸是以粮食为原料通过生物发酵而生产的一种食品添加剂。有个别生产企业缺乏技术改造的动力，对改进工艺，提高产品质量的技术不感兴趣，而过多地把精力放在提高“经济效益”上，急功近利、不正当竞争，甚至违法使用工业冰醋酸来代替食用冰醋酸，这样不仅给食品安全带来隐患，还使一些有生产规范的食醋企业受到了不应有的冲击，权益难以得到保护。

3. 味精

味精生产的工业化程度是相对比较高的，其质量问题主要是谷氨酸钠的含量是否达到明示的要求，以及味精生产企业的用水和排污处理是否达到国家要求等。

4. 酱腌菜

酱腌菜生产的设备和工艺技术水平的提高比较迟缓，科技研究相对滞后。此类产品质量安全隐患取决于原料蔬菜的选购，以及基本调味料（酱油、食醋、食盐等）的质量水平。选用的蔬菜新鲜程度是否满足工艺的需要，蔬菜是否受到过污染，采用的食盐、酱油、食醋是否符合质量要求等问题都是需要酱腌菜生产企业重视的问题。另外还存在腌制过程中，腌制工艺的控制能否使亚硝酸盐含量符合国家标准要求；在灭菌、成品包装等工序中加强管理，使产品的大肠菌群、致病菌等卫生指标符合要求的问题。

虽然上述这些问题只是极少数个别现象，但它能给人们心理和生理造成危害。要解决这些潜在的质量问题，不仅要加大科研开发力度，还要加强对食品生产的原辅料和产品的监管，以保证调味品行业健康的发展。

（三）我国调味品的市场规模大，但市场集中度非常低，地方品牌居多

由分散到集中，是世界调味品行业发展的大走势。目前在国际市场，鸡精的生产已达到规模化、垄断化，著名品牌约有10个，在日本、美国等市场，鸡精只有两三个主要品牌。在我国，由于受地方风俗和个人口味喜好的差异性影响，调味业主要以地方品牌居多。随着改革开放的不断深入和市场经济的发展，虽然一些企业已逐步发展为区域性品牌，产品已辐射到部分临近的市场，但真正意义上的全国性品牌并不多。鸡精行业、酱油行业已表现出朝着规模化、垄断化的趋势发展，目前我国最大调味品公司市场占有率只有5%，实际上，国内几家知名的调味品企业，在区域市场的单品占有率上已经超过50%，但全国占有率还偏少。就“四大名醋”而言，主要是在各自的区域呈主流消费。中国市场监测中心网站的数据显示，2007年，中国酱油、食醋及类似制品的制造企业50强①企业的市场占有份额普遍小于3%；中国其他调味品、发酵制品制造企业50强②企业的市场占有份额都在1.5%以下；中国味精制造企业50强③企业市场占有份额都达不到2.5%。

目前，国内调味品制造业主要集中在上海、广东、山东、北京、山西、四川等省市，其中上海拥有市场份额达30%以上，有上海太太乐、上海味好美等较多知名企业，其他地区如广州致美斋、北京王致和等亦表现不俗。从品牌结构来看，能在全国市场叫响的品牌比例不到1%，当然这与产品的风味、企业的规模、品牌的价值、地区的差异有关，不过，也与调味品企业追求眼前利益的短期行为，不重视市场需求和强化现代营销等因素有直接的联系。因而，长期局部作战、市场范围不广、品牌知名度弱是调味品业一个严峻的现实问题。

从整个行业现状来看，我国调味品市场发展规模和潜力还很大，但市场集中度比较低，品牌的影响力小。据中国调味品协会统计，中国食醋行业还有着很明

① http：//www. chinammn. com. cn/zh/3/2007 – 8 – 8/2338. htm.

② http：//www. chinammn. com. cn/zh/3/2007 – 8 – 8/2333. htm.

③ http：//www. chinammn. com. cn/zh/3/2007 – 8 – 8/2312. htm.

显的地域分布特点，主要集中在江苏、山西、山东等地，全国性的大型食醋企业基本没有形成。目前我国食醋年产量在250万吨左右，生产企业却高达6000家，其中品牌企业产量约占30%，中小企业产量却占到70%左右，仅在山西一省，食醋制造企业就有大小不等的1100多家。2006年，前10名食醋制造企业生产总量只占全国食醋总量的11.5%，作为领头羊的恒顺产量也只有8万吨，市场占有率约为4%。况且，在整个调味品行业中食醋所占份额很小。2006年，我国调味品销售收入前10名企业中，以食醋为主业的仅有恒顺醋业，其他企业多为酱油、复合调味品企业。随着国际化、专业化的并购重组，调味品行业的集中度将逐步提高，中小企业的优胜劣汰也将加速，但是由于区域性强势品牌的长期存在，全国性品牌的扩张道路将非常艰难。

（四）高成本、低收益，产品价格受原料价格波动影响，整体涨价的幅度有所上升

调味品企业是以农副产品深加工为主，受原料市场价格与人们消费水平影响较大，产品在加工过程中生产工艺周期长、资金占用大、周转慢，且产品本身附加值也很低，因而，“高成本、低效益”一直是困扰行业发展的问题。

据国家统计局数据显示，2006～2008年，由于受国际因素的影响，我国居民消费价格指数居高不下，其中食品类在2007年和2008年增长幅度最大，2008年食品类中油脂的增长幅度比上年增长25.4%。

我国从2007年7月起，居民消费价格单月同比涨幅均在5%以上，到2008年，居民消费价格指数呈现前高后低，1～7月同比涨幅在6%以上，8～12月增幅逐渐回落，上涨主要集中在食品和居住两大类。其中食品类涨幅都在两位数以上，食品类中的调味品上涨幅度小于整个食品类。

食品类价格涨幅从2006年的2.3%，上升到2007年的12.3%，2008年达到14.3%，对居民消费价格总水平涨幅的影响程度从2006年的51.9%，分别提升至2007年的83.9%和2008年1～7月的82.3%（见表5和图1）。

2006年9月至2008年6月，由于世界主要粮食品种价格大幅上涨，直接导致我国进口价格总水平一路走高；由于国内大豆和油料的种植面积连续减少和产量连续减产，直接导致了生产企业和使用植物油加工产品的价格快速上涨。国际市场主要粮食价格的上升，直接导致国内消费品价格水平上升，也推高了我国企

表 5　2006～2008 年各种价格指数比上年涨跌幅度

单位：%

指　标	2006 年			2007 年			2008 年		
	全国	城市	农村	全国	城市	农村	全国	城市	农村
居民消费价格	1.5	1.5	1.5	4.8	4.5	5.4	5.9	5.6	6.5
食品	2.3	2.5	2.1	12.3	11.7	13.6	14.3	14.5	14.0
粮食	2.7	2.7	2.9	6.3	6.4	6.2	7.0	7.2	6.7

数据来源：国家统计局网站发布的《中华人民共和国国民经济和社会发展统计公报》，2006、2007、2008。

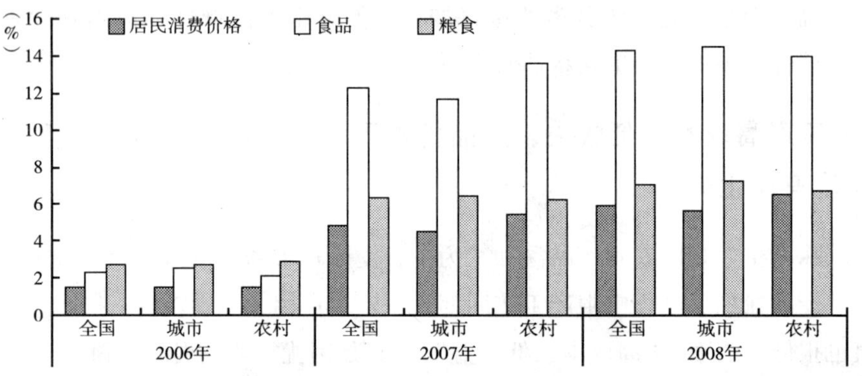

图 1　2006～2008 年各种价格指数比上年增减对比

业的生产经营成本。以农副产品为原料的调味品行业直接受其影响，价格也出现波动。

2006 年调料价格上涨，到 2007 年 8 月创下了新高，从 2008 年 5～6 月份包括海天、李锦记、味事达、致美斋等品牌在内的酱油等调味品价格普遍上涨，涨幅均在 10% 左右，而淀粉、味精、鸡肉的价格也都有所上涨，幅度接近两三成，使得鸡精、鸡粉等调味品的成本压力加剧。到 9 月份，随着原材料价格的上涨，各大品牌的调味品又刮起了新一轮的涨价风，此轮调味品价格上涨和大豆价格的走势密不可分，因为大豆是酱油、酱料、腐乳产品的主要原料。2007 年，整个调味品行业的产品虽然价格有所上涨，但并没有大幅度调价，因为相对于酒类、饮料这些行业来说，调味品行业还是比较特殊的，行业本身的利润率不高，决定了其涨价的空间也不大，大多是较小的调整。但具体到每一个企业，因其自身的产品结构和成本管理状况不同，其涨价幅度的大小就有了比较明显的区别。

（五）传统调味品占据主要市场，复合调味料市场主要被国外品牌占领

相关调查显示，中国人每年喝汤达3200亿碗，是全球最喜欢喝汤的民族，所以家庭生活离不开复合调味料，对调味品的购买力较强。随着城乡居民收入的快速提高，消费需求增长进一步加快，居民外出就餐花费持续增多，所以餐饮业的发展需要复合调味料。近20年来，我国食品工业以年均16%的增速持续发展，大大高于中国GDP增速。现代食品工业的发展也需要复合调味料，所以复合调味料蕴涵着大量的商机。而调查显示，在我国的复合调味料市场上的产品基本都是洋品牌，本土有名的复合调料品牌非常少。同时，国外汤品巨头纷纷进入中国市场，分食以即饮汤和固体汤为主的汤品市场。雀巢的美极、联合利华的家乐及日本的味之素都推出固体汤料。如今，金宝汤也一改以西式汤品为销售主力的风格，加入到中国市场。

（六）调味品行业竞争加剧，业内大企业加速整合市场

目前我国的调味品行业步入快速发展期，调味品业的增长每年都在20%以上，是食品行业中增幅最快的行业之一，市场竞争也从不饱和竞争，发展到向行业大企业集中，行业大企业开始主导市场。外资企业开始大手笔收购国内企业，形成了与民族品牌相竞争的局面。本土大型调味品企业，如海天、味事达、美味鲜、恒顺等，市场活动频繁，从产品、价格、渠道、促销方面加剧竞争，逼小企业退出市场，很多在5000万元以下的企业，要么退回到二线市场，要么在思考退出行业，或是面临被淘汰的局面。外资用资本方式整合中国市场，如酱油类：新加坡福达食品味事达、美国亨氏、日本味之素、日本龟甲万、联合利华家乐等。鸡精类：联合利华家乐、雀巢、太太乐。酱料类：香港李锦记、联合利华（家乐、四季宝）。汤料类：美国金宝（金宝、史云生）。调味汁类：雀巢美极。味精类：日本味之素。

目前国外几大食品公司都在觊觎中国的调味品市场，但至少在10～15年内还是国内品牌占据主导。因为一批经过改制后的全国品牌（包括国有、股份和私有）仍然在量上占绝对优势。除了调味品行业的寡头企业以外，一些有特色的中小企业通过差异化的竞争也将会有一定的生存空间，在调味品行业中，这些

民营企业虽然起步较晚，但起点较高，定位明确，市场意识强烈，发展很快，已经成为行业的后起之秀。

四　行业未来发展空间和趋势

近两年，由于受到国际金融危机的影响，全世界的经济增长都在放缓，各个行业受其危害也日益显现。日益发展壮大的调味品行业在这场危机中所受的影响是复杂的，一方面由于中国13亿多人口具有强大的消费市场容量，人们的一日三餐不可或缺，导致了食品工业的发展和餐饮行业的兴旺，加之相关政策的支持及其市场经济的完善，中国的调味品市场仍有广阔的发展空间；另一方面，因受上游原材料价格不断下跌的影响，据国家统计局的数据显示，在2008年下半年虽然居民消费价格指数中食品的升高幅度有所下降，但调味品行业的居民消费指数升高幅度仍然较大，使得调味品行业企业的利润空间增大。

我国调味品行业目前进入了一个大转变、大调整和大分化时期。一方面是与国际接轨的专业化并购，另一方面是传统产业在发展过程中面临国际企业竞争的困惑与问题，调味品行业需改善不足，以减少大发展道路上的阻碍因素。龙头品牌将逐渐抛弃价格战，以产品的质优、健康和企业效益为发展重点；而中小企业将采取跟随策略。调味品产品将更趋向中高档化，多元化趋势渐显，调味品原料也将越来越丰富。调味品产品在重视口味的基础上更加重视营养健康，传统的调味品以及复合调味料都呈现出专业化发展趋势，针对某种特定的烹饪功能，或是特定菜式来生产某种调味料，市场进一步细分，以此做大做强调味品这个小产品，使其有更大市场空间。

1. 我国有13亿多人口，是全世界最大的调味品消费市场，一方面随着我国国力的增强和国际交往的增多，我国餐饮业中的中餐在全世界的普及率越来越高，调味品产业也日益成为食品工业的新亮点，发展前景非常广阔；另一方面，调味品目前最主要的销售渠道就是餐饮业，餐饮业的快速发展带动了调味品的发展，为调味品企业发展提供了极好的发展机遇。

2. 随着我国国家相关政策的出台和农民可支配收入的持续提高，特别是商务部的“万村千乡”工程及彻底废除农业税，并加大对农业的扶持力度等各项惠民政策和措施的实施，使调味品行业和其他行业一样，在广大的农村市场同样具有非常大的诱惑力和广阔的发展前景。

3. 随着经济发展，人民工作生活节奏的不断加快，人民对生活质量的要求将更高，不同类型餐饮业进入大众生活，调味品将呈现出多元化和更专业化的发展。

4. 随着我国市场经济的完善和行政管理体制的改革，一些专业协会和中介组织的成立为调味品行业的发展和壮大提供了支持和保证。

随着人民生活水平的提高，大众对调味品品种及品质的要求越来越高，市场上酱油、醋、酱、腐乳等传统型调味品的增长有限，而调味品新的品种会层出不穷，产品结构将会有明显的调整。从调味品的行业特点来看，主要用于家庭厨房、餐饮业和食品加工业三个方面，用于餐饮业的比重越来越大，它们的迅速发展带动了整个调味品产业的发展，呈现如下几个发展趋势：

（1）传统型调味品向高档型转变，产品结构进一步向高端化发展，并加大对各种产品衍生品的开发。

（2）复合调料向营养型、方便型、健康型和特色型发展，复合调味品衍生产品开发具有非常大的市场空间。

（3）加大方便面调料和汤料的开发力度，中国特殊的国情和人民独特的生活习惯使得汤料市场前景广阔。

（4）调味料向快餐型食品发展，人民生活节奏的加快，使得快餐型食品消费增加，调味料的发展方向也要随之转变。

（5）新型味精、鸡精产品的开发和生产。

总体上，传统调味品如酱油、食醋的产量保持稳定，产销两旺；调味品新产品层出不穷，产销量逐年上升，具有广阔的市场空间和发展前景。调味品将向多样化、营养保健化、方便化的方向发展。多样化、多功能、专业化的产品将更能满足不同地区、不同阶层消费者的需求，未来 5 年，随着食品业和餐饮业的发展，调味品、发酵制品行业将会在现有基础上有更快的发展。

我国饮料制造业运行情况

赵京桥*

摘　要： 本章概述了饮料制造业整体运行情况，并对酒类制造业等重点行业进行了进一步剖析，探索了饮料制造业的发展前景。

关键词： 饮料制造业　增长速度　行业结构　重点行业

一　整体运行情况

（一）产业增长速度进一步放缓

1. 工业总产值

我国饮料制造业在我国经济高速发展和人民生活水平提高的宏观背景下，一直保持高速增长态势。2007 年，全国饮料制造业规模以上工业企业工业总产值达 5086.15 亿元①，同比增长 29.77%，增速比上年同期增加了 4.39 个百分点。这一方面得益于我国经济的高速发展；另一方面股市、楼市带来的财富效应，大大推动了居民的消费。其中，酒类制造业是饮料制造业中产值最高的，达 2619.19 亿元，增长 22.98%；其次为软饮料制造业，同比增长 31.58%，产值达 1289.59 亿元；精制茶加工增长速度最快，同比增长 53.17%，产值达 259.47 亿元。

而在 2008 年，我国经济宏观环境发生了剧烈变化，在美国金融危机影响下，宏观调控目标从年初的“防止经济过热”和“防止通货膨胀”转变为“保持经

* 赵京桥，中国社会科学院财政与贸易经济研究所信息服务与电子商务研究室研究人员，服务经济与餐饮产业研究中心信息部主任，主要关注我国餐饮产业的发展，曾获中国商业联合会商业科技进步奖。

① 以下数据均为规模以上工业企业（年主营业务收入在 500 万元以上工业企业）数据。

济稳定增长”，股市楼市市值大幅缩水、萎靡不振、失业率上升、消费者收入预期下降等一系列金融海啸连锁反应，使得饮料制造业增长速度迅速下滑，但在国家大力促进内需、拉动农村消费等政策措施下，饮料制造业是受金融海啸影响较小的产业，同比增长速度仍保持在20%以上，为23.96%，总产值达6276.64亿元。其中，酒类制造业保持平稳增长，产值仍是最高的，达3171.32亿元，同比增长22.49%，略低于2007年的增速；精制茶加工业增速仍为饮料制造业中最高的，但是同时也是增速放缓程度最大的子行业，增速放缓了近22个百分点。

进入2009年第一季度，受到全球经济进一步恶化的影响，饮料制造业增速进一步放缓，规模以上工业企业第一季度工业总产值为1590.96亿元，同比增长14.5%，比2008年同期增长速度减少近15个百分点，环比已经连续两个季度呈下降趋势（见表1和图1）。

表1　2006年至2009年第一季度饮料制造业规模以上工业企业产值完成情况

	2006年（亿元）	同比增长（%）	2007年（亿元）	同比增长（%）	2008年（亿元）	同比增长（%）	2009年第一季度（亿元）	同比增长（%）
饮料制造业	3902.25	25.38	5086.15	29.77	6276.64	23.96	1590.96	14.5
酒类制造业	2129.74		2619.19	22.98	3171.32	22.49	843.94	14.1
软饮料制造业	1360.35	24.64	1823.92	31.4	2300.06	25.16	559.85	15.6
精制茶加工业	155.59	32.44	259.47	53.17	350.27	31.36	70.74	34.2

资料来源：作者根据国研网行业数据整理。

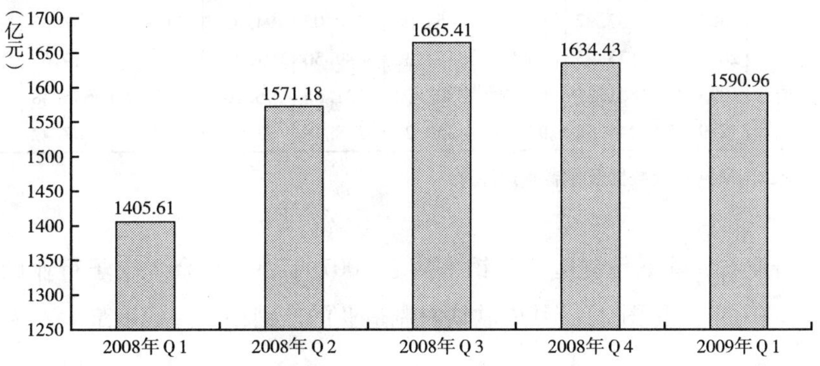

图1　2008年第一季度至2009年第一季度饮料制造业规模以上工业企业工业产值

2. 工业销售额

2007 年，饮料制造业完成工业销售额 4977.04 亿元，同比增长 29.47%，行业产销率高达 97.85%，如果刨除酒精制造业，产销率为 98.23%。其中，销售额最高的为酒类制造业，销售额达 2817.81 亿元，产销率达 107.58%，生产已经无法满足市场需求；销售额增长速度最快的为精制茶加工业，同比增长 48.24%，但其产销率只有 94.26%。

2008 年，受全球和我国经济环境影响，饮料制造业完成工业销售额 6070.14 亿元，增长 21.96%，增速比 2007 年放缓 7.51 个百分点，行业产销率为 96.71%，比 2007 年产销率减少 1.14 个百分点，这意味着生产库存增加。当然销售放缓的原因还有一部分是由于我国在 2008 年年初针对通货膨胀担忧的价格管制政策。

虽然进入 2009 年第一季度后，整个产业的产销率有了明显的提升，但是由于第一季度正是我国春节假期所在，所以 2009 年第一季度产销率与 2007 年、2008 年的全年产销率并不具有可比性（见表 2）。

表 2　2007 年至 2009 年第一季度饮料制造业规模以上工业企业销售情况

行业分类	2007 年			2008 年			2009 年第一季度		
	工业产值（亿元）	工业销售额（亿元）	产销率（%）	工业产值（亿元）	工业销售额（亿元）	产销率（%）	工业产值（亿元）	工业销售额（亿元）	产销率（%）
饮料制造业	5086.15	4977.04	97.85	6276.64	6070.14	96.71	1590.96	1560.73	98.1
酒精制造业	383.57	357.92	93.31	454.98	430.05	94.52	116.43	107.35	92.2
酒类制造业	2619.19	2573.23	98.25	3171.32	3089.50	97.42	843.95	829.60	98.3
软饮料制造业	1823.92	1801.31	98.76	2300.06	2221.86	96.60	559.85	555.38	99.3
精制茶加工业	259.47	244.58	94.26	350.27	328.38	93.75	70.74	67.42	95.3

资料来源：国研网行业数据及作者整理计算。

从子行业看，除酒精制造业产销率高于 2007 年外，其余 3 个子行业的产销率均低于 2007 年（见图 2），其中软饮料制造业的产销率下降幅度最大，为 2.16 个百分点。

从 2007 年 3 月至 2009 年 3 月产销率的走势来看，2008 年饮料制造业受经济环境和消费环境影响呈下降趋势，旺季高点逐步下降，淡季低点则更低，2008

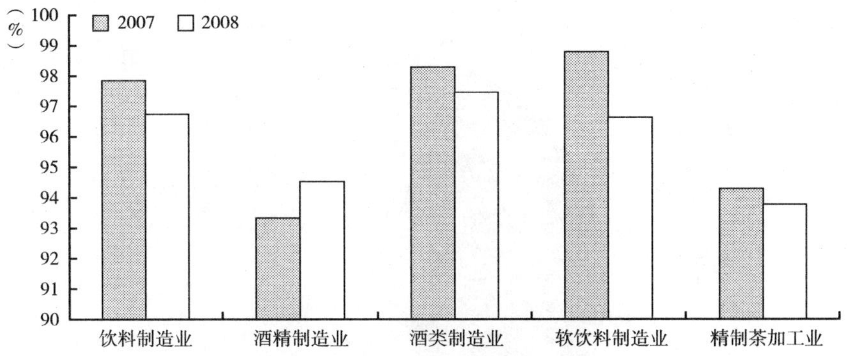

图2　2007～2008年饮料制造业规模以上工业企业产销率比较

年12月至2009年1月份，产销率受春节临近影响大幅回升，但也很难挽回销售放缓的趋势。从产销率的波动情况也可以看到，春节以及“黄金周”前夕，产销率往往会大幅提高，尤其是春节前夕。

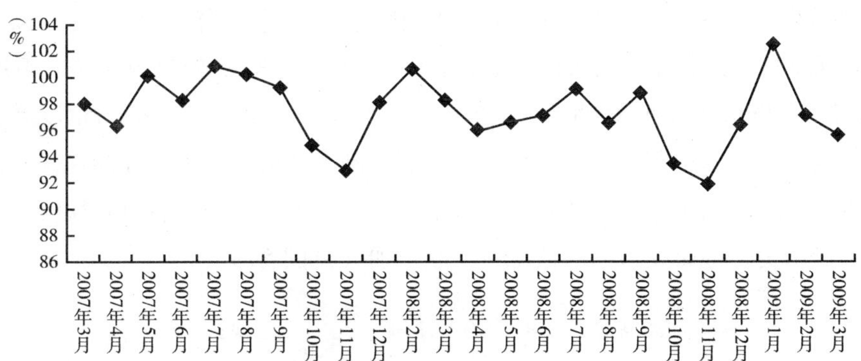

图3　2007年3月至2009年3月规模以上工业企业产销率走势

资料来源：国研网行业数据。

（二）行业结构日趋合理

从子行业工业产值绝对值来看，酒类制造业对饮料制造业的贡献最大，2008年产值贡献率仍维持在50%以上，其他依次为软饮料制造业（36.64%）、酒精制造业（7.25%）、精制茶加工业（5.58%）。

从子行业产值贡献比重的年度变化来看（见图4），酒类制造业的比重从

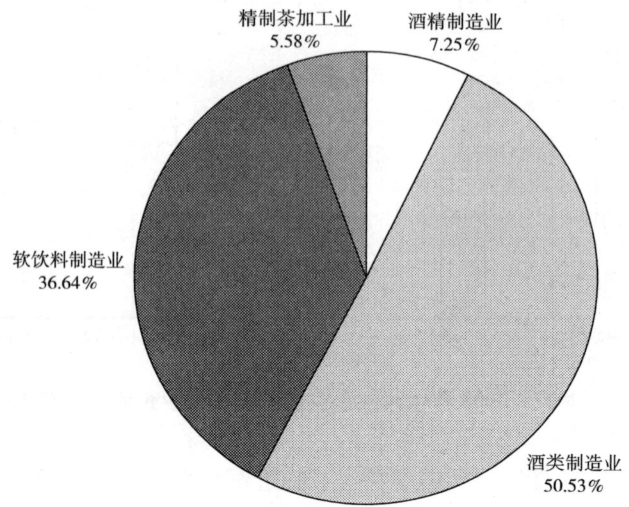

图 4　2008 年饮料制造业子行业规模以上企业产值比重

2006 年度的 54.58% 开始呈下降趋势，到 2008 年其比重下降至 50.53%，而软饮料制造业和精制茶加工业的产值比重则呈上升趋势，分别从 2006 年度的 34.68%、3.99% 上升至 2008 年的 36.64%、5.58%。从产业发展的角度看，我国软饮料制造业和精制茶加工业正以高于酒类制造业的发展速度在高速发展；从消费者消费结构的角度看，随着消费者生活水平的上升，消费者对软饮料、茶饮料等非酒精类、健康类饮品的需求在不断增加（见图 5）。

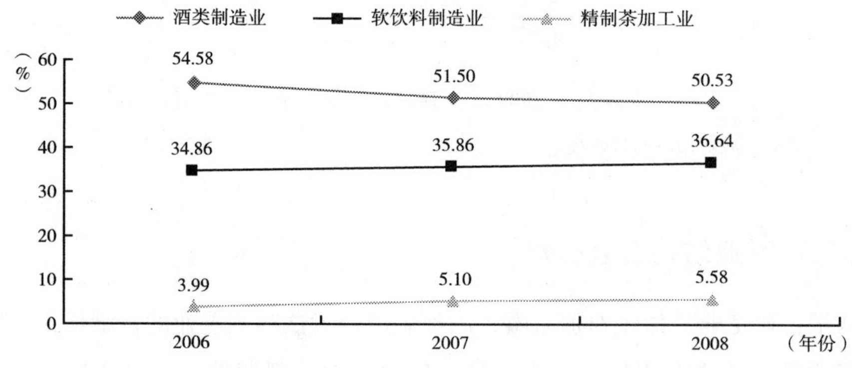

图 5　2006～2008 年饮料制造业子行业结构变化

资料来源：国研网行业数据。

二 重点行业——酒类制造业

酒类制造业是饮料制造业中工业产值最大的行业，其中又大致可以分为白酒制造业、啤酒制造业、葡萄酒制造业及其他酒类制造业。

2008 年，白酒制造业、啤酒制造业产值增速放缓，产值分别达到了 1652.24 亿元、1141.19 亿元，增速分别为 29.01% 和 13.2%，其中啤酒增速放缓幅度最大，增速下降了 5.43 个百分点；而葡萄酒制造业产值达到了 192.02 亿元，增长速度高达 28.2%。在白酒和啤酒制造业产值增长放缓的同时，葡萄酒制造业却呈现了加速增长的趋势（见表 3）。

表 3 酒类制造业及子行业规模以上工业企业产值

单位：亿元

	2006 年	同比增长(%)	2007 年	同比增长(%)	2008 年	同比增长(%)
酒类制造业	2129.74		2619.19	22.98	3171.32	22.49
白酒制造业	1014.26	28.48	1289.59	31.58	1652.24	29.01
啤酒制造业	881.17	16.33	1031.18	18.63	1141.19	13.2
葡萄酒制造业	123.61	21.74	148.98	22.75	191.02	28.2

资料来源：国研网行业数据。

从酒类制造业结构上看，我国白酒制造业规模最大，而且产值比重在逐步提升，2008 年白酒制造业规模以上企业产值比重达 52.1%，比 2007 年的 49.24% 增加约 2.8 个百分点；啤酒制造业是第二大酒类制造业，2008 年产值比重达 35.98%，比 2007 年减少近 3.3 个百分点；葡萄酒在我国酒类制造中属于新兴产业，发展速度很快，2008 年产值比重已达 6.02%，比 2007 年略有提升（见图 6）。

从酒类制造业的销售情况来看，2008 年酒类制造业工业销售额为 3089.5 亿元，增长 20%。其中白酒制造业销售额为 1574.91 亿元，增长 26.8%，产销率为 95.32%，比 2007 年产销率减少约 1 个百分点；啤酒制造业销售额为 1151.8 亿元，增长 10.7%，产销率为 100.93%，比 2007 年产销率提高 0.05 个百分点；葡萄酒制造业销售额为 182.5 亿元，增长 24.3%（见表 4）。

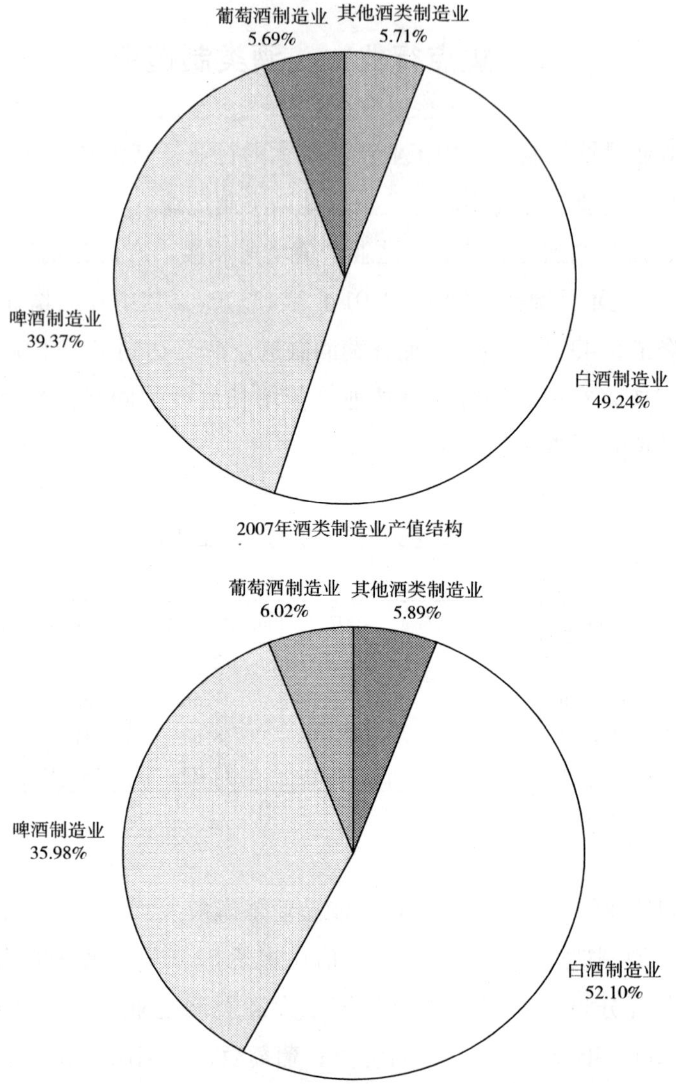

图6　2007 年和 2008 年酒类制造业规模以上企业产值结构变化

虽然葡萄酒制造业产值在整个行业增速放缓的趋势中保持了加速增长的趋势，但由于我国葡萄酒制造业发展仍处于起步阶段，在酒类制造业中的比重依然较低；传统的白酒制造业在经济增速放缓的宏观经济环境下，不管是生产还是销售，都成为拉动酒类制造业增长的主要动力。

表4　酒类制造业规模以上工业企业销售情况

	2007年			2008年		
	工业产值（亿元）	工业销售额（亿元）	产销率（%）	工业产值（亿元）	工业销售额（亿元）	产销率（%）
酒类制造业	2619.19	2573.23	98.25	3171.32	3089.50	97.42
白酒制造业	1289.59	1241.96	96.31	1652.24	1574.92	95.32
啤酒制造业	1031.18	1040.23	100.88	1141.19	1151.80	100.93
葡萄酒制造业	148.98	146.81	98.54	191.02	182.50	95.55
其他酒类制造业	149.44	144.23	96.51	186.78	180.29	96.50

资料来源：国研网行业数据。

我国农产品市场的基本情况

孟　晔*

摘　要： 本章概述了我国农林牧渔业的总体发展态势、结构构成，分析了农产品产量，最后预测了农产品价格走势。

关键词： 农林牧渔业　农产品产量　农产品价格

一　我国农林牧渔业总体发展态势

2007 年，我国种植业、林业、牧业、渔业（以下简称农林牧渔业）总产值为 48892.96 亿元，2003～2007 年年均增长 13.28%。2007 年，相应的增加值为 28095.00 亿元，2003～2007 年年均增长 12.75%，其占 GDP 的比重由 12.8% 下降至 11.26%。2003～2007 年的具体情况见图 1 和表 1。

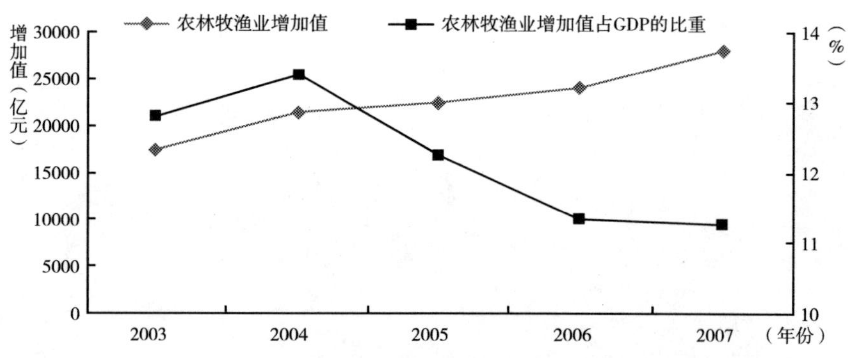

图 1　2003～2007 年我国农林牧渔业增加值及其占 GDP 的比重

资料来源：国家统计局、农业部官方网站相关信息及作者的整理计算。

* 孟晔，现为中国社会科学院财政与贸易经济研究所研究人员，主要关注信息产业、餐饮产业、全球治理等问题。

表 1　2003～2007 年我国农林牧渔业总体增长状况

年　份	农林牧渔业总产值(亿元)	农林牧渔业增加值(亿元)	GDP(亿元)	农林牧渔业增加值占 GDP 的比重(%)
2003	29691.80	17381.72	135822.76	12.80
2004	36238.99	21412.73	159878.34	13.39
2005	39450.89	22420.00	183217.40	12.24
2006	40810.83	24040.00	211923.50	11.34
2007	48892.96	28095.00	249529.90	11.26
年均增长率(%)	13.28	12.75		

资料来源：国家统计局、农业部官方网站相关信息及作者的计算。

从表 2 中我们可以看出，全国用于农业生产的耕地面积有所减少，从 2003 年的 1.234 亿公顷减少为 1.217 亿公顷，减少了 165.7 万公顷；同期，全国农业就业人数也呈下降趋势，从 2003 年的 3.655 亿人下降为 3.144 亿人，减少了 5102 万人。

表 2　2003～2007 年农业耕地资源及就业人数变化情况

年份	耕地面积(千公顷)	就业人数(万人)	年份	耕地面积(千公顷)	就业人数(万人)
2003	123392.2	36546	2006	121800.0	32561
2004	122444.3	35269	2007	121735.2	31444
2005	122066.7	33970			

资料来源：国家统计局官方网站相关信息。

二　农林牧渔业的构成状况

在 2003～2007 年我国农林牧渔业各业产值占比中，种植业的份额最大，牧业次之，渔业再次之，而林业比重则最小。2007 年，种植业、牧业、渔业、林业占农林牧渔业总产值的比重分别为 50.43%、32.98%、9.12% 和 3.81%。2003～2007 年，按产值计算的年均增长率，种植业最高，为 13.48%%，其次为牧业，为 14.03%，林业为 10.69%，而最低为渔业，为 9.18%。2003～2007 年各业产值及比重的具体数据及变化趋势见图 2 及表 3。

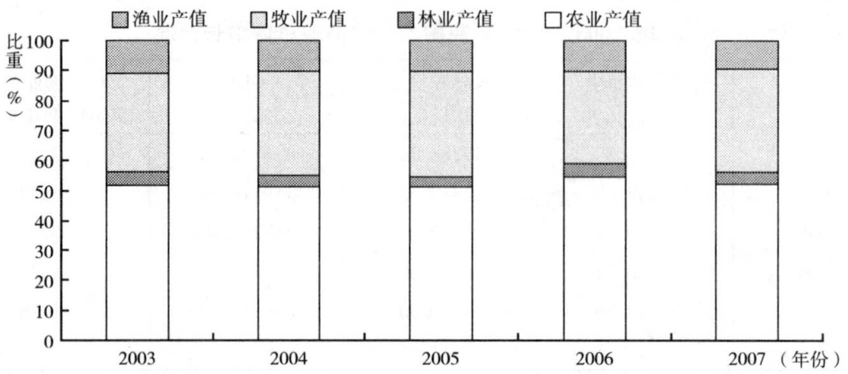

图2　2003～2007年农林牧渔业总产值中各业比重变化情况

资料来源：国家统计局、农业部官方网站相关信息及作者的整理计算。

表3　2003～2007年我国农林牧渔业中各业比重（按产值计算）

年份	总产值（亿元）	种植业产值（亿元）	占比（%）	林业产值（亿元）	占比（%）	牧业产值（亿元）	占比（%）	渔业产值（亿元）	占比（%）
2003	29691.80	14870.10	50.08	1239.90	4.18	9538.80	32.13	3137.6	10.57
2004	36238.99	18138.36	50.05	1327.12	3.66	12173.80	33.59	3605.6	9.95
2005	39450.89	19613.37	49.72	1425.54	3.61	13310.78	33.74	4016.1	10.18
2006	40810.83	21522.28	52.74	1610.81	3.95	12083.86	29.61	3970.5	9.73
2007	48892.96	24658.10	50.43	1861.64	3.81	16124.90	32.98	4457.5	9.12
年均增长率(%)	13.28	13.48		10.69		14.03		9.18	

资料来源：国家统计局、农业部官方网站相关信息及作者的整理计算。

三　农产品产量情况

（一）种植业产品产量情况

2003～2007年，农作物播种面积有所增加，但增加速度不快，其中主要是以稻谷、小麦、玉米为主的粮食作物播种面积增加为主，此外棉花、糖料以及茶园和果园面积也有所增加，而粮食作物中的豆类、薯类，以及油料、麻类、烤烟等经济作物和蔬菜的播种面积则有不同程度的减少（详细情况见表4）。

表 4 2003～2007 年种植业及主要作物播种面积

单位：千公顷

年 份	2003	2004	2005	2006	2007	变化趋势
农作物播种总面积	152415	153553	155488	152149	153464	增加
粮食作物	99410	101606	104278	104958	105638	增加
谷物	76810	79350	81874	84931	85777	增加
稻谷	26508	28379	28847	28938	28919	增加
小麦	21997	21626	22793	23613	23721	增加
玉米	24068	25446	26358	28463	29478	增加
豆类	12899	12799	12901	12149	11780	减少
薯类	9702	9457	9503	7877	8082	减少
油料	14990	14431	14318	11738	11316	减少
花生	5057	4745	4662	3960	3945	减少
油菜子	7221	7271	7278	5984	5642	减少
棉花	5111	5693	5062	5816	5926	增加
麻类	337	332	335	283	263	减少
黄红麻	41	32	31	31	33	减少
糖料	1657	1568	1564	1567	1802	增加
甘蔗	1409	1378	1354	1378	1586	增加
甜菜	248	190	210	189	216	减少
烟叶	1264	1266	1363	1189	1164	减少
烤烟	1139	1145	1245	1088	1066	减少
蔬菜	17954	17560	17721	16639	17329	减少
茶园面积	1207	1262	1352	1431	1613	增加
果园面积	9437	9768	10035	10123	1071	增加

资料来源：国家统计局网站相关信息。

2003～2007 年，除粮食作物中的豆类和薯类作物产量及经济作物中的麻料和油料有所减少外，其他主要粮食作物和棉花、糖料、烤烟、蚕茧和水果等产量均有所增加，而其中棉花及茶叶产量增幅较大，年均在 10% 以上（具体数据见表 5）。

2003～2007 年，种植业的主要作物的单位面积产量均有提高，这反映了农业生产效率的提升。经济作物甜菜、芝麻及棉花的提升速度最为明显，2003～2007 年年均增长率在 7% 以上（具体情况见表 6）。

表 5　2003 ~ 2007 年种植业主要作物产量

单位：万吨

年　份	2003	2004	2005	2006	2007	年均增长率(%)
粮食	43069.5	46946.9	48402.2	49804.2	50160.3	3.88
谷物	37428.7	41157.2	42776.0	45099.2	45632.4	5.08
稻谷	16065.6	17908.8	18058.8	18171.8	18603.4	3.73
小麦	8648.8	9195.2	9744.5	10846.6	10929.8	6.03
玉米	11583.0	13028.7	13936.5	15160.3	15230.0	7.08
豆类	2127.5	2232.1	2157.7	2003.7	1720.1	减少
薯类	3513.3	3557.7	3468.5	2701.3	2807.8	减少
棉花	486.0	632.4	571.4	753.3	762.4	11.91
油料	2811.0	3065.9	3077.1	2640.3	2568.7	减少
花生	1342.0	1434.2	1434.2	1288.7	1302.7	减少
油菜子	1142.0	1318.2	1305.2	1096.6	1057.3	减少
芝麻	59.3	70.4	62.5	66.2	55.7	减少
麻类	85.3	107.4	110.5	89.1	72.8	减少
黄红麻	10.0	8.7	8.3	8.7	9.9	减少
糖料	9641.6	9570.7	9451.9	10460.0	12188.2	6.03
甘蔗	9023.5	8984.9	8663.8	9709.2	11295.1	5.77
甜菜	618.2	585.7	788.1	750.8	893.1	9.64
烟叶	225.7	240.6	268.3	245.6	239.5	1.50
烤烟	201.5	216.3	243.5	225.5	217.8	1.97
蚕茧	66.7	73.1	78.0	88.2	94.7	9.14
桑蚕茧	61.1	67.7	71.3	82.0	87.9	9.53
茶叶	76.8	83.5	93.5	102.8	116.5	10.99
水果	14517.4	15340.9	16120.1	17102.0	18136.3	5.72
苹果	2110.2	2367.5	2401.1	2605.9	2786.0	7.19
柑橘	1345.4	1495.8	1591.9	1789.8	2058.3	11.22
梨	979.8	1064.2	1132.4	1198.6	1289.5	7.11
葡萄	517.6	567.5	579.4	627.1	669.7	6.65
香蕉	590.3	605.6	651.8	690.1	779.7	7.20

资料来源：农业部官方网站相关信息以及作者的整理计算。

表 6　2003～2007 年种植业主要作物单位面积产量

单位：公斤/公顷

年　份	2003	2004	2005	2006	2007	年均增长率(%)
谷　物	4873	5187	5225	5310	5320	2.22
棉　花	951	1111	1129	1295	1286	7.85
花　生	2654	3022	3076	3254	3302	5.62
油菜子	1582	1813	1793	1833	1874	4.33
芝　麻	863	1128	1054	1173	1147	7.38
黄红麻	2462	2719	2670	2781	2969	4.79
甘　蔗	64023	65199	63970	70450	71228	2.70
甜　菜	24925	30829	37523	39767	41360	13.50
烤　烟	1768	1889	1956	2072	2044	3.68

资料来源：国家统计局官方网站相关信息以及作者的整理计算。

（二）畜牧业产品产量情况

从产量上来看，2003～2007 年主要的畜牧业产品（除半细羊毛外）产量均有所提高，其中肉类制品中的羊肉、奶类制品中的牛奶、羊绒和蜂蜜的产量都实现了较快增长，年均增长率在 5% 以上（见表 7）。

表 7　2003～2007 年主要畜牧业产品产量变化情况

年　份	2003	2004	2005	2006	2007	年均增长率(%)
肉类(万吨)	6443.3	6608.7	6938.9	7089.0	6865.7	1.60
猪牛羊肉	5089.8	5234.3	5473.5	5591.0	5283.8	0.94
猪肉	4238.6	4341.0	4555.3	4650.5	4287.8	0.29
牛肉	542.5	560.4	568.1	576.7	613.4	3.12
羊肉	308.7	332.9	350.1	363.8	382.6	5.51
奶类(万吨)	1848.6	2368.4	2864.8	3302.5	3633.4	18.40
牛奶	1746.3	2260.6	2753.4	3193.4	3525.2	19.20
绵羊毛(吨)	338058.2	373901.7	393171.6	388776.8	363469.9	1.83
细羊毛	120263.0	130413.2	127862.2	131807.7	123920.4	0.75
半细羊毛	110249.2	119513.7	123067.8	116097.8	106760.1	-0.80
山羊毛(吨)	36691.7	37727.1	36903.9	40512.4	38381.7	1.13
羊绒(吨)	13528.0	14514.7	15434.8	16395.1	18483.4	8.12
禽蛋(万吨)	2333.1	2370.6	2438.1	2424.0	2529.0	2.04
蜂蜜(万吨)	28.9	29.3	29.3	33.3	35.4	5.18

资料来源：国家统计局、农业部官方网站相关信息以及作者的整理计算。

（三）渔业和林业产品产量情况

从产量上来看，2003～2007年林产品产量和水产品产量（除海水鱼类外）均有提高，其中林产品中的木材、松脂、生漆、核桃等增加显著，渔业产品（或称水产品）中的淡水鱼类和虾蟹类较其他品种增加更快（见表8）。

表8　2003～2008年主要林业和渔业产品产量变化情况

年　份	2003	2004	2005	2006	2007	年均增长率(%)
木材(万立方米)	4758.9	5197.3	5560.3	6611.8	6976.6	10.04
橡胶(吨)	565045.0	574739.0	513618.1	537983.3	588379.7	1.02
松脂(吨)	625757.0	673310.0	767134.0	908784.0	965618.0	11.46
生漆(吨)	8664.0	9641.0	14316.0	20762.0	12891.0	10.44
油桐子(吨)	372645.0	381428.3	368688.0	382989.0	361285.0	-0.77
油茶子(吨)	779492.0	874861.0	875022.0	919947.0	939096.0	4.77
核桃(吨)	393529.0	436862.3	499074.3	475455.0	629986.0	12.48
水产品总产量(万吨)	4077.0	4246.6	4419.9	4583.6	4747.5	3.88
海水产品	2332.8	2404.5	2465.9	2509.6	2550.9	2.26
鱼类	893.2	883.7	913.9	892.1	891.3	-0.06
虾蟹类	259.0	271.4	281.3	299.4	298.9	3.65
贝类	963.8	965.6	1008.1	1046.7	1068.2	2.61
淡水产品	1744.2	1842.1	1954.0	2074.0	2196.6	5.94
鱼类	1551.0	1634.4	1737.2	1822.5	1908.5	5.32
虾蟹类	119.9	132.4	140.3	167.8	202.1	13.93
贝类	46.7	46.1	46.3	50.9	50.5	1.95

资料来源：国家统计局、农业部官方网站相关信息以及作者的计算。

四　农产品价格走势

（一）种植业产品价格情况

从表9中可以看出，2003～2008年种植业各主要作物的价格走势，仅棉花2008年价格较2003年同期有所下降，价格波动幅度较大，其余作物价格均有所提高。而2008年与2007年同期相比，玉米、薯类、油料、蔬菜、水果短期价格增长放缓。从提高的速度来看，种植业产品生产价格提高的幅度低于农产品生产价格总指数（见表9及图3）。

表9 2003～2008年种植业主要产品生产价格走势

年份	2003	2004	2005	2006	2007	2008	2003～2008年增长率(%)
生产价格总指数	104.37	113.09	101.39	101.20	118.49	101.61	39.7
种植业产品	107.42	115.86	101.55	104.50	109.82	101.53	37.1
粮食	104.48	126.21	99.08	102.00	110.26	104.31	46.7
谷物	102.34	128.06	99.23	102.14	108.95	104.92	48.4
小麦	102.99	131.16	96.41	100.07	105.50	107.20	43.1
稻谷	99.89	136.30	101.57	102.02	105.43	105.96	57.8
玉米	104.58	116.92	97.97	103.02	115.04	101.80	38.2
豆类	119.33	120.29	95.70	99.29	122.62	102.15	43.2
大豆	120.62	120.17	94.24	99.17	124.17	103.16	43.9
薯类	92.87	105.75	106.14	109.72	109.04	100.12	34.4
油料	119.40	116.58	91.33	104.83	133.44	102.33	52.4
棉花	135.33	79.54	111.82	97.06	109.60	86.64	-18.0
糖料	90.50	104.86	111.57	121.13	100.00	104.29	47.8
烟叶	97.21	108.42	103.26	99.67	106.26	120.36	42.7
蔬菜	110.44	105.17	107.22	109.29	106.85	97.59	28.5
水果	102.04	98.63	107.41	111.35	101.27	97.01	15.9

资料来源：国家统计局、农业部官方网站相关信息以及作者的整理计算。

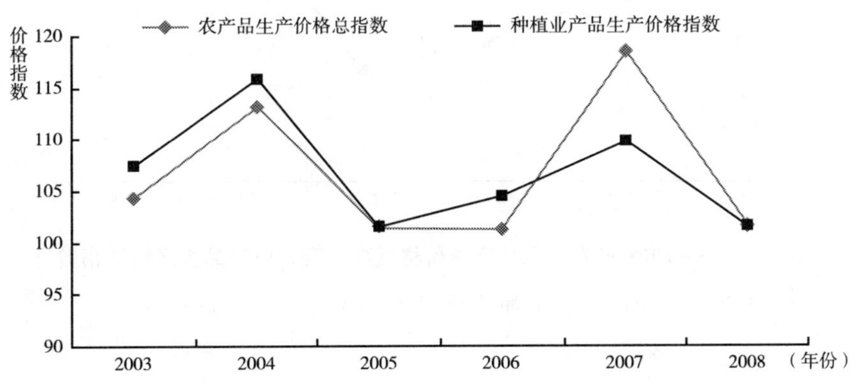

图3 2003～2008年农产品生产价格总指数与种植业产品生产价格指数

资料来源：国家统计局、农业部官方网站相关信息。

（二）畜牧业产品价格情况

从畜牧业主要产品的生产价格变化趋势来看，畜牧业主要产品 2008 年与 2003 年相比较的长期，价格均呈上升态势；2008 年与 2007 年相比较的短期，除奶类、猪肉价格下降外，其他产品增幅放缓（见表 10 和图 4）。

表 10　2003 年以来主要畜牧业产品生产价格走势

年　份	2003	2004	2005	2006	2007	2008	2003～2008 年增长率(%)
农产品生产价格总指数	104.37	113.09	101.39	101.20	118.49	101.61	39.7
畜牧业产品	101.76	111.08	100.52	94.33	131.36	100.21	38.6
猪(毛重)	102.86	112.84	97.65	90.57	145.85	93.50	36.1
牛(毛重)	101.68	103.93	101.66	100.38	117.46	113.37	41.2
羊(毛重)	96.34	103.72	101.70	101.78	121.01	110.17	43.1
家禽(毛重)	101.00	111.25	105.61	97.17	117.02	105.71	41.2
禽蛋	101.06	112.58	106.38	95.98	115.89	106.92	42.4
奶类	103.68	103.73	99.62	102.90	106.23	108.68	22.8
毛绒类	102.23	103.10	106.51	105.70	106.69	97.96	21.3

资料来源：国家统计局、农业部官方网站相关信息以及作者的整理计算。

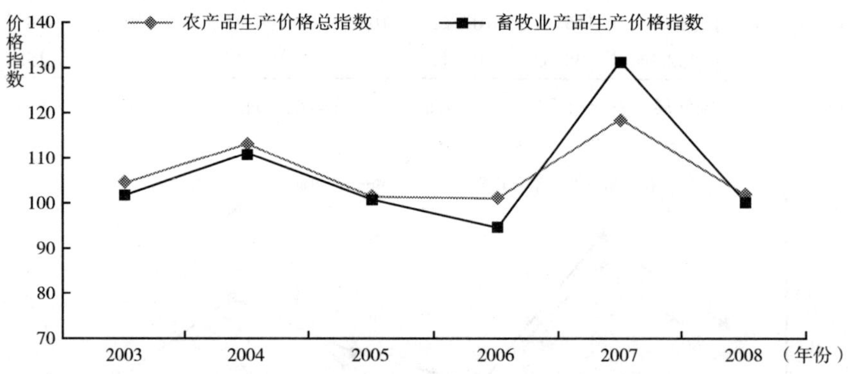

图 4　2003～2008 年农产品生产总价格指数与畜牧业产品生产价格指数

资料来源：国家统计局、农业部官方网站相关信息。

（三）林业和渔业产品价格情况

从林业、渔业产品的生产价格变化趋势来看，2008 与 2003 年相比较的长

期，表 11 中所列出的产品生产价格均呈上升态势；但 2008 与 2007 年相比较的短期，除淡水水产品外，海水水产品以及林产品价格增幅减缓或下降（见表 11 和图 5）。

表 11　2003～2008 年林业产品和渔业产品生产价格走势

年　份	2003	2004	2005	2006	2007	2008	2003～2008 年增长率
农产品生产价格总指数	104.37	113.09	101.39	101.20	118.49	101.61	39.7
林业产品	107.01	104.62	104.79	112.78	104.37	99.51	28.4
渔业产品	100.34	110.19	104.67	103.93	108.05	107.82	39.6
海水水产品	101.13	109.00	104.10	107.62	110.06	105.90	42.3
海水鱼类	103.98	109.16	104.18	109.65	110.13	108.99	49.7
海水贝类	97.80	109.17	103.28	109.22	105.55	95.34	23.9
淡水水产品	98.83	112.30	107.90	100.48	106.80	109.59	42.5
淡水鱼类	98.65	111.52	106.24	99.94	106.75	109.58	38.5
淡水虾蟹类	104.13	122.97	116.18	111.83	108.08	109.79	89.6

资料来源：国家统计局、农业部官方网站相关信息以及作者的整理计算。

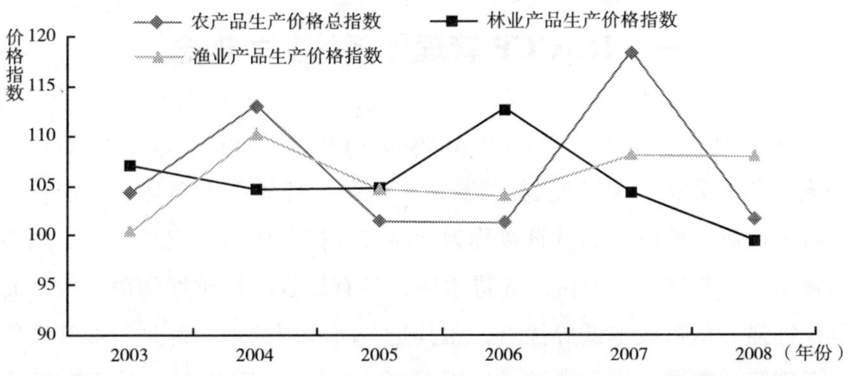

图 5　2003～2008 年农产品生产价格总指数与林业、渔业产品生产价格指数

数据来源：国家统计局、农业部官方网站相关信息。

HACCP 管理体系在餐饮安全管理中的运用

赵建民*

摘　要： HACCP 是一种以危害为关键点的食品管理制度，本章首先介绍了 HACCP 的基本理念，总结了 HACCP 管理体系的基本程序，分析了其在餐饮安全管理中的作用与必要性，最后以案例形式阐述了 HACCP 在餐饮安全管理中的运用。

关键词： 餐饮业　HACCP 管理体系　安全管理

一　HACCP 管理体系的基本理念

HACCP 管理体系是英文 Hazard Analysis Critical Control Points 的缩写，一般把它译成"危害分析与关键控制点"。由于这一管理体系主要是运用于食品、餐饮、饲料等行业，所以有的就直接称为食品安全控制体系。它是一种以危害为关键点的食品管理制度，具有国际先进水平，具有较强的科学性和逻辑性，而且具有可操作性强、运行成本低等优点，尤其是它所运用的理论都是一般常识性的东西，易于理解和掌握。管理者通过运用 HACCP 体系，可以对食品潜在的危害进行预测、预知和预防，从而实现食品安全的目的。

HACCP 是 1959 年美国的 Pillsbury Company（菲尔斯伍利公司）与美国国家航空航天局为生产安全的航空食品而创建的质量管理体系。运用这套管理系统，可以预测食品安全方面所存在的危险因素，并在问题发生前做好预防措施，而不

---

* 赵建民，山东旅游职业学院副教授，主要从事烹饪与营养、饮食文化、饮食民俗与餐饮管理领域的教学与研究工作。

再是以一般性的检查去防止和发现食品潜在的安全危害。

HACCP 管理体系的关键所在，是在事前预测和判别食品安全所潜在的问题，在每一个可能存在的危险点上建立控制措施和具体的防范方法，并从记录中确认这种控制过程是有效的。运用 HACCP 管理体系来加工生产的食品，对于最后的安全检验已经不是特别重要。事实证明，HACCP 管理体系确实能很好地起到预防食品安全问题发生的作用。如果把 HACCP 管理体系运用于餐饮菜点的烹饪过程中，同样可以有效控制菜点安全问题的出现，从而提高饮食的安全指数。

HACCP 管理体系主要涵盖两大部分：一是 Hazard Analysis 部分，也就是危害分析，可以简称为 HA；二是 Critical Control Points 部分，也就是关键控制点，可以简称为 CCP。

（一）HA——危害分析的主要内容

对菜肴烹饪加工的整个过程，也就是包括从原料的采购、初加工处理，到切料、配份、烹制、流通乃至最终把菜肴提供给客人为止，对全过程进行评估分析，从而把其中可能发生的危害性明确规定出来。

（二）CCP——关键控制点

对菜肴加工烹饪过程中可能发生危害的某一点的步骤或加工程序，制定相应的措施加以控制，就会有效地预防、完全避免或最大限度地降低菜肴等食品的危害因素，甚至可以把这种危害降低到最低的、可以接受的程度。

HACCP 管理体系是一种预防性的管理，其关键在于把菜肴加工烹饪的过程看做一种系统工程，从菜点原料到成品消费，整个过程都要确保菜点的安全。它包括原料的采购、验收、储存、加工、烹饪、成品传递到桌，每一个环节都要经过危害分析评估，以确保菜点是安全无害的。很显然，如果把这一食品安全管理体系导入餐饮食品加工，使烹饪过程的每一个环节都能确实执行 HACCP 的管理方式，那么最后呈现在餐桌上的食品一定是安全无害的。

二 HACCP 管理体系在餐饮安全管理中的作用

我国政府的相关部门，历来对餐饮食品的卫生安全非常重视，并根据我国的具体情况建立了一套较为完整的卫生安全的管理办法和管理制度，如餐饮“五四卫生制”、餐饮经营实行卫生许可证制等，1997 年又正式颁布了我国第一部食品加工、餐饮加工的法典——《中华人民共和国食品卫生法》。但这些管理方法的特点是注重于事前或事后的监督检查，以及对发生问题后的处理，而忽略了对食品整个生产加工过程的监督控制，因而有关食品卫生的安全事件时有发生。建立和完善包括餐饮食品卫生安全在内的预防性监控体系，是目前国际上流行的管理方法之一，也被证明是行之有效的食品安全管理办法。HACCP 管理体系就是目前国际上广泛使用的一种对食品卫生安全监控的管理制度。HACCP 管理体系的适应面很广，几乎适合于所有的食品加工业、餐饮业、饮料生产业、饲料加工业等。近年来，许多国家和地区将 HACCP 管理体系运用于餐饮安全的卫生管理中，也收到了非常好的效果。HACCP 管理体系在餐饮业中的运行结果表明，它在餐饮产品的卫生安全方面可以发挥巨大的作用。

概括起来分析，HACCP 管理体系对于餐饮安全管理具有如下的作用。

（一）可以有效地预防食物中毒

由于 HACCP 是一种预防性的食品安全卫生管理制度，主要以预测菜点加工过程中潜在的安全风险来进行监督、控制，并对可能发生的安全问题采取有效的预防措施，避免问题的发生或避免同样的安全问题的再次发生。因此，HACCP 的管理要点是以预防为主，它的目的是在安全问题发生前做好预防准备，以确保菜点安全的有效性。毫无疑问，目前我国餐饮业中所存在的最大的安全问题就是菜点的卫生安全。根据媒体报道的统计资料表明，我国每年发生在就餐中的食物中毒案之多，令人触目惊心，为此造成了不必要的人员死亡与巨大的经济损失。如果运用 HACCP 管理体系，对菜点的整个生产加工过程实施有效的监控，对可能发生的食品安全问题及时发现和制止，就能有效地预防由菜点的卫生安全引发的食物中毒，以达到真正保护消费者饮食安全的目的。

（二）使餐饮产品更加安全可靠

大概经常到酒店就餐的人们，或多或少都有一种心理担忧，就是酒店的菜点食品是否能够保证百分之百的安全可靠。在我国的媒体报道中，经常有在酒店用餐后引起不同程度的食物中毒事件发生。因此，有许多常到酒店就餐的客人，在进餐时是很小心谨慎的，例如有的客人从不吃酒店的拼盘冷菜，也有的客人从不吃拼摆漂亮、造型美观的水果盘。因为，这些食品很容易由于用具或工具、盛器的不洁净而发生交叉污染。客人这种对厨房卫生状况的不放心态度，不是没有道理的。事实正是如此，如果加工环境不良，或是加工人员在操作中不按卫生要求做，菜点就很有可能被污染。星级酒店和那些豪华的大酒店尚且如此，在那些一般的餐馆中，由于缺乏更有效的严格管理，其安全卫生状况尤其令人担忧。如果能在餐饮食品生产中运行 HACCP 管理体系，使餐饮管理能在生产供应中形成良好的对潜在危害食品的监控机制，将会在很大程度上减少甚至杜绝食品中毒事件的发生。

（三）改变传统餐饮食品安全的管理模式

我国对餐饮业生产经营的卫生管理，已经建立了一套比较有效的管理方法，但仍然不能避免食物中毒事件的频繁发生。其关键问题在于传统的管理模式已经不能适应新形势发展的需要。在此，不妨对传统的卫生管理制度与 HACCP 管理制度进行初步的比较（见图 1）。

传统管理制度	HACCP管理体系
注重卫生	食品安全
开业前卫生达标	注重生产的全过程
规定检查项目	判别潜在危害的原料
“五四卫生制”	关键控制点制度
习惯性环境卫生清理	关键点监控
以检查为主，阶段性	以预防为主，连续性
重视事后处理	纠正与防止再发生措施

图 1　HACCP 管理体系与传统管理制度比较

传统的餐饮业的卫生安全是以卫生检查为主要形式的管理模式，从某种意义上看，有被动的特征。因为，从菜点的用料到工艺流程的全过程，到处都有不安全的因素存在，但在这些潜在的危害因素中有危害性较大的，也有危害性较小的，但检查只能是不加分析的一视同仁，重点与非重点一样对待。这样的结果往往会忽视重点，放松了对这些重点环节的控制。

但 HACCP 管理体系则不同，它以预防为本，重视从开始到结束所有环节中的关键点，并建立对关键点的控制程序，能有效地控制潜在危害因素。这种关注事先做好预防的管理模式，虽然说也不是最完美无缺的管理方式，但至少可以最大限度地防止食品中毒事件的发生。因为，它在菜点开始加工之前，就要对潜在的危害因素进行全面分析，通过分析来确定关键控制点，也就把那些较有可能发生危害的环节确定为关键控制点，并建立对关键控制点的监控程序，由专人负责监控等。这样一来，从一开始就把所有可能发生危害的因素、环境都监控起来，起到了良好的预防作用。毫无疑问，HACCP 是一种较为理想的、新式的食品安全管理模式。

（四）可以提高就餐人员的满意度

现在的餐饮经营者，特别重视提高顾客的满意度。实际上，顾客的满意度是包括菜点安全卫生在内的一个综合的指标。仅仅有舒适美好的就餐环境、优良周到的服务以及价格适当和加工精细的食品是不够的，其中最关键的是所提供的优质服务与优质菜点必须是安全卫生的。据报道，在一次对就餐顾客的满意度的调查中，首当其冲的选项是菜点、就餐环境的卫生安全。其实，这也是人之常情，没有一个人喜欢美味的毒药。所以，杜绝菜点的所有危害性或是把这种危害性降到最低，才是提高餐饮消费满意度的基础。

三　餐饮管理中实施 HACCP 管理的必要性

（一）与国际接轨的需要

目前，食品的国际组织（如联合国、WTO、APEC 等）已经采纳危害分析与关键控制点（HACCP）管理体系，尤其是以联合国为代表的食品法典中都规定了食品的生产应当推行 HACCP 管理体系，并将其纳入国际贸易中食品质量和安全管理的规定之中。我国加入 WTO 后，包括食品生产经营在内的所有行业都要逐步融入国际统一的大市场中，包括餐饮业在内的食品加工出口，必须遵守国际统一的食品卫生管理标准和规则。因此，在我国推行 HACCP 管理体系，是包括餐饮行业在内的食品加工业走向世界的通行证。当然，如果将推行

HACCP 管理体系与 ISO9000（或 ISO14000）质量认证体系结合起来，其效果会更好。

（二）餐饮安全管理的需要

目前，我国的餐饮业、食品加工业的安全卫生管理实行的都是开业前卫生达标和事后监督制度，迫切需要在餐饮加工的运行中加强事先管理与过程控制，以消除潜在的危害因素与各种隐患，确保菜点或其他食品的安全可靠性。HACCP 管理体系就是一种以事前管理和预防为主的管理模式，因而能大大降低事后监督的繁重成本，并能提高事后监督的成效。通过推行 HACCP 管理体系，认真分析餐饮产品的关键控制点，研究预防措施，确定关键点的控制界限，制订监控和纠错措施及防止再发生措施，建立餐饮食品生产安全档案等，将有利于餐饮食品安全事件的减少和责任追究，有利于树立中式餐饮食品在国际上的信誉。

（三）生产、加工绿色食品的需要

随着人们对生命健康认识的日益提高，消费者对食品安全越来越关注。在国际上，真正的食品安全概念是“从农田到餐桌”都是安全无害的，这就要求加强“从农田到餐桌”的全程安全管理。如果在餐饮产品加工的过程中，不能有效地做到对所用食品原料潜在危害的分析，即使在工艺流程中把安全卫生控制得再好，依旧得不到安全无公害的食品、菜点等。而 HACCP 的管理由于关注事前的管理，可以有效地对所有食品原料进行危害分析，从而确定可用与不可用，并对潜在的危害因素制订控制程序等。

（四）建立和完善我国餐饮安全标准体系的需要

虽然在 1997 年我国颁布了《中华人民共和国食品卫生法》，用法律的形式规定了有关食品加工、经营的卫生安全准则，但却不能杜绝所有食品安全的隐患。尤其是我国目前餐饮业沿用至今的卫生防疫制度和餐饮业“五四卫生制”，已经滞后于时代发展的需要。对一些卫生标准和一些允许使用的添加剂品质，仍未制定严格的标准，尤其是在餐饮业中有关安全卫生方面的检测方法与标准还很不完善，根本无法为行业监督和行政执法提供技术依据，直接影响监督检测的法律效力。HACCP 管理体系对餐饮安全加工、食品生产的各个环节都提出了具体而明确的要求，这些标准和要求将成为制定餐饮、食品工艺和品质标准的动力和依据。

四 HACCP 在亚洲及我国台湾地区的运用情况

由于国际组织对 HACCP 管理体系的认可与推广，在美国、欧洲国家已广泛运用。在亚洲的日本、韩国、伊朗、新加坡及中国的台湾、香港等地区也已经广泛推广应用。

1995 年 5 月，日本在修订相关的法规中，将 HACCP 管理制度纳入食品管理的新增条例中，并制定了《综合卫生生产过程认证制度》，并首先从乳、肉及其加工产品予以实施。

我国台湾省的卫生管理部门在公布的《食品卫生管理法》中，把 HACCP 正式称为食品安全管制系统，并以此积极指导食品企业实施 HACCP 管理系统与推动国际食品的相互认证，以确保食品安全。由于 HACCP 管理制度是一项可以自主的管理制度，所以，近年来在台湾地区又将 HACCP 管理制度运用到餐饮安全卫生管理中，并制定了相关管理法案，在餐饮业、饭店业、快餐及烘焙企业中实施 HACCP 认证制度。

目前，世贸组织（WTO）的有关食品管理部门，是遵守联合国食品标准委员会（FAO/WHO Codex Alimentins Commission，简称 Codex）的规定，该委员会积极推动 HACCP 管理制度成为食品管理的世界规范。同时，APEC 也正式推动 HACCP 管理制度成为该组织基本的食品相互认证工作。

事实证明，HACCP 管理制度不仅适合于食品加工工业的安全管理，而且适合于所有食品行业的食品安全卫生的监督管理。近几年来，不仅在我国的台湾地区将 HACCP 管理制度运用于餐饮、酒店业，世界许多国家也在制定将 HACCP 管理制度运用于餐饮、酒店业安全管理的计划，并且实施 HACCP 认证制度。因此，在餐饮、酒店、快餐、烘焙等食品加工业实施 HACCP 管理制度是势在必行的事情。

我国自 20 世纪 90 年代后期开始在肉类、水产品、饲料等行业推广 HACCP 管理制度以来，已经取得了明显效果，这不仅是企业自身利益和发展的需要，也是食品加工业与世界生产标准接轨的需要。但目前在我国的餐饮、酒店等行业还未引起足够的认识和重视。中国的餐饮业，特别是快餐业要在未来的发展中走向世界，在生产管理中实施 HACCP 管理制度，建立以 HACCP 管理体系为核心的认证制度是势在必行的。

2002 年 4 月，汇源山东工厂正式通过了 HACCP 国际认证，由此成为我国国内较早获得 HACCP 认证的浓缩果汁生产企业之一。有关专家认为，汇源山东工厂取得 HACCP 认证，对汇源有着巨大而深远的影响，为产品进入更广阔的国际市场参与国际竞争、拓宽销售渠道提供了直接的保证。

五 HACCP 管理体系的基本程序

餐饮食品生产的安全卫生控制体系，必须建立在以下的基本理念之上：以有“良好的操作规范”（GMP）为基础，并通过制定和实施“卫生标准操作程序”（SSOP）计划和 HACCP 计划来分别预防、消除或降低餐饮食品安全的危害。

简单地说，“危害分析及关键控制点”（HACCP）对于餐饮食品的加工生产而言，仅仅是一种卫生安全的控制体系，是一种如何生产安全食品的普通方法。它通过判别可能的危害途径，建立适当的预防措施，并且能够保持在餐饮食品加工生产的全过程始终处于有效监控、记录中，当问题发生时，能及时找出原因并立即改正。

HACCP 管理体系是一种评估制度，可以用于判别、监控、管理食品加工生产的安全风险。HACCP 管理体系就其运营过程来说，基本上包括七大程序，也称为七大步骤。

（一）步骤一：危害分析

所谓危害分析，就是判别潜在性菜点安全危害的过程。

所谓危害是指任何可能造成危害消费者健康的风险。包括因遭受污染、微生物生长及其所分泌的代谢物而影响菜点安全或造成有毒成分的残留。这里所说的风险，就是指潜在的菜点中的安全隐患，如可能造成食物中毒等危害发生的可能性因素。

在进行危害分析时，要做到一切从严，不使任何细小的环节被遗漏，包括对原材物料、生产加工、成品传递及使用目的等。概括起来，主要有以下几个方面：

（1）检查菜单和标准菜谱；

（2）检查工作人员；

（3）查询其他方面的问题；

（4）温度测量；

（5）进行必要的理化检验；

（6）核实有关记录。

所谓危害性评估是根据对菜点危害的分析，对其可能存在的危害性进行评估，就是判断某种菜点可能导致危害发生的几率。但这种评估并不是万无一失的，因为食物中毒在任何地方都可能发生，危害性分析不可能对所有的危害完全控制。

（二）步骤二：判断确定关键控制点

在步骤一的基础上，对所有可能存在危害的点，如某个步骤、某个环节、某一温度点、某个加工程序等，确定为关键控制点，以便在运用中对其进行重点注视，并针对可能发生的危害制定相应的应对措施。

关键控制点是指能够预防、排除或降低菜点危害的一个点、一个环节、一个步骤等。它可以包含加热、加工、预防污染的作业措施，工作人员的卫生操作程序等。

在判断确定菜点加工过程中的关键控制点中，应重视做好以下几个方面：

（1）检查一切重点项目；

（2）检查作业程序中潜在的危害；

（3）菜点制作工艺流程中的检查；

（4）关键控制点控制的原则。

（三）步骤三：建立控制界限

当关键控制点确定后，就可以建立控制界限的具体标准和要求，以降低或排除潜在的危害。

控制界限就是在关键控制点（CCP）上的每一个预防性措施必须达到的标准和要求。

控制界限是基于预防性的措施而制定的量化内容，必须规格化。主要项目有：

（1）时间；

（2）温度；

（3）酸碱度（pH 值）；

（4）水分。

（四）步骤四：对关键控制点实施监控

实施监控的过程，需要每个餐厅或厨房都必须安排专门人员，负责对关键控制点的监控工作，当任何一菜点或工艺环节没有达到控制标准时，应立即进行有效纠正，并制订防止重复发生的控制措施。

1. 监控的主要目的

监控的主要目的不外乎以下三个方面：

（1）跟踪作用；

（2）测量作用；

（3）提供证据。

2. 对关键控制点实施监控

必须注意以下两点：

（1）指派专门监控人员；

（2）建立监控程序与项目。

（五）步骤五：建立纠错与防止再发生措施

HACCP 管理体系，是为食品安全控制而设计的管理方法之一，主要是为了判别食品中对人体健康所存在的潜在性的危害因素，并建立有效的预防危害发生的措施或发生时的处理方法。但是，这并不等于就可以确保菜点不会再出现安全问题。因此，当有问题发生时，就必须采取相应的纠正措施，并且能迅速制订防止类似问题再次发生的有效措施。

1. 纠正问题与防止同类问题再发生的措施

（1）决定有问题的菜点是否应该进行丢弃处理；

（2）彻底解决或改善问题发生的因素，清除根本因素；

（3）对全过程要有记录，并将其完整无缺地保存起来。

2. 建立一套有效的操作规程来立即处理问题

当监控的评估报告或是实际上已有问题出现时，就说明危害分析与关键控制点（HACCP）的管理体系未能按预期的目标达到控制标准，表示有问题发生，这就需要建立一套有效的操作规程来立即处理问题，这个规程就是“纠错与防止再发生措施”。

（六）步骤六：建立记录档案

监控运行过程中，监控人员每天都要对所有关键控制点监控的过程进行记录，并建立档案，便于工作人员了解整个的监控过程，并根据记录的问题进行及时的调整与纠正。

建立有效的记录保存与定期检查记录的制度，是确保 HACCP 正常、有效运行的重要步骤之一，也是为日后的机构确认提供可靠的资料。

（1）有效地记录应包括完整的 HACCP 计划；

（2）在监控、测量记录中，常用的是各种各样的图、表。

（七）步骤七：对 HACCP 系统的评估确认

对 HACCP 管理系统的评估确认，其实应分为自我检查与机构确认两个环节。目前国内对饲料加工、饮料加工、水产品加工等食品生产企业已经有了专门的认证机构，餐饮业实行 HACCP 管理体系也可以在这些认证机构进行认证。但认证前必须先经过自我检查。

（1）自我检查与确认程序包括的主要内容和措施；

（2）无论是自我检查还是机构确认，对检查后的整体情况都要形成一份完整的总结报告。

中餐菜品亟待进行营养改善

范志红　贾丽立*

摘　要： 本章探索了餐馆就餐与肥胖和慢性病的关系，分析了中餐的营养优势，研究了菜肴烹调的弱点及营养滋补等健康宣传缺乏科学指导等问题，最后指出了我国餐饮营养与国际潮流的差距。

关键词： 中餐　营养　改善

近年来，人民生活水平不断提高，我国城镇居民选择外出就餐的比例也大幅提高，餐饮企业成为国民经济增长的生力军。中国烹饪协会所公布的数据表明，我国的餐饮业产值每年都以两位数的速度增长，2007 年更是创下增幅接近 20% 的增长纪录。然而，在欣欣向荣的餐饮业形势背后，其中的问题也不可忽视。外出就餐给城镇居民的生活带来了便利性和幸福感，同时也对居民的营养与健康状况带来一定影响。

一　餐馆就餐与肥胖和慢性病问题

国外的相关研究表明，外出就餐和体重增加有关，西式快餐已被作为增加肥胖等慢性病发生风险的一项重要因素而得到广泛研究。一项大型研究发现，居民的体重和周围街区的餐馆密度有相当大的关联，按人口平均的餐馆密度越大，那么该地区的肥胖者就越多。

---

* 范志红，中国农业大学食品科学与营养工程学院副教授，博士，研究方向为食物营养价值及营养因素对食物选择的影响；贾丽立，中国农业大学食品科学与营养工程学院硕士研究生，研究方向为餐饮营养信息标注对消费者食物选择的影响。

然而，对健康带来负面影响的食物并不只是洋快餐。我国2002年营养与健康调查表明，我国城市居民每日在外就餐的比例达26.1%。在餐馆就餐的人，其膳食能量摄入显著高于在家吃饭的人。经常或长期在外就餐者，体脂含量比很少在外就餐者明显增加，故而在餐馆就餐成为肥胖、心脑血管疾病、糖尿病、高血压和高血脂等慢性疾病的危险因素之一（马冠生，2005）。

对我国传统中餐进行营养分析发现，中餐馆传统饮食也同样属于高脂肪、高蛋白、高热量的模式。例如，一份标准涮羊肉套餐（2人份）的内容大致包括肥羊片500克，豆腐100克，水发粉丝100克，蔬菜（以菠菜计）200克，麻酱蘸料300克，芝麻烧饼200克。其中每人所摄入的热量超过1250千卡，大大超过正常晚餐能量（男性约800千卡，女性约700千卡）；热量中56%的份额来自脂肪（理想范围为20%~30%），而来自碳水化合物的比例仅有29%。这与我国营养学会所推荐的膳食模式差之千里。

另一方面，随着我国疾病谱的变化，在就餐者当中，各种慢性病人的比例也在不断上升。目前我国城市居民中的超重和肥胖率已达近30%，大城市的糖尿病患病率高达6%以上，在美食之外，肥胖者、糖尿病人、高血脂患者、痛风患者等对餐馆饮食提出了新的要求。要想调和众口，就必须考虑到这些人的身体状况，而现有的餐饮食物往往对此考虑甚少，不符合这些人的疾病控制要求。在这种情况下，餐饮界也开始反思我国中餐烹饪中存在的营养问题。

二　中餐营养优势之现实

与西餐相比，中餐在营养平衡方面本来具有很大的优势。其中最主要的有四个方面：一是主食和菜肴可以同时摄入，有利于保持一定的碳水化合物摄入量，避免用蛋白质和脂肪作为主要能量，有利于三大产能营养素的平衡；二是食物多样化容易保证，在一盘菜肴和一份主食当中可以纳入多种食物原料；三是原料丰富多样，便于大量摄入蔬菜和粗粮，如一碗粥中可以加入多种原料，一个菜中可以加入多种配料；四是汤水清淡，饮料主要是茶，汤味较为清淡，脂肪含量较低。

然而，在现实的餐馆就餐当中，中餐这些优势往往未能体现。首先，流行的就餐程序是先上大量富含蛋白质和脂肪的菜肴，直到酒足菜饱才考虑上主食，结果就是来自于碳水化合物的能量过低，而来自于脂肪和蛋白质的能量过高，给身体带来沉重负担。其次，餐馆中很少能找到添加粗粮和豆类的主食，除了精白米饭就是添加油、盐、糖分的点心小吃，不利于控制血糖和血脂。再次，菜肴原料一味偏向动物性食品，酸碱平衡严重失调，蔬菜不足，纤维太少。一些菜肴虽然加入生蔬菜相配，但基本上局限于点缀，鱼肉吃完之后蔬菜便被抛弃；另一些蔬菜被大量油脂包裹，失去了本来的营养意义。四是餐前饮料基本上是含糖、含酒精饮料，能量过高；煲汤的脂肪含量往往偏高，盐和味精、鸡精等数量过高，不利于高血压、高血脂和痛风病人食用。

三　菜肴烹调方式之忧虑

在这种情况下，中餐烹调原有的一些弱点就显得更为突出。近年来，很多批评中餐的声音都来自于脂肪和热量过高的问题。的确，与家庭相比，中餐馆烹调的油脂用量明显过多，过油、淋明油等方式使每个菜品的用油量常常超过 50 克，而按我国营养学会推荐数量为每日 25 克。尽管该菜品并非一人食用，但在实际点菜中，用餐人数和所点菜肴份数的比值通常不高于 1，因而，如果不能控制菜肴烹调中的用油量，则一餐中总的油脂摄入量是相当可观的。

菜肴中摄入的油脂，一部分是被菜肴原料吸收入内的脂肪，另一部分则是粘在表面上被一同摄入的脂肪。实验证明，如果用 50 克油脂烹调一份清炒油麦菜（200 克），扣除盘中留下的油脂，实际摄入油脂可达 35 克；而如果用 10 克油脂烹调这份菜，实际摄入油脂 9 克。同样，如果在菜肴表面淋洒明油，洒入的明油中有 45% 以上会和菜肴一起被摄入。勾芡虽然能够帮助菜肴入味，减少蛋白质的缩水损失，却会增加油脂的摄入量，因为油脂会随着淀粉一起黏附于菜肴表面而摄入。挂糊也有类似的问题，虽可避免内部炸焦，却会增加成菜中油脂的含量。

同样，过多的盐分也是食物一大忧虑。不仅调味本身较为浓重，所谓的“入味”往往带来过多的盐分，芡汁和蘸料也会带来更多的盐分，而主食品和汤品也成为盐分的重要来源。

实际上，我国烹调方式种类繁多，生熟并举，浓淡兼有。但是近年来，各地均以浓味重油菜肴占据主导地位，虽有少数具有前瞻性的餐饮企业开始鼓励少油少盐的烹调方式，但至今尚未成为主流。

四　营养滋补等健康宣传缺乏科学指导

可以预料，随着中国餐饮的日益发展，随着各种食源性慢性疾病越来越多，以及人们对生活质量追求层次的提高，消费者在外就餐时，对“营养”、“健康”品质的需求也将越发迫切。这种需求，将逐渐迫使餐饮企业从单纯追求口味转变为力求兼顾美味和营养。

然而，与低脂肪、低热量方向的健康改善相比，更多的餐馆热衷于向顾客推荐所谓的营养滋补菜肴。这些滋补菜肴或汤品并没有客观的营养成分评价，也没有针对不同人群的食用指导，只是一味地冠以“美容养颜”、“提高抵抗力”、“滋阴壮阳”、“轻身减肥”、“降脂降糖”、“延缓衰老”等诱人词汇。

按照我国法规，一种食品如果宣传保健功效，则必须经过规范的科学实验，经过有关部门审批，而且只能推荐给需要该项功能的消费者。同时，法规严禁任何食品宣传疗效。然而目前的餐馆几乎是法规的空白，各种食物的功效可以随意宣传，随意夸大，而且不管顾客体质如何，都推荐一样的“滋补菜肴”。

由于没有客观可信的营养标志和规范的信息发布途径，各种菜品的营养价值如何，适合什么样的人食用，顾客都没有知情的方式，只能听厨师和服务员的介绍。对于食品的营养价值和保健功效，厨师和服务员本身所知不多，却经常为顾客充当“指导”，传播一些似是而非的理念。这些做法，实际上在无形当中对顾客起到误导作用。目前还没有相关法规能够对这方面的做法进行规范。

五　我国餐饮营养与国际潮流的差距

在21世纪当中，餐饮行业的发展，除了挖掘改进操作技能、挖掘文化内涵之外，要想提升其营养健康品质，还应借助于科学研究结果和准确的调查数据。然而，在这一方面，我国的餐饮行业投入严重不足，政府也少有相应的研究课题和资金支持。

与国际潮流相比，中餐的营养化进程还处在一个非常初始的阶段。2006年，一篇发表在《美国公共健康杂志》（*American Journal of Public Health*）上的文章指出，美国国会已经在准备针对餐馆提供营养信息一事制定专门的管理法案。这个可能会被称为食谱教育和标签法案（Menu Education and Labeling Act）中将要求门店数量大于20家的连锁店为顾客提供关键的营养信息。在纽约等州，即将要求门店数量大于10家的连锁店在食谱上标注具体的能量和营养素数值。同时，美国食品药品监督管理局（FDA）也将有与立法相呼应的行动，FDA已发起了初步讨论，要求针对餐馆营养信息标注建立全国性标准（Burton，2006）。

然而，国外的经验并不能简单地套用到我国餐饮体系当中，如何实现中餐菜品的营养化，如何向顾客提供菜品的营养信息，还是一个相当艰难的工程。一则因为我国菜式较多，配料和调味品用量又有相当大的随意性，给每一份菜谱计算营养素含量误差往往较大。二则是因为在中餐馆用餐时往往为合食，不是每人一份的供餐制，客人在进餐时随意性更大，简单的营养标注未必能解决问题。而一个更为重要的原因则是，我国居民普遍营养知识水平较低，能够看懂营养素标注的人比例甚小。相比之下，国外消费者的营养学知识相对较多，对营养学的名词较熟悉，因此国外的营养信息发布方式相对专业化。

要做到有效地推进餐饮菜品的营养改进，还有很长的路要走，需要从政府的法规层面、专业协会的引导层面、专家的研究层面，到企业的操作层面，以及消费者教育层面的多层次努力。在这个过程当中，各方的协同努力必不可少。

尽管实现目标的困难甚多，但烹饪行业发展与营养健康的目标结合，这个大的方向已经非常明确。随着一些餐饮企业的实践，以及相关研究力量的增强，中餐营养化的思路将日益明晰，而中餐的营养优势也将得以更好地发挥，在世界餐饮界树立更健康、更科学的形象。

企　业　篇

中国餐饮企业的社会责任

孟　晔*

摘　要： 本章介绍了企业社会责任运动的发展过程，分析了中国企业尤其是餐饮企业社会责任的现状，最后以全聚德为例诠释了餐饮企业在社会责任方面所做的努力与探索。

关键词： 餐饮企业　社会责任　全聚德

对于每一个中国人来讲，2008 年都是不同寻常的一年。在这一年里，人们接受了严峻的考验：雪灾、地震等突如其来的自然灾害，奶制品污染、掺假等人为祸端，甲型 H1N1 流感等疾病的肆虐，金融危机带来的经济环境恶化……

* 孟晔，现为中国社会科学院财政与贸易经济研究所研究人员，主要关注信息产业、餐饮产业、全球治理等问题。

在这个背景下，人们对那些勇于承担社会责任的企业给予褒奖，对无视社会责任的企业开展了激烈的批评。在中国，企业社会责任观念正逐步深入人心，其理论和实践也在不断发展和完善。

一　企业社会责任运动的发展过程

（一）企业社会责任运动成因

企业社会责任运动起源于西方发达国家。当时企业只顾追求经济利益，无视社会成本，给全社会带来了很多问题，如环境保护、劳资关系、人权维护等。企业之外的利益集团，如环境保护组织、工会、政府、新闻媒体等，就这些问题向企业施加了很大的压力。为避免矛盾激化，从而招致政府更为严格的管制，企业开始主动采取措施，履行相关的社会责任。这样，企业社会责任的范围在不断扩大，内容也在不断丰富。

（二）企业社会责任活动范围

如今，企业社会责任活动已经涉及与企业的利益相关者（包括股东、员工、消费者、供应商、采购商、政府以及其他公民社会组织等）有关的多个方面，信息披露、员工权益、消费者权益保护、合作伙伴利益保障、政策法规实施、环境保护、能源节约、人权维护等均有涉及。企业是否需要履行社会责任？这样做是否会降低企业运行的效率？关于这些问题一直存在着争论。但是实践表明，企业如果不履行社会责任，就难以顺利开展其经营活动。并且企业社会责任活动突破了单纯慈善活动的狭窄范围，而更多与其发展战略相结合，企业履行社会责任的积极性从而显著提高。

（三）企业社会责任互动发展水平

企业的社会责任活动的水平也在不断提高：成立专门负责企业社会责任活动的管理部门，制定详细的企业社会责任活动规划和措施，定期发布各种形式的企业社会责任报告，寻求第三方对这类报告的独立审计，将企业社会责任活动延伸至生产活动的上下游（社会责任投资、供应链企业社会责任考核）。

企业社会责任运动也随着经济的全球化，而扩展到了世界各地，包括广大的发展中国家。

二　中国企业社会责任运动的现状

（一）中国企业社会责任运动的局面

中国的加工制造业企业为争取订单，便努力适应跨国公司在企业社会责任方面的考核，成为中国最早熟悉企业社会责任的行业。随着我国与其他国家和地区经济社会交往的更加密切，以及人们生活水平的不断提高，人们逐渐了解和肯定了企业开展社会责任活动的必要性和可行性。正像本章开始所提到的，一系列严峻的考验，使得人们对企业社会责任活动有了更为具体的认识和理性的分析。因而企业社会责任运动在中国也获得了发展的良好机遇。

（二）中国企业社会责任实践的特点

目前中国企业社会责任实践呈现如下特点①：

参与企业社会责任活动的企业数量不断增加，行业也日益增多。但企业开展相应活动的系统性和专业化水平参差不齐，对企业社会责任趋势的把握能力也差距较大。

一些行业组织探索形成了自律性的企业社会责任管理体系，发挥了很好的效果，值得其他行业组织学习，以缩小差距。

政府部门制定的发展方针和相关政策、法规，有力地推动了企业社会责任活动的开展。但仍需调动各种社会团体的力量，使相应政策、法规得到真正的贯彻执行。

媒体在扩大企业社会责任运动的影响上作用突出，发挥了应有的宣传和监督作用。但同时也应注意避免某些媒体可能被“收买”的现象。

企业联盟组织对于企业之间在社会责任方面共同提高发挥了一定作用，不过

① 孟晔：《中国商业企业的社会责任》，《中国商业发展报告（2008～2009）》，社会科学文献出版社，2009，第189～210页。

应注意落实目标，才能达到更好的效果。

环保组织、消费者组织、工会组织等团体的作用日益显现，对企业不当行为进行了卓有成效的干预。

咨询和培训机构应运而生，便利企业了解和开展企业社会责任活动，但应避免某些机构为赢利而掩盖企业存在问题的现象。

三　中国餐饮企业的社会责任活动

（一）餐饮企业开展企业社会责任活动责无旁贷

餐饮企业作为重要的服务业部门，因其自身特点决定，在推动企业社会责任发展中具有责无旁贷的历史使命。

第一，餐饮企业是为人们提供饮食服务的实体，其提供的食品质量和就餐环境，直接影响消费者的身心健康。在食品原料采购和制作的任何一个环节上出现问题，食品安全问题就会凸显出来，这方面的微小疏忽就可能造成企业的信誉丧失乃至经营难以为继。就餐环境同样关乎消费者的健康。卫生的就餐环境，是良好的公共环境不可缺少的一部分。

第二，餐饮企业规模大小不一，数量众多，地理分布范围广，因此接触的消费者数量也非常庞大。餐饮企业如果只顾经济利益而不顾社会责任，则其带来的不良后果也将极大地影响整个社会。如果其能履行社会责任，则更能了解社区的真实需求，促进社区和谐发展。

第三，餐饮企业吸纳了大量的就业人口。据不完全统计，到 2008 年底，餐饮业从业人员超过 2000 万人，约占就业总人口的 2.5%，占服务业就业总人口的 8%，并且每年新增就业岗位 160 万个。[①] 参与餐饮服务的门槛不高，是解决社会就业压力的重要部门。因此，餐饮企业在提供就业岗位上有能力承担更多的社会责任，这对于实现社会稳定、人民安居乐业是不可或缺的。

第四，餐饮企业在经营过程中，还将联系数量众多的原料、饮料等供应商。

---

① 参见中国烹饪协会行业发展部：《2008 年中国餐饮市场的调增与变化》，《中国餐饮年鉴》，中国餐饮年鉴社，2009，第 45 页。

因此可以增强企业在社会责任履行中的能力，将企业社会责任活动延伸到合作伙伴，从而进一步推动这项运动向纵深发展。

第五，由于餐饮企业数量众多，因此在提供饮食服务的过程中，将会消耗大量能源，也有可能对自然环境造成一定程度的破坏。因此在环境保护、节约能源方面，如果措施得力，餐饮企业将会发挥非常重要的作用。

（二）中国餐饮企业的社会责任实践

正如上文所做分析，中国餐饮企业在上述几个方面，积极地开展了形式多样的社会责任活动。

众多大型的餐饮企业，包括同时从事食品工业化生产的餐饮企业，加强了质量管理体系和生产环境卫生管理体系的认证，从管理角度系统地保证食品安全和饮食健康。一些中小餐饮企业针对饮食行业的特殊要求，加强了员工的健康管理，实现持证上岗，切实维护消费者身心健康。一些企业还加强菜品开发和加强营养教育，促进人们饮食健康的认识水平不断提高。

众多餐饮企业立足服务社区。有的企业开展社区志愿者服务，帮助行动不便的居民和老人。有的捐资助学，鼓励家庭困难的学生完成学业。有的开展社区文体活动，增进居民了解，促进和谐社区建设。有的拥军优属，解除军人的后顾之忧。[①] 特别是在灾难面前，众多企业慷慨解囊，帮助抗灾和重建家园，获得了社会的广泛认可。当地企业通过免费供应饮食给灾民等活动，解了燃眉之急，鼓舞了人们抗灾自救的信心。[②] 有的餐饮企业还通过代办各种业务的方式，为居民生活提供了便利。

餐饮企业在吸收进城务工人员、安置下岗工人方面成效显著。在金融危机造成的经济困境中，一些餐饮企业强调不裁员、不减薪等原则，保障了就业的连续性，对于社会稳定有序发挥了重要作用。一些餐饮企业还重视保障员工合理权益，并提供培训机会，为其个人发展奠定良好基础。

一些规模比较大的餐饮企业，严格考核供应链上的合作伙伴，特别是在食品质量安全方面，及时发现和解决问题，以避免对消费者身心健康造成伤害。

---

① 百胜集团赈灾文化与企业社会责任展示，人民网，http：//mnc. people. com. cn/GB/7410868. html。

② 参见中国烹饪协会行业发展部：《2008 年中国餐饮市场的调增与变化》，《中国餐饮年鉴》，中国餐饮年鉴社，2009，第 45 页。

餐饮企业在减少塑料袋、一次性餐具的使用，节能降耗，合理处置垃圾等方面坚决贯彻政府法规，成效显著。消费者注重环保的习惯得到了培养。企业的节能意识也不断增强。

总的来看，相当数量的中国餐饮企业都树立了履行社会职责的意识，通过各种手段，切实推进了餐饮业的企业社会责任活动。

但是这种企业社会责任活动的水平还不高，很大一部分小餐饮企业缺乏履行责任的动力。已开展这项活动的企业没有形成专门的组织机构，没有成体系的规划和执行措施。提出企业社会责任报告、企业公民报告、可持续发展报告等的企业非常少，而且不能定期推出，并接受第三方的检验。企业之间关于如何履行社会责任的交流还不多，经验和知识还不能共享。在如何考察餐饮企业的社会责任履行水平时还欠缺科学合理的标准。这些都需要企业、行业协会、政府部门以及其他利益团体协力来解决。

四　全聚德是如何开展企业社会责任活动的

百年老店全聚德创建于1864年。1999年1月，全聚德被国家工商总局认定为驰名商标。经过多年的改制重组，如今的中国全聚德（集团）股份有限公司已经成为拥有多家北京餐饮知名品牌的餐饮集团。2007年11月，中国全聚德（集团）股份有限公司在深圳证券交易所挂牌交易，成为A股上市企业。

全聚德在多年的发展中，在经济效益之外，也很重视社会效益，先后被授予“全国文明行业示范点”、“全国五一劳动奖状”、“全国质量管理先进企业”、“国际餐饮名店”、“国际质量金星奖”、“白金奖”和“钻石奖”、“国际美食质量金奖”、“全国商业质量管理奖”、“中国十大文化品牌”、“中国餐饮十佳企业”、“中国最具竞争力的大企业集团”和“北京十大影响力企业”等荣誉和奖励。[①]

2008年3月，全聚德按照上市公司社会责任指引的要求，发布了《2007年度企业社会责任报告》[②]，作为首家提出企业社会责任类报告的国内餐饮龙头企

① 参见中国全聚德（集团）股份有限公司网站的相关资料，http：//www. quanjude. com. cn。

② 参见《中国全聚德（集团）股份有限公司社会责任报告》，巨潮咨询网，http：//www. cninfo. com. cn/finalpage/2008－04－01/38434651. pdf 等资料。

业，其报告的内容引人关注。通过对其企业社会责任报告的解读，可以理清其开展企业社会责任活动的思路，有助于其他餐饮企业借鉴。

（一）全聚德重视股东和债权人权益的保护

全聚德作为一家上市企业，按照《中华人民共和国公司法》、《上市公司治理准则》等法规建立健全了公司的法人治理结构，并建立了合理的管理体系和规章制度。这为其经营发展奠定了良好的基础。近年来，有些餐饮企业扩张速度很快，但由于治理结构和管理体系不完善，使其经营秩序混乱，容易导致美誉度下降或出现资金链断裂等财务问题，从而迅速崛起又迅速衰落。从企业社会责任的角度看，既是对自己不负责任，对于投资人、债权人、合作伙伴、员工和消费者也都是不负责任的行为。

全聚德严格按照《中华人民共和国公司法》、《中华人民共和国证券法》及深交所《股票上市规则》等法律法规要求，切实履行信息披露义务，并通过多种渠道与投资者互动。及时、准确的信息披露对于投资者进行决策是非常重要的。相关的信息对于政府部门、行业协会等把握行业发展动态、维护行业内正常的竞争秩序也是非常必要的。当然所需信息并不局限于上市企业必须披露的信息，企业应本着对其他利益相关者负责的原则，就非机密商业信息与政府部门、消费者、供应商等分享，使其了解企业，为其政策决策、消费决策、经营决策等服务。

（二）全聚德重视对员工利益的保护

全聚德重视员工的职业健康与工作环境。每年为员工体检。对食品生产的卫生环境通过 ISO9001/14001/22000 管理体系标准全面控制，量化到噪声、温度、通风、照明、卫生质量等所有操作环节。公司注重对员工的安全教育与培训，通过法规宣传、消防培训与实地演练等方式，提高员工的安全意识。公司还制定了《安全工作管理制度》、《安全生产事故应急救援预案》等规章，对适用范围、职责、报告程序、预案启动、调查处理都做了明确的规定。这方面是企业责任中对员工最为重要的一点。只有身体健康、工作安全，员工才有未来的职业生涯。而这方面恰恰为餐饮企业所忽视，因此亟待加强。

全聚德重视员工的基本权利，不干涉信仰自由，不歧视。支持工会工作，保证员工参与企业管理的权利。尤其值得一提的是对女员工的权利给予足够重视，实行同工同酬和特殊劳动保护。这是很多企业社会责任活动所缺失的。餐饮业由于工作性质的原因，女员工数量较多，因此对女员工发展的重视尤为关键。一些餐饮企业回避工会成立的问题，对于员工维护权益来讲是没有尽到应有的社会责任。

全聚德按照《中华人民共和国劳动法》，保护职工合法权益。为所有与公司建立劳动关系的在岗员工足额缴纳各项法定社会保险与福利。在这一点上一些小餐饮企业存在着明显的对责任的逃避。

全聚德按照既定人事制度，员工能上能下、能进能出，为员工搭建了一个公平、公正的竞争平台。注重内部学习，鼓励员工自修，形成了由教育培训工作委员会、总部人力资源部、企业人力资源部和企业内部培训师四级教育培训组织体系，成立了全聚德餐饮管理学院、培训中心、职业技能鉴定所等教育培训工作专门机构。这些措施保障了员工事业发展的可能，对于其留住优秀人才是非常重要的。

（三）全聚德重视与供应商的合作、与同行的正当竞争

全聚德慎重选择供应商，以避免风险、力求双赢。一是制定供应商准入制度，对采购品公开招标，选出能力突出的供应商，又避免了商业贿赂等现象。二是与信誉良好的供应商合作，实际上是选择能履行社会责任的企业。

全聚德在处理与同行的竞争关系上，杜绝不正当的竞争行为。这实际上是避免扰乱正常的市场秩序，影响对消费者的服务。在这方面全聚德需要从营销、定价、商业信息保密等多角度进行进一步的细化。

（四）全聚德重视保障消费者的合理利益

全聚德构建质量/食品安全/环境（即ISO9001/22000/14001）三合一的管理体系，为消费者提供具有质量、食品安全、环境安全保证的菜品及服务。奥运期间，公司的原材料采购具可追溯性。在原材料采购的可追溯性上，全聚德需要向公众进一步披露信息，使其承诺可检验。

全聚德通过会员数据库、客户关系管理系统、投诉热线等，及时了解消费者需求、意见，为其提供更为周到的服务。

（五）全聚德注重环境保护与可持续发展

通过制度体系管理环境保护——2007 年全聚德及下属 9 个直营店均通过了 ISO14001 环境体系认证。

对废气、废水、废物、噪声采用技术手段专门化管理——在废气污染的防治上采取了一系列有效措施，包括：使用清洁燃料，排放油烟的制作间均安装了专门设备，制冷设备采用清洁制冷剂；在废水污染的防治上，处理餐饮废水时设置隔油设施，减少油污排放；在固体废物污染的防治上，对不能回收利用的固体废物、食物残渣、残液等废弃物进行相应处置，不与其他垃圾混合避免二次污染；在噪声污染的防治上，进行房屋隔声、加装隔声箱和消音器的方法，使噪声的释放达标。

以上两方面是全聚德注重环保与可持续发展的经验。目前餐饮企业在这方面的投入仍有待提高。

全聚德重视社会公益事业，如举办餐饮文化展览、募捐赈灾、拥军优属、敬老等活动。在社会公益事业方面，各餐饮企业参与的数量比较多，如各企业能协调组织活动，将产生更大的社会效益。

上市给老字号企业带来的启示

姜俊贤*

摘　要： 本章介绍了全聚德的上市之路，探讨了上市的必备条件及要求，分析了全聚德上市对其他餐饮企业的借鉴意义。

关键词： 老字号　上市　启示

2007 年 11 月 20 日是全聚德 143 年发展历史上值得纪念的日子，历经 100 多年的发展，全聚德终于敲开了资本市场的大门，在全聚德发展的道路上又竖立了一座新的里程碑。为了这一天的到来，全聚德付出了 10 多年艰苦、不懈的努力。纵观全聚德的发展历程，在跨越 3 个世纪的历史长河中，饱经沧桑，历尽磨砺，全聚德从民间小吃到中华第一名菜，从默默无闻的烤炉铺到蜚声中外的餐饮集团，从家族作坊到大型跨国连锁集团，对于全聚德都是不平凡的珍贵记忆。回顾全聚德集团自 1993 年成立以来走过的路程，是引进现代企业制度、完善法人治理结构、深化企业改革、创新管理机制的 14 年，是建立连锁经营体系、推动企业快速发展、加大品牌营销力度、升华百年金字招牌的 14 年，是增加科技投入、促进产业升级、搞好精神文明建设、创建和谐企业的 14 年。回顾近 10 年的上市之路，我们有许多的体会和教训。

一　全聚德的上市之路

全聚德股份公司正式组建于 1994 年。1996 年和 2001 年公司曾两次筹划上市，但因为企业规模等原因最终未能实现。2007 年初，公司看到了国内资本市

---

* 姜俊贤，中国全聚德（集团）股份有限公司党委书记、董事长。

场即将迅猛发展的前景，坚定不移地实施“品牌”加“资本”的发展战略，确立了“以市场化为先导，加强管理、加大改革、加快发展”的工作思路，并正式提出了力争在2008年实现全聚德国内A股上市的工作目标。

全聚德股票的发行上市过程，经历了发行准备、证监会审核和发行上市三个阶段。2007年1月初，公司成立了上市工作领导小组和上市工作办公室，选定了券商、律师、会计师等中介机构为公司提供上市服务。在发行准备阶段公司完成了上市辅导，通过了北京市证监局的辅导验收；进行了三年又一期的财务审计和证监会要求的四类专项审计，进一步完善了公司的内控制度；确定了募集资金投资项目，并完成了募投项目在主管部门的备案和环保审批工作；配合中介机构完成了尽职调查，解决了公司商标、股权、地产等各项法律问题；精心准备申报的相关文件，反复修改招股说明书20余稿，按照证监会信息披露内容与格式准则的要求，对公司的历史沿革、资产与业务、财务信息、募集资金投向、未来发展目标等各个方面的信息进行了全面、准确、真实的披露。全套申报材料分上中下3册，约120万字。经过半年的努力，各项申报的筹备工作全部完成。2007年6月13日，公司向中国证监会正式报送了申报文件。进入审核阶段后，公司收到中国证监会的受理通知书，并接受了中国证监会第一次聆讯。在审核阶段，证监会针对股权、公司设立与治理、募集资金运用、经营业绩、商标等方面要求公司进一步补充说明。2007年9月29日，公司的首发申请在中国证监会发行审核委员会2007年第142次会议上获得了有条件通过。进入发行上市阶段后，公司在北京、上海和深圳三地采取现场集中推介的方式，举办了3场一对多路演推介会，通过现场推介，与询价对象进行了全面、充分的交流，反应良好，并最终确定了公司的发行价格为11.39元/股。价格确定后，公司于2007年11月2～5日进行了网上和网下配售，参与本次网下申购的配售对象共435家，冻结资金总额为323.5亿元人民币；参与本次网上申购户数为1169482户，冻结资金8694.98亿元。2007年11月20日，全聚德2880万股A股股票在深交所挂牌交易，证券简称为“全聚德”，证券代码为“002186”。股票挂牌当日以36.81元开盘，最高价为44.00元，最低价为34.61元，收盘价为42.30元，首日涨幅为271.38%，以当日可流通股数计算的换手率为87.07%。至此，全聚德首次公开发行上市工作顺利完成，扣除各项发行费用后，公司募集资金的净额为388040140元人民币。

全聚德股份公司的上市成功，为中华老字号企业进行自身机制转换，利用资本市场加快发展进行了有益探索，提供了成功案例。

二　上市带给我们的几点体会

（一）清晰的产权制度是上市的前提

1. 进行股份制改造，具备上市需要的主体资格

根据中国证监会《首次公开发行股票并上市管理办法》规定，首次公开发行股票并上市公司必须是依法设立且合法存续的股份有限公司。因此，如果原来主体为有限责任公司或个人独资公司的，需依法改制为股份有限公司。公司改制需要聘请相关中介机构，包括证券公司、会计师事务所、资产评估师事务所、律师事务所等，按照公司股票发行上市的要求起草改制方案，确定公司的设立方式、注册资本金、股权结构、出资及折股情况、公司主营业务等，改制方案确定后才能按照相关要求报批、入资设立股份公司，才具备了申请上市的主体资格。如果是采取整体改制则不存在原母体的留存问题；如果在改制过程中需要将非生产性资产进行剥离，就要解决好母体留存的问题，特别是母体是否具备生存能力也是证监会极其关注的问题。

2. 股东股权清晰，明确最终极的持有人

作为一家拟申请上市的公司，证监会要求发行人的股权清晰，其控股股东和受控股股东、实际控制人支配的股东持有的发行人股份不存在重大权属纠纷。因此公司聘请的律师会按照证监会的要求对公司的股东进行规范，解决可能会产生权属纠纷的相关问题，公司的股权要能够明确到终极所有人，目前代持股、信托持股都是不被认可的。股权明晰后，公司股份中为国有股东持股的需要向专业的股权登记管理中心办理国有股权的委托管理，并向相关的国有资产管理部门申请对公司国有股权进行确认，目前国有资产管理部门的国有股权确认函是上报中国证监会的必备文件之一。

3. 核查解决公司其他法律问题

在尽职调查阶段，公司律师会对公司资产、经营行为等进行详尽的调查和了解，并对公司是否遵守工商、税务、土地、环保、海关、劳动等行政部门规定进

行核查，如公司是否合法拥有与生产经营有关的土地、厂房、机器设备、商标、专利等所有权或使用权，是否具有独立的原料采购和产品销售系统；公司的总经理、副总经理、财务负责人和董事会秘书等高级管理人员是否在控股股东、实际控制人及其控制的其他企业中任职；公司是否建立了独立的财务核算体系，是否能够独立做出财务决策等。对不符合规定的行为要求公司进行解决。大多数企业在土地或房产所有权方面会有瑕疵，有的企业经营用地性质为国有划拨的土地，有的因为多种原因无法办理土地证或房产证。依据上市公司的要求，企业使用国有划拨土地应取得使用权证，因此企业需向国有土地部门交纳一笔不菲的土地使用权出让金以取得相关权证。同时出于保护上市公司和中小股东合法权益的目的，中国证监会要求发行人生产、经营所需的商标必须无偿进入，公司必须是商标的唯一所有人。全聚德作为国家驰名商标也同样遇到了这个问题，2004 年，为了达到上市公司的要求，全聚德集团将商标无偿转让给全聚德股份公司，全聚德股份公司成为全聚德商标国内外唯一合法持有人，商标问题的解决扫清了公司上市的实质性的法律障碍。

（二）规范的管理是上市的必备要求

1. 规范法人治理结构，使公司按现代企业制度的要求规范运行

股份制改造和上市的一个重要功能就是实现机制的转换，通过建立法人治理结构，形成股东大会、董事会和经理层三级治理结构，将董事会、监事会、经理层的职责划分清楚。只有真正建立了规范的法人治理结构，股份公司才有可能按现代企业制度的要求规范运行。全聚德股份公司自成立之初，就按照《中华人民共和国公司法》的要求建立了包括股东大会、董事会、监事会和经理层在内的完整的法人治理结构，“三会一层”按照公司章程的规定履行各自的职能。公司还采取多项措施加强企业董事会建设，通过明确董事会职能，完善董事会议事规则，不断改进议事效率，持续提升决策水平；通过优化和完善董事会人员组成，提高董事会决策质量；提高外部非执行董事的比例，建立独立董事制度，督促公司科学决策，进一步保护中小股东的权益。公司治理的不断规范，促进了经营管理的改善，增强了公司永续经营和健康发展能力。

2. 建立健全内控制度，规范公司经营管理行为

公司内部控制制度是针对公司内部各项具体业务和具体管理部门制定的规章

制度，包括内部管理控制制度和内部会计控制制度。内部控制制度的建立有利于强化内部管理、提高工作效率、增加经营效益，使企业经营正常运转，提高效率。依据中国证监会的相关要求，会计师事务所会对公司3年的会议报表进行审计，并对公司的内控流程和执行情况进行内控测试，出具专项的内控鉴证报告。自2001年开始，全聚德就逐步建立了一套适合公司运营的内部管理制度，在2007年申请上市的过程中，公司聘请了专门的中介机构对公司已有的内部控制政策、程序和流程进行梳理，对缺乏的内控体系进行完善，对公司层次控制和流程层次控制进行评估，找出相关缺陷，并提出改进建议，对公司管理层及相关中层人员进行内部控制培训。通过各项内部制度和规范的建设，公司目前实施的各项内控制度达198个，根据需要每年要进行更新和修改，公司内部正在逐步建立一种自我制约和控制的制度。

3. 规范同业竞争和关联交易

由于同业竞争和关联交易可能会对中小股东的利益造成损害，全聚德在筹备上市阶段就对公司与控股股东之间存在的关联交易进行了清理，用与第三方的交易来替代与控股股东的关联交易，必须发生的关联交易则履行相关的法律程序。规范关联交易更有利于股份公司的独立运行和规范运作。

4. 主营业务突出，具备较强的赢利能力

对于公司来说，投资多元化在一定程度上可以降低企业的经营风险，但将企业资金投资于过多的领域，必然对企业的决策层和管理层提出更高的挑战，在自身不熟悉领域的经营也可能会使企业在原行业的竞争优势难以显现。因此，证券监管部门和投资者大多看好主业突出的企业，同时要求企业的赢利能力也应当主要来自其主营业务。

无论是证券监管部门还是投资者，对上市企业的赢利能力都非常关注，这也是审核企业可否上市的关键因素之一。根据中国证监会《首次公开发行股票并上市管理办法》规定，发行人应符合以下财务指标要求：最近3个会计年度净利润均为正数且累计超过人民币3000万元；最近3个会计年度经营活动产生的现金流量净额累计超过人民币5000万元或最近3个会计年度营业收入累计超过人民币3亿元；发行前股本总额不少于人民币3000万元；最近一期末不存在未弥补亏损等。因此，如果公司在拟上市前3年没有连续赢利，那么就应当暂缓上市计划，而把注意力集中在增强企业经营管理上，争取尽快扭亏为盈。

（三）慎重确定募集资金投资项目

募集资金投资项目的好坏，决定着公司未来的赢利预期和股票的投资价值，不仅直接影响公司发行上市计划的实现，而且影响公司上市后的再融资。因此公司在选择募集资金投资项目时，应注意以下几个方面：一是募集资金投向应符合国家的产业政策；二是募集资金投向要与企业的主营业务和长期发展目标一致，跨行业投资没有重大风险；三是募集资金投资项目在技术、市场、资源约束、环保、效益等方面不存在重大风险，污染比较重的企业，应就募集资金投资项目是否符合环境保护要求取得省级（或以上）环保部门的意见；四是募集资金投资项目要按规定的程序和审批权限，取得国家或地方有关部门的立项批文；五是募集资金投资项目必须法律关系清晰，相关法律手续齐备。

全聚德在上市之初就把确定募投项目作为筹备阶段工作的重中之重，公司的项目小组考察了20多个项目，聘请了相关机构对重点项目进行了翔实的可行性分析，经过多次研讨最终确定将6个新开店项目、2个生产基地、配送中心的升级改造和前门店、丰泽园饭店的装修改造作为全聚德的本次上市募投项目，由于投资项目的立项审批需要一定时间，为了不影响发行上市的进度，公司指定专人负责向国家发改委、环保部门进行项目报备和审批，在取得了国家发改委的批复文件后最终得到了中国证监会的认可。

（四）选择好的上市时机，精心测算上市成本

企业为满足上市的条件需要展开一系列的筹备和申请工作，如增资、重组、评估、上市辅导等，企业为此需要向证券公司、资产评估师事务所、律师事务所、会计师事务所等支付数额不菲的费用。上述费用约为募集资本总额的5%，而且企业为此所耗费的人力成本、时间成本等均未考虑在内，因此企业在考察上市可行性时，要充分考虑这些因素。老字号企业在向资本市场靠拢的过程中不要盲目地一哄而上，要清醒地分析自身的情况，特别是要考虑企业规模、赢利能力，不要为了上市而上市。根据目前证监会的相关政策，上市募集的资金总额不能超过公司净资产的1倍，其一级市场的发行价格不能超过企业上一年每股摊薄后净利润的30倍，因此如果企业规模不大，赢利能力比较低，其募集资金量有限，再支付上市相关成本后，用于发展的资金就非常少，就偏离了上市融资的真正目的。

（五）选择合适的中介机构是成功上市的保障

根据《中华人民共和国公司法》、《中华人民共和国证券法》等法律、法规的相关规定，企业在公开发行股票并上市的过程中，必须选择有资格条件的证券公司（又称保荐机构或券商）、会计师事务所、律师事务所及评估师事务所开展专业服务。任何一家公司如果未经中介机构进行上市辅导和规范很难成功上市。由于中介机构在公司上市过程起到非常大的作用，因此如何成功地选择合适的、可靠的、收费合理的、熟悉法律法规和政策且又具有丰富上市经验的中介机构辅导上市就非常重要。全聚德在选择中介机构时主要考虑以下几个原则：一是中介机构必须具备相关资质。目前，国家对规范中介机构行为都有一系列管理办法，证券公司、会计师事务所和资产评估师事务所等必须具备相应资质才能开展业务。因此，全聚德与券商、律师、会计师接触时，通过查看其营业执照、相关资质证明文件，鉴别其保荐、承销和审计资格。二是遵循“门当户对”的原则。随着市场的发展和完善，证券公司的分工越来越明显，有些券商主要侧重做大项目，有些券商专注于中小企业。全聚德作为中小企业，在选择时侧重于实力强、信誉好、经验丰富的中介机构。实力强，主要看其注册资本大小、保荐人多少，是否有较大规模；信誉好，主要看其过去工作质量、服务态度、诚信情况，包括有无受到证监会处分；经验丰富，主要看中介机构对餐饮行业的熟悉程度，是否有能力承担保荐责任。三是中介费用合理原则。企业发行上市选择合适的中介机构后，支付的费用要合理。我们在参照整个证券市场行情后结合全聚德自身状况，与中介机构确定了工作费用，签订了服务合同，并约定服务费用逐步到位。在合作过程中双方进一步认识、适应，最终以费用的支付作为调节的工具，才能实现各方“良性互动”。

上市前，企业可向多家中介机构进行招标，并要求各个中介机构在投标时拿出具体的工作程序和操作方案。这样不仅给企业提供了有关信息和知识，而且直接给了企业一个比较的基准。通过对比，可以排除不适合要求的中介机构，确定拟合作的中介机构和合理的中介费用。

综上所述，上市虽然使公司获得了发展所需的资金，接通了融资的渠道，但对公司来说毕竟是一把“双刃剑”。所以，并不是所有的企业都需要去上市，尤其是对于餐饮行业里大多数中小企业来说，在综合能力还没有达到一定程度之前，踏踏实实练内功是最主要的，而资本运作，则是企业发展到一定程度之后才需要考虑的事。

服务心理理论——“四双理论”

叶伯平*

摘　要：本文透析了双关系理论、双服务理论、双因素理论和双满意理论的理论内涵及其内在关系，只有将四双理论深入贯彻才能做好服务工作，提升服务水平。

关键词：服务　理论

一　双关系理论

“服务即交往，交往即服务”，服务是通过人际交往来实现的。服务心理是把服务当做一种特殊的人际交往来研究的。要懂得服务，就要懂得人际交往；要懂得人际交往，就要懂得服务交往中客我双方的心理与行为规律。在服务的人际交往中，人与人之间有着双重关系。一方面是扮演服务与被服务角色的这些人之间的人际关系，另一方面是人们所扮演的服务与被服务的社会角色关系。

（一）人际关系

客人是人，员工也是人，顾客与员工之间构成了人际关系，要艺术和谐地处理好人际关系，就要了解人心，理解人性，按照人的心理与行为规律做好服务工作。处理人际关系的最高原则讲“尊重”，也就是要尊重人、理解人、欣赏人、关心人。

（二）角色关系

社会学上的角色是指某一个人在某一位置上，根据社会规范，发挥某种作

* 叶伯平，中国烹饪协会专家工作委员会委员。

用，完成某种任务的意思。社会角色，是人在社会中的一种职能，一种对每个人处在这个社会地位所期待的、符合社会规范的行为模式。人在社会中扮演着不同的社会角色，就具有了不同的权利和义务。处理角色关系的最高原则就是要讲“规范”，即遵守社会规范与工作制度。

（三）人际关系和角色关系两者的关系

因研究的需要，我们把人际关系与角色关系分门别类，但在现实社会中，这种关系是交杂糅合在一起无法分开的。角色由人扮演，人要扮演角色；一个人可以扮演好多不同的社会角色，一个社会角色也可由好多不同的人来扮演，这就构成了两者的复杂关系。

员工为客人提供服务时，既要想到客人是“客”，同时又是“人”。对“客”，按规范提供服务；是“人”，则要尊重。处理好客我关系，即要有“角色意识”，就是员工在服务工作中自始至终要清楚地意识到彼此所扮演的角色，自己的一言一行都要与自己扮演的“提供服务者”这一角色相称，要严格按角色规范工作。同时员工要有“超角色意识”，就是把角色和作为角色扮演者的人区别开来。客我关系是在服务工作中服务与被服务的特殊关系。员工扮演的是提供服务的角色，客人扮演的是享用服务的角色。从这个意义上说，员工与客人所处的地位是不一样的，角色关系是“不平等”的，员工与客人不能“平起平坐”，一模一样。那种认为从事服务业是“低人一等、矮人三分”的偏见，是把“人”与“角色”这两个概念混为一谈了。服务人员应当为自己争取“人格”的平等，而不是争取角色的平等。

二　双服务理论

从客我服务与被服务的社会角色关系来分析，客人希望购买的产品应该包括功能服务与心理服务的双重服务的产品。

（一）功能服务

从顾客消费心理分析，可以从两方面来理解服务：一是把为客人解决实际问题的服务称为功能服务，二是在功能服务过程中提供满足客人心理需求的心

理服务。功能服务是指服务中具有一定客观标准的部分，它满足客人期待着的“实用性”与“享受性”的需求。客人购买旅游产品，首先“人”来了，带来了身体，有许多生理上的需求，有许多实用性的目的，因此服务工作应首先为客人解决具体的实际问题。服务不能只依靠耍嘴皮子，摆花架子，而要落实到具体实际问题上去，这就是实用性。享受性是指通过环境气氛、设施设备、服务项目、服务态度、服务技能等硬、软件服务，使客人产生方便感、舒适感与安全感。

功能服务依靠完善、完好的设施设备和客用物品，以及一定的服务项目和服务客观标准。在心理层面上，功能服务给人的感觉一般只能维持在“有/没有”，至多是“方便/不方便”这一评价方式的程度上。因此，功能服务缺乏个性，更无法创造个性。在理论上，靠功能服务获取客人好评或创造出一种好的服务评价气氛是不可能的。每个客人所接受的实用性与享受性的服务都一样，使客人很难感到其中哪一些是专门“为自己而做的”。并且，无论顾客自己利用与否，它都存在着。就是新开发的服务项目，在刚开发时，客人尚有感谢之情，可随着时间发展，客人会很快习以为常，并认为这种存在是理所当然的。如果这种服务项目被取消或没做好，人们到时会更加强烈表达不满，比当时的感谢要强烈百倍。

（二）心理服务

人是具有七情六欲的共性和独具个性的复杂人。心理服务即服务的情绪性，是对服务而产生的内心感受、心理体验。服务情绪性是通过人际交往而产生的，是员工与客人之间发生的人际关系的总和，包括态度、动作、表情、言谈等交往方式，使人在心理上得到接纳、尊重、理解，从而产生满足感。因人而异、因境而异的情绪差异性使人在不同时间、不同情境下的心情不一样，导致对服务的“好”与“不好”的评价得以产生。当然这种差异感局限于个人体验，在提供服务、享受服务时总要具体地落实到某一个人。情绪性创造了客人的新需求，新需求会造就回头客。心理服务创造了服务个性，创造了服务特色。

（三）功能服务和心理服务两者的关系

功能服务是以“物对人为中心”展开的，心理服务是以“人对人为中心”

进行的；功能服务满足了客人对产品效用及附带利益的需求，心理服务则满足了客人购买产品时的精神需求；功能服务的评价是在“有/没有”、“方便/不方便”表面层次上进行，而对心理服务的评价是在“好/不好”心理层次上进行的。要把功能服务与心理服务结合起来，获得好的服务评价，首先须有实在的技术背景，有功能服务的参与。缺乏功能服务，其作为服务的评价就不能成立。人，既有理性的合理要求，也富有情感和想象。两者缺一不可，否则，这种服务只能是片面的、不完善的。

但两者又有差异。客人会对不同的企业、不同的部门提出不同的功能服务要求；而在心理服务上不存在这样的区别。物质条件是功能服务的前提条件，功能服务受物质条件制约；而心理服务受物质条件影响很小。功能服务要求员工有娴熟的专业技能与扎实的专业知识，心理服务则对员工的职业道德、工作态度与心理素质提出了更高的要求，只有充满爱心的、善解人意的、又善于表现人情味的员工，才能向客人提供富有人情味的心理服务。

三　双因素理论

衡量服务工作做得好不好，服务质量高不高，关键要从客人内心满意不满意上分析。对于满意、不满意这两个概念，心理学家赫茨伯格“双因素理论”有其独特的见解。他认为满意与不满意并不是对立的两面。满意的反面并不是不满意，而是没有得到满意；同样，不满意的反面并不是满意，而是没有感到不满意。因此从顾客满意来分析，我们可把服务分为两类因素。

（一）必要因素

必要因素是“避免客人不满意”的心理因素，是“少了它就不行”的基本因素，是“人家有，我也要有”的共性因素。要做好服务工作首先要具备必要因素，避免不满意。如果服务产品缺乏必要因素，“别人做得到，你做不到”，客人就会说“没有见过像你这么不好的服务”，客人肯定对产品不满意，甚至会导致投诉。

从服务角度来分析，要做到服务的必要因素，就要坚持“平等待客，一视同仁”的原则。“来者都是客”，来的每一位都是客人。人首先需要被公正平等地对待，任何人的任何行为，都能够被同一规则要求和约束，大家所享受的自由和约束应该是一样的，因为每个人的生命、权利和需求是一样的有限和宝贵。每一位客人首先要求得到一视同仁的服务，而不是被亏待、被轻视、被蔑视，甚至被敌视。从服务管理来分析，平等待客，一视同仁就要做到“三化服务”：即标准化、规范化、程序化的服务。

（二）魅力因素

魅力因素是“使客人感到特别满意”的心理因素，是“有了它更好”的升华因素，是“人家没有，我有”的个性因素。一个产品缺乏魅力因素，必然不能畅销；而具有魅力因素，“别人做不到，我能做到”，顾客就会说“还没有见过像你这样好的服务”。客人作为一个人，他和谁都不一样，具有独特的需要与个性，他就是他，希望能把他与其他客人区分开来。只有提供针对并突出他个人的服务时，他才会感到被重视，感到没被亏待而被优待。只有“特别关照”才会使客人感到特别满意。因此，从服务管理来分析，要做到新的“三化服务”：即个性化、亲情化与细微化的服务。

（三）必要因素与魅力因素两者的关系

客人对服务工作的评价有四种情况。

（1）缺乏必要因素：不满意。

（2）具备必要因素：避免不满意。

（3）具备必要因素，缺乏魅力因素：不能说不满意，也不能说满意。

（4）既有必要因素，又有魅力因素：满意甚至惊喜加感动。

魅力因素的“特别关照”与必要因素的“一视同仁”表面看似乎矛盾，实际上并不矛盾，它们是辩证关系。必要因素是基础，是服务工作的底线。标准化服务永远是第一重要的，没有标准化服务很难做到让顾客满意，但仅仅有标准化服务也会使人感到美中不足，不会使客人满意甚至惊喜。魅力因素是升华，是服务工作的最高准则。“特别关照”是建立在“一视同仁”基础上的，“特别关照”是“一视同仁”的深化与升华；对某一位客人的“特别关照”，实际上只是用一种“特别的方式”在服务中体现出对每一位客人应该有的“特别关照”。只要任何一位客人有特别的需要，我们都要给以特别的关照。

四　双满意理论

（一）客人满意

服务，就要使客人获得利益，包括生理上的满足和心理上的满意。满意，形象地说，就是要使客人获得一次愉愉快快、高高兴兴的经历。这个经历包括三层涵义：一是让客人高高兴兴地来，高高兴兴地回去；二是让客人高高兴兴地再来，高高兴兴地再回去；三是让客人高高兴兴地带着亲朋好友再来，高高兴兴地带着亲朋好友再回去。这就是要使潜在顾客变成现实的客人，使现实的客人变成满意的客人，使满意的客人变成忠诚的客人，即完成“潜在客——现实客——满意客——回头客——忠诚客”的心路历程。

（二）员工满意

根据价值链理论，要让客人满意，首先要让员工满意；有了高高兴兴的员工，才可能有高高兴兴的客人。具体分析有四种情况。

情况	客　人	员　工	结　果
1	高高兴兴地来	高高兴兴地服务	更高高兴兴地回去
2	不高高兴兴地来	高高兴兴地服务	高高兴兴地回去
3	高高兴兴地来	不高高兴兴地服务	不高高兴兴地回去
4	不高高兴兴地来	不高高兴兴地服务	更不高高兴兴地回去

要让客人高高兴兴地回去，变成满意客、回头客甚至是忠诚客，关键不在于客人来的时候是否高高兴兴，而在于为客人服务的员工是否高高兴兴。实践与理论都证明了“有了高高兴兴的员工，才可能提供富有人情味的服务；购买到了优质服务，才可能有高高兴兴的客人”。因此管理中提出了“两个第一”、“两个满意”、“两个忠诚”的理论。只有做到了员工第一，才可能使员工做到客人第一；让员工得到了满意，员工才会让客人获得满意。

汉通顾客满意度（CS）实证研究

朱惠民*

摘　要：本文在介绍顾客满意理论的基础上，对汉通顾客满意程度进行了实证研究，结果发现顾客期望对顾客感觉中的服务实际有直接的正影响，顾客期望对实际与期望之差则有直接的负影响，顾客期望对顾客满意感有间接的正影响。

关键词：顾客满意　研究

一　引论

当今餐饮业已进入后餐饮时代，竞争异常激烈。企业与企业之间的竞争归结为一点，便是对稀缺目标——顾客资源的竞争。顾客成了维系餐饮企业存在的生命源，提得高一点说，已成为影响企业、行业乃至产业生存与发展的战略性资产。谁赢得顾客，谁就能赢得竞争、赢得未来。而要赢得顾客，导入顾客满意度（Customer Satisfaction，简称 CS）无疑是颇能奏效的方法。汉通的实践证明了这一点。汉通被中国商业名牌管理委员会认定为中国商业名牌，证明汉通早几年做 CS，经常进行顾客满意指数测评（ACSI）是有成效的。汉通靠顾客满意招来了顾客满堂、人气鼎沸。2005 年春节黄金周，汉通生意异常火爆，其 9 家门店的总营业收入达到了 795 万元，比 2004 年同期增长了 18%；2005 年国庆黄金周，各连锁酒店营业同样全线飘红，实现了黄金周内生产“黄金利润”的目标。顾客满意程度由此略窥一斑。汉通的顾客满意指数（CSI）为 72.79%，达到了“较满意”的水平。这是最近采用目前国际通行的“美国顾客满意指数

* 朱惠民，高级经济师，文化学副研究员，宁波汉通餐饮发展有限公司品牌营销总监。

(ACSI)”的模型，对汉通顾客满意程度进行量化测评的一项指数显示。此次测评反映：汉通餐饮的顾客满意度模型六大指标中最高的是顾客忠诚度89.28%。顾客忠诚度的基础是顾客满意，这也反证了汉通顾客满意程度所达到的“较满意”水平是精确的、科学的。应该指出的是，这次测评是根据中国商业名牌管理委员会《关于推荐2004年中国商业名牌的通知》要求，由第三方中介机构——上海市质协用户评价中心操作的，其公信度是毋庸置疑的。

二　实证

顾客满意度（CS），其实是一种心理体验、一种心理活动，是“一个人通过对一个产品的可感知的效果与他的期望价值相比所形成的愉悦或失望的感觉水平”（菲利普·科特勒语），即一个人通过对一个产品（服务）的可感知效果或结果与他的期望值相比较后形成的感觉状态，反映的是一种感受。如果实绩低于期望，顾客就会不满；如果实绩符合顾客期望，就会适度满意；如果超过期望，顾客就会高度满意。翻阅所有的顾客满意度（CS）研究文献后，我们认为，美国营销专家奥立佛的“期望实绩模型”与美国学者韦斯卜洛克和雷利的“顾客需要满意程度模型”，是比较贴近汉通实际的。上海市质协用户评价中心所做的测评调查也是侧重期望与实绩的比照。如其报告所称，顾客对于汉通的期望为74.42。调查还显示：顾客认为汉通达到的水平72.68，尚低于顾客希望该公司能达到的水平76.28。汉通顾客感知的结果超过对汉通的期望，这就产生了一种满意。同时我们还认为，产品（服务）的实绩越符合顾客的期望，就越能满足顾客的需要；产品（服务）越能满足顾客的需要，顾客就越可能觉得产品（服务）的实绩超过了自己的期望。换句话说，实绩和期望之差与顾客需要满足程度可能存在互为因果关系。汉通这次测评，确实证实了这一点。顾客在消费自己熟悉的日常服务时，总是根据自己的消费经历、企业的市场形象及其他顾客的口碑，形成比较准确的期望，也较易评估服务实绩。因此，顾客感觉中的服务质量越高，顾客越觉得服务实绩超过自己的期望，就越觉得该企业能满足自己的需要。服务越满足需要，感觉中的服务质量就越高，顾客就越觉得服务实绩超过了自己的期望。测评称，汉通顾客对其质量的感知数据如下：食品质量为84.39，就餐环境为79.64，服务质量为85.29，质量的感知为82.97。相比之下，顾客对服务质量评价要略高于其他两项。说明汉通顾客感觉中的高服务质量，令他们觉得汉通服务实绩确确实实超过了自己的期望，因而他们觉得汉通既能满足其需要、带来需要满足的高程度，又能给予一种愉悦的体验，而超过原先的期望值。就这样服务的高满意度成就了汉通 CS 营销的成功。也因此证明实绩与期望之差与顾客需要满足程度确存在着互为因果的关系。

三　结论

汉通的此次测评针对汉通麾下直营店汉通宁波中央花园酒店、汉通上海逸仙路店与淮海西路店三家。总发放调查问卷 200 份，以随机抽样方式，对三家酒店用膳的不同时段（中餐和晚餐）的顾客进行问卷调查。整个过程由宁波市贸易局委托市餐饮业与烹饪协会派员监控。回收的 200 份问卷表由市贸易局上报中国商业名牌管理委员会，并由上海市质协用户评价中心对收集的数据进行计算分析，形成汉通顾客满意度测评报告。其数据处理与分析结果写在报告之中。

在本案研究中，我们对汉通的 CS 进行了实证检验，实证研究结果也支持这样的逻辑，即餐饮业导入 CS 营销，若做得到位，就能以顾客高满意度赢得顾客资源，包括潜在顾客蜕变为消费顾客、消费顾客的忠诚而成为老顾客，最后进入“指名”层面，即指名要“吃”汉通，别的我不要。这就是汉通之所以早些年做 CS 营销，且一直坚持至今的根本原因，亦是其成功之处。此其一。

其二，汉通实证研究结果还表明：（1）顾客期望对顾客感觉中的服务实际有直接的正影响；（2）顾客期望对实际与期望之差则有直接的负影响；（3）顾客期望对顾客满意感有间接的正影响。因此，我们认为，在市场沟通过程中，服务性企业，特别是餐饮企业，既应防止夸大宣传、虚假宣传，又应防止宣传不力问题，而应为顾客提供准确、真实的信息，以便顾客形成现实的期望，进而提高顾客感觉中的服务质量。汉通就是这么做的。企业审慎地把握着宣传的度，既防止夸大其辞，以至于不实之言的宣传，又克服宣传不力、不到位的问题，而力求以切合实际的资讯在市场活动中传播。汉通客户通讯《品味汉通》就是这样的媒介，它以精确的资讯牢牢维系着汉通顾客的眼球，甚至他们的心。

其三，顾客满意的程度是用顾客满意度的指标结果来衡量的。从实际分析来看，汉通的六大指标测评中，最高的是顾客忠诚度，达到 89.28，表明汉通的高满意度造就了众多的汉通品牌的忠诚客。因此，消费者对于“汉通”这一餐饮品牌已经达到了“品牌认知”的阶段，而要让他们进入“品牌忠诚”的阶段，CS正是一种绝好的营销管理。汉通千方百计留住忠诚老顾客，给老顾客以更多的人文关怀，尽力迎合他们的个人要求，给予全面而持续的品牌体验，通过单个消费者与品牌的每一次互动，不断地跟踪和优化出忠诚的消费群。这样做，汉通的忠诚顾客愈来愈多。目前服务业已进入“精准营销”的时代，商家正不约而同通过“精准营销”手段，争夺顾客源。商品、品牌、业态、企业文化进一步形成“错位竞争”，以便牢牢锁定目标顾客，进而培养自己的忠诚顾客群。精准营销理念强调的是有效消费。汉通眼睛盯住有价值的顾客群，通过顾客满意指数的提升，留住老顾客，变新顾客为老顾客，乃至忠诚顾客。在营销传播上，汉通做好小众传播，践行品牌卖场营销（MID），重点与最有价值的客户（MVC）和最具有成长潜力的客户（MGC）做沟通，摒弃负值客户（BZ），以利于他们做优质的服务与精准化的销售。这种以客户为核心、更加精准的营销，导致营销投资回报与营销绩效的大幅上升。汉通蝉联2004中国餐饮百强企业的序位上升至47位，即是佐证。据悉，汉通在力求进一步提高顾客满意度的同时，拟采用餐饮“会员制”营销这一最能提高顾客忠诚度、提升有效消费的手段，必将如虎添翼，为汉通的顾客高满意度添光加彩。

其四，从此次实证研究中，我们意识到顾客对创新产品（服务）消费的感知体验往往能够满足甚至超越顾客的期望价值。同时，持续性的产品（服务）创新也会提高顾客的价值期待和品牌的创新形象，易于形成顾客较高的忠诚度。因此，汉通抓紧启动汉通宁波菜研究所的研发工作，以创新的菜品设计，加之以品牌卖场营销（MID）的新商业设计，使之执行到每一连锁门店，来提高顾客的感知体验和价值期望，进而进行顾客价值创新。

其五，这次测评显示，汉通的顾客满意指标有些评分还不尽人意，诸如食品花色品种、上菜的节奏和速度、某些服务设施评价相对偏低。这说明汉通CS营销管理尚有提高的空间，汉通将进一步提升顾客满意程度的策略面与执行力。

在升级转型中的创新与发展

山西太原江南餐饮集团有限公司

摘　要：本文在介绍山西太原江南餐饮集团发展概况的基础上，剖析了其经营理念创新、管理创新和商业模式创新，阐述了创新在企业升级转型和科学发展中所起到的重要作用。

关键词：升级　创新　发展

山西太原江南餐饮集团有限公司创建于1991年，依托稳健的投资经营战略，科学的运作经营模式和诚信的管理经营理念，经过18年的不断发展壮大，江南餐饮集团现拥有总资产3亿元，员工近2000人，已经形成一个多业经营的餐饮企业集团。

一　企业基本情况

（一）打造多业态经营下的一流餐饮集团

江南餐饮集团下设江南大酒店、全晋会馆文化餐饮酒店、江南天相园连锁酒店、江南食品物流公司、江南鲜食连锁店等子公司，分别涉及酒店经营、餐饮连锁、食品生产、物流配送等行业，先后荣获"国际餐饮名店"、"中华餐饮名店"、"全国绿色餐饮企业"、"品牌中国金谱奖"、"中国十大餐饮品牌企业"等多项殊荣。

江南大酒店是江南餐饮集团的"旗舰酒店"，成立于2000年12月，营业面积16000平方米，拥有餐饮、客房、会务接待等多项服务，是华北地区大型的高档餐饮酒店之一，累获中华餐饮名店、国家特级酒家酒店（五钻级）、山西省首

家营养餐酒店等称号，是卫生A级企业和质量管理体系认证单位。

全晋会馆是由江南餐饮集团投资兴建的文化创意酒店，致力于打造“全晋典膳、文化体验”的晋餐文化的门户形象，被誉为山西人的会客厅。全晋会馆把晋文化融入餐饮中，在菜品、环境、服务上全方位地传承与超越晋餐文化的智慧与精髓，拥有极具特色的主题性文化包间，演艺宴会厅、国际化商务会所等服务功能为顾客提供与众不同的文化感受。

“江南天相园”连锁酒店是江南餐饮集团倾力打造的中式餐饮连锁模式，以“江南新鲜”为品质特色，着眼于现代社会交际需求，倡导“聚首天相园、吉人有天相”的理念，顺应当代人凝聚、抱团、和合、共赢的心理，现已成为山西太原餐饮业一道亮丽的风景线。

江南典膳坊是江南餐饮集团建设的集餐饮食品的规模化、标准化生产加工及配送的企业，其生产的“汨罗仙粽”、“苏味道月饼”、“旺年年货”等三大节日食品，是紧扣顾客满足传统亲情需求的最佳范例。

江南鲜食便利店是江南餐饮集团整合内外资源优势，根据市场发展方向，向广大消费者提供的“餐桌外延工程”，立足打造“都市人的大食堂”，是城镇居民消费结构升级的重要方向。

（二）率先发展现代服务，勇当产业结构调整践行者

江南餐饮集团在提高企业管理拓展企业经营同时，一直积极投身于社会餐饮的交流与发展，并确定了现代餐饮率先发展的战略目标。2001年3月举办的“春到江南”美食节，是全国首家企业举办的全国性美食节，被中国烹任协会列入2001年的大事记中。2003、2004年连续承办了两届中国太原国际面食节，创造性地为太原奠定了一个美食文化节日品牌。江南餐饮集团还多次代表省市企业参加全国和国际的各类烹饪大赛，为山西餐饮的传播交流争得了荣誉，作出了贡献，多次被山西省人民政府、太原市人民政府和各级工会记功、嘉奖。在餐饮市场日趋成熟的背景下，为适应消费者消费结构升级的趋势，满足多样化的服务需求，以“文化晋餐”为主题、面向全国发展的“全晋会馆”于2005年12月正式开业，全晋会馆是响应山西省创建文化大省、旅游大省的一次具体实践，是山西省对外经济文化传播和拓展的一个形象、一面旗帜。近年来，在山西省大力调整产业结构、发展现代服务业的政策引导下，江南餐饮集团开始步入“核心产

品特色化、中间产品产业化、企业发展连锁化”的发展快车道，致力于餐饮文化、服务于社会发展、勇于担当山西产业结构调整的践行者。

（三）注重企业文化建设，实现共同成长

18 年来，江南一直注重企业的文化注入。这种注入，是一种从经营管理到战略发展的文化注入，是一种从企业、员工到顾客共赢的文化注入，是从过去、现在到未来的文化注入。

1995 年起，江南每年都会选送部分优秀员工上大学深造，培养企业的核心力量。

1998 年起，江南已连续举办了 11 届五四青工技术比武。

1999 年，江南与省内部分高校合办大专班，借以提升员工的专业素质。

1998 年 5 月，江南成立了太原民营企业第一家工会组织。

1998 年 8 月，太原第一家餐饮企业小报《江南报》问世。

1999 年 7 月，太原民营企业的首家大型图书馆阅览室“江南书苑”建成开放。

1999 年 10 月，反映江南企业文化的《江南精神》、《员工誓词》、《江南之歌》诞生。

2006 年起，江南餐饮集团连续举办了 4 届大型员工运动会，《企业执行文化手语》、《根与芽》、《江南，我成长的家园》等企业歌曲相继问世。

未来的江南，将利用山西省大力发展现代服务业的宏观政策，进一步整合企业资源，以完善产业链为突破点，打造优质、绿色、环保、安全的现代服务业代表形象，以连锁化、规模化发展模式，打造企业核心竞争力，塑造企业品牌形象，为深化山西产业结构调整，提升山西现代服务业的品质贡献力量。

二 创新与发展

江南餐饮集团公司已经走过了 18 年的路程，总体上看分为四个阶段：创业阶段、快速成长阶段、稳定经营阶段，现在正处于新的升级转型阶段。回顾这段路程，正是对事业的执著、对创新的追求、对行业的挚爱和对社会的奉献的精神成就了企业，“博爱、坚持、创新、奉献”的企业精神是企业成功的奥秘，其中

创新是企业成功的关键因素，可以说，江南餐饮集团公司的历史是不断创新的历史，是在创新中不断发展的历史。

（一）创业阶段的创新奠定了企业持续创新的基石

江南餐饮集团公司同全国大多数餐饮企业一样也是由一个小型的店面成长起来。创业时期对企业影响较大的是在20世纪90年代初在第一家中等规模酒店中，率先引进淮扬菜系，但是淮扬菜系口味清淡且偏甜，当地消费者喜酸咸，只有将淮扬菜品本地化才能广受消费者喜爱，王总敏锐地发现了这一点，大胆改进，打破菜系的局限性，要求降低甜度，融入酸咸口味，但不失淮扬菜的风格，这一菜品创新取得了巨大的成功，不仅为企业赢得了丰厚的利润，而且使企业赢得了广泛的市场声誉。当时从上海引进生煎包产品，在上海生煎包一直是大锅煎，一次生产出的产品较多，而在店面经营中不能保证刚出锅的产品都能马上到达消费者，无法体现生煎包的新鲜出炉的口感。为了使消费者能够真正感受到新鲜出炉的产品，王总又联系多家设备厂家，将大锅改为小锅推向市场，从此生煎包成为江南的特色产品，该项改进后又被上海城隍庙引回原产地。企业在创新中尝到了甜头，在不断地创新中企业不但在市场中站住了脚而且站稳了脚，持续不断地创新成为了一种传承精神。

伴随着市场经济的发展，企业也在快速发展，随着店面数量的增多和企业规模的扩大，创新的脚步一刻也没有停留。为了适应管理的需要，企业在当地第一个开设上万平方米的规模型餐饮酒店；第一家成立了总部，开始进行集团规范化经营；第一个举办美食节；第一个获得国际烹饪大赛金奖；第一个成立中心厨房；第一个将厨房产品送入寻常百姓家，建立江南鲜食店；第一个与政府合作举办山西国际面食节；第一个进行品牌快餐经营；第一家成立管理学院培养企业中高级管理人才；第一家进行文化餐饮经营等。持续不断地创新使江南餐饮集团很快成为当地餐饮行业的领军企业，企业进入了稳定经营期。

（二）升级转型中的创新与发展

进入21世纪，企业发现市场的变化越来越快，消费者的需求也在快速改变，市场间的距离一下子拉得很近，竞争对手急速增加，竞争的内容与层次越来越深，从产品竞争到客户竞争，从管理人才竞争到劳动力竞争，从管理竞争到文化竞争，从企业盈利能力竞争到品牌竞争，从业态竞争到模式竞争。为了应对剧烈变化的市场竞争环境，江南餐饮集团于2003年制定了自己的发展战略，确定的总体战略运作模式是：核心产品特色化+中间产品产业化+市场发展集团化和连锁化。

企业战略是企业面对激烈变化、严峻挑战的经营环境，为求得长期生存和不断发展而制定的总体谋划。从战略的角度对企业经营的运筹谋划是为了巩固企业的竞争优势，使企业得以长期持续地发展。当前我国企业界普遍面临的是战略实施有效性的问题，可以说企业战略是一把双刃剑，实施得好，企业可以顺利升级和快速发展，实施得不好则很可能影响企业的经营，给企业带来严重的后遗症。因此战略执行力已经成为世界性的课题。

如何实施企业战略不仅需要勇气，更需要知识和智慧。江南餐饮集团的战略选择不仅是企业升级方向的选择，也是对企业创新能力的考验。

1. 理念创新

由传统餐饮向现代餐饮转型，需要重新培养企业的核心竞争力。随着市场竞争层次的加深，企业核心竞争力已经从市场层面向管理机制层面和理念文化层面发展。理念的创新需要对思维模式创新。集团公司决定先从思维方式着手，要求管理层由外向思维变为内向思维、从找理由变为找方法；由过程思维变为结果思维，一切工作以实现的结果为依据；由概念思维变为数字思维，一切工作以数据说话；由企业向外看变为从行业发展的高度向内看，未来的需要就是我应当做的。使理念变为思想方式、企业行为，通过企业制度、运行机制体现出来，形成企业文化。战略的实施首先是企业理念的落实，将企业理念培养成为企业的核心竞争力。理念优势在企业经营中的体现是多方面的，例如，在实施中企业根据市场细分的趋势，提出聚焦经营，经营核心顾客、核心员工和核心产品，据此将企业的服务理念由“100%客户满意”变为“一般性顾客没有不满意，核心顾客满意”，以此调整企业的服务规范标准，要求关键服务上高于竞争对手，一般服务上不低于竞争对手，核心客户提供专项服务和定制化服务等措施实现服务资源的优化和资源配置的最优化。在江南天相园连锁店面中简化了部分服务内容，倡导客人在自助服务中体验家的乐趣，而在点菜服务、上菜速度和结账服务等方面强化对于客人的即时服务，要求店面服务人员第一声应答。这一改进大大降低了服务人员单桌的服务频次，提高了敏感性服务的质量，扩大了服务半径，提高了人均效率，一举多得。

2. 管理创新

根据企业的发展战略，企业需要由传统餐饮企业向现代化餐饮企业升级，面临的一个问题是如何用现代管理替代传统管理。经过反复研究传统管理与现代管理的差异，最终决定首先从管理规范着手。经调查，企业以非正式沟通方式进行工作沟通的占 80%，按照工作程序执行工作的比例低于 50%，按照企业管理制度执行的比例只有 30% 左右，有明确的管理记录的则更少。为了实现管理升级，企业按照 ISO9000 的要求，全面梳理企业的部门职能，从程序文件开始，规范工作程序和工作接口，完善管理证据和工作标准，利用集团公司的 OA 办公系统实现管理的规范化。特别是对于企业的战略管理程序文件、运营管理程序文件和人力资源管理程序文件的制定提出，以战略管理程序文件为先导，配套目标制定与分解、经营计划制定、预算管理等程序，以及目标管理和绩效考核等手段优先实现，以运营管理程序文件为主轴，建立市场导向的运营机制，全面系统地开展运营管理工作，对于人力资源程序文件要求强化培训管理程序，完善员工管理程序和授权管理程序。程序文件的编制使管理层深刻认识到原来管理的缺陷，对于现代管理有了最直接的感受，可以说通过实际工作彻底颠覆了管理团队原有的管理认知，加快了企业管理变革的进程。

在工作中发现，有时会因为对管理名词概念理解的偏差造成管理行为的偏差，为此企业对于管理名词进行了统一的规范。例如：系统 = 制度/流程 + 表单；体系 = 组织 + 系统；盈利模式 = 收入模式 + 成本费用模式 + 利润模式；模式 = 数字化 + 可复制，等等。管理概念的规范可以减少企业的管理误区，提高管理沟通效率。

为了适应快速变化的市场，提高企业市场的应变能力，决定对营销系统升级。原有营销工作主要围绕活动策划、客户维护开展工作，建立市场导向的运营机制需要提升营销的职能。集团公司成立了市场研究部、产品市场部和经营策划部等专业部门，并形成内部的工作循环，以消费者需求研究为重点，以市场竞争为导向，从市场定位、产品规划和包装、服务设计、经营资源整合等方面为一线经营提供保障。

企业管理的升级需要配套的管理团队素质的提升，为了提高管理团队的工作承担能力，企业全面推进学习型组织的建立，利用 OA 系统规范学习内容，通过企业报刊宣传报道学习标杆和管理改进内容，将管理团队学习会纳入会议管理，举办学习辩论赛，修正岗位技能标准，修正晋升晋级的考核内容，将原来的管理学院升级为管理干部学院，重点进行中层以上管理梯队的培养，在集团内部选拔训导师和企业讲师，形成了从员工培训到管理干部培养的多级培训体系。特别是企业领导者以身作则，参加外部的多种培训和长江商学院的 EMBA 学习，在企业内部形成学习的风气，使学习成为企业的时尚。

3. 内联外合打造新的商业模式

经过 30 年的快速发展，餐饮产业已经延伸出七大核心能力，即规模扩张能力、盈利能力、开拓创新能力、人才聚集能力、文化驾驭能力、品牌塑造能力和可持续发展能力。随着餐饮产业能力的提升和市场容量的快速扩大，很多餐饮企业已经成功完成了自己的产业链布局，整合优化了企业内部价值链，具有成熟的商业模式，具备了与产业能力相匹配的企业自身的核心能力。规模化、连锁化、工业化、国际化已成为行业发展的趋势，品牌竞争、价值链竞争、产业链布局结构竞争和资本运营能力竞争已成为未来市场竞争的主要方向。

随着市场的发展，行业集中度将越来越高。市场竞争是残酷的，企业的发展如果不能够应对未来的竞争态势将失去生存的机会，商业模式的创新是企业避免不对称竞争的唯一途径。

根据发展战略的要求，企业进行了内部资源的整合，提出核心产品线、核心技术线、核心人才线和核心管理线的建设计划，集中打造。核心产品线推出集团的品牌产品系列和支柱产品系列；核心技术线提炼出具有比较优势的技术，与专业研究机构合作将其与食品工业技术结合，实现企业中间产品产业化的经营思想，核心人才线根据企业经营发展的要求，制定出专业技术人才培养计划，重点解决企业连锁经营管理、餐食技术人才和经营开发人才的需求。核心管理线，企业重点建设物流配送、员工管理和运营管理的管理模式，使基础管理成为优势。形成市场研究、专业（服务、设备开发、品牌形象、核心技术、资源整合、模式开发等）设计和产品研发、生产支持、快速采供、人才培训、市场开发等营运支持体系。具有特色原材料基地、核心产品生产基地、技术和管理人才培训基地、品牌连锁经营体的产业链关键节点布局，纵向整合完成设备、餐器具、装修装饰材料供应、店面设计、厨房设计、原材料供应、专业物流等产业资源的整合，形成战略合作关系。横向整合完成能够产生协同服务效应的服务商联合、客户资源的整合。内部形成产品流动、技术流动、人才流动等资源循环转换机制、优化机制以及通路（加快生产要素的流动性）。新的商业模式可以使企业由产品经营过渡到产业经营和品牌经营，改变企业的盈利方式，全面提升企业的经营能力和发展能力。

企业的升级转型过程就是企业的战略实施过程，发展的过程并不是一帆风顺，企业执行力的强弱关系战略实施的成败。在战略实施的早期也和大多数其他企业一样出现了战略实施早期失效的现象。管理团队对于企业战略的理解和认同偏差一度制约了企业的战略目标的达成，最初在引入目标管理方法时，由于管理团队对于新的管理方法理解不透，无法将战略目标分解转变为有效的考核指标，特别是考核标准的设定经常将工作完成当成标准，导致企业战略实施要求与实际考核结果脱节，工作价值不能够从考核中衡量。管理证据的缺失往往造成考核缺乏有效的依据，造成评估差异。为了改善这种现象，企业专门请专家为集团公司制定了完善的考核指标体系，从目标制定、考核指标设置和标准制定以及考核依据的管理全面地进行了规范，同时对于集团公司各职能部门的价值表现形式和评估方式进行了规范。集团公司规定完成一项工作还需要从工作实现效果上测评，使考核结果数据化，以价值和结果为评估工作的质量，从考核数据化和证据化开始全面改进目标管理，经过两年多的持续改进使得目标管理的方法真正成为企业战略实施的有效工具。

在战略实施中每一项工作都需要系统的解决方案。在打造企业盈利模式的初期，按照盈利模式的结构标准，要求经营单位将人事费用率控制在标准范围内，经过半年的实施，发现不但费用标准没有实现，反而出现了人员流失增加的现象。经过分析发现解决该问题首先需要从经营定位开始，通过经营定位确定服务规范标准，按照行业标杆水平设定人均创收标准、制定人员结构标准和服务技能标准，再改进企业的培训标准和预算标准，推进工作时需要先期培训员工，提升员工技能，经过系统地设计和实施，很快经营单位人事费用率达标，员工的工作效率得到了提升，收入得到了增长。

企业的升级转型需要高素质的管理团队，改变原有的工作习惯对谁来说都是难题，正是创业初期形成的创新精神使企业攻克了一道道思想、理念、经营、管理和模式的难关，也必将伴随企业走向科学发展和持续发展的坦途。“路漫漫其修远兮，吾将上下而求索”，餐饮行业正处于蓬勃发展的历史时期，应当看到中国的餐饮必将成为世界的餐饮，但愿中国的餐饮能够直挂云帆济沧海。

便宜坊老字号的历史传承与品牌建设

姚伟钧*

摘　要：便宜坊是中国著名的老字号，本文对便宜坊的历史作了梳理，并对便宜坊的未来发展战略作了分析，提出了如何在保持品牌内核的同时，加强品牌建设的几点措施。

关键词：便宜坊　历史　品牌　建设

世上一切都会随时光而流逝，然而当历史把目光聚焦在品牌上时，就会发现，时间老人还是非常客观，留下了一批弥足珍贵的老字号金字招牌，便宜坊就是其中之一，它因其丰厚的历史沉淀日益彰显着无价的魅力。便宜坊近600年发展历史表明：在保持品牌内核稳定的同时，还需要不断加强品牌建设，这是品牌摆脱时间摧毁力，成就老字号金字招牌的根本，即品牌建设要与时俱进。只有建设富有文化内涵的民族品牌，才有可能成为顶级品牌。

一　便宜坊老字号的历史传承

一般认为北京烤鸭盛于明清。烤鸭在北京成为名产，其首创人是宣武门外米市胡同“老便宜坊”的老板。“老便宜坊”为北京城里第一家烤鸭店，开业于明代嘉靖年间，明代《菊隐记闻》中说：“前门桥东陈内官家首饰，双塔寺李家冠帽，大栅栏宋家靴，顺成门大街刘家冷淘面，米市口便宜坊烤鸭，皆著名一时。”便宜坊的招牌上冠有“金陵”二字，据说是从南京迁来的，经营“焖炉鸭”。

明嘉靖三十年（1552年），兵部员外郎杨继盛（字仲芳，号椒山）在明堂之

* 姚伟钧，华中师范大学历史文化学院教授，历史学博士，博士生导师。

上严词弹劾奸相严嵩，反被严嵩诬陷，心情郁闷地下朝后饥肠辘辘，来到菜市口米市胡同时，忽闻香气四溢，便推开“便宜坊”小店入门而坐，点了烤鸭酒菜等，杨继盛大快朵颐之时将烦恼抛之九霄云外。他见此店店面虽不大却干净优雅、生意兴隆，当得知店名“便宜坊”时，自身感受的周到服务使其叹谓道，真乃方便宜人。随之留下“便宜坊”三个遒劲、雄健的大字。此后，杨继盛与众大臣便频频光顾。这流传至今的牌匾“便宜坊”，如今已是老北京文化一个相当重要的组成部分，更是便宜坊无形的宝贵财富。

到了清代，北京专门经营烤鸭的店铺已有好几家，当时由于“老便宜坊”生意兴隆，字号响亮，曾有烤鸭店也以“便宜坊”、“便意坊”等命名。如今，坐落于崇文门的“便宜坊”烤鸭店就是早先的“便意坊”。

大体上说，从清中叶至民国初，是老便宜坊的兴旺时期，也是前门大街鲜鱼口便宜坊的创业时期。军阀混战以后，老便宜坊逐渐衰退，而前门大街便宜坊却日趋繁荣。后来，老便宜坊倒闭，跟着其余几家便宜坊也相继关张。最后，全北京城就只留下了前门大街上的两家烤鸭店：一为便宜坊，一为全聚德。解放后，便宜坊得到了很大发展。但是，“文化大革命”时期破“四旧”时，便宜坊的牌匾没有了，店名改为新鲁餐厅。党的十一届三中全会以后，才恢复了老字号，又在崇文门外和天坛东路分别开张，挂起了便宜坊的牌子。20 世纪 80 年代至 21 世纪初，北京乃至全国经营正宗焖炉烤鸭的餐馆只有三家，即：鲜鱼口便宜坊烤鸭店、崇文门便宜坊烤鸭店和东侧路的便宜坊烤鸭店西号。崇文门便宜坊烤鸭店隶属于北京哈德门饭店，鲜鱼口便宜坊烤鸭店和东侧路的便宜坊烤鸭店西号隶属于北京先达饮食集团公司。2002 年 6 月 6 日，经北京市崇文区政府批准，北京哈德门饭店和北京先达饮食集团公司通过资产重组，成立北京便宜坊烤鸭集团有限公司，一脉相传的三家焖炉烤鸭店又走到了一起。

历史上便宜坊的焖炉烤鸭称得上是京城一绝。清末魏元旷《都门琐记》中有言：“北京善填鸭，有至八九斤者，席中必以全鸭为主菜，著名为‘便宜坊’。”美国《北京杂志》主编安格联昔日在游历了北京名盛风景、品尝了多种风味食品饮馔之后，认定便宜坊焖炉烤鸭为“京中第一品”。由于便宜坊的肴馔久负盛名，历来为人所称道，不少文人墨客经常光顾，老便宜坊曾保存有不少名人写下的屏联、条幅等墨迹。新中国成立后，在政府的支持下，便宜坊烤鸭店逐渐壮大，建立了一整套科学的、现代的餐饮管理制度，培养出了大批的技术人才，更好地服务于社会，服务于广大消费者，并在国内外享有盛名。很多外国政要和熟知历史餐饮文化的国内名人也在此就餐后挥毫泼墨，至今仍保留着郭沫若、齐白石等人在便宜坊的箴言墨迹。曾成功地接待过前美国总统布什先生及墨西哥、圭亚娜、乌拉圭等外国元首及政府首脑用餐。有目共睹的是便宜坊的焖炉烤鸭一直在为中外人民的友好和文化交流做着贡献，北京为有这样的“老字号”而感到无比的骄傲和自豪。

二 新时期便宜坊老字号品牌如何建设

要建立长久的产业，维护持续的利益，最好的途径是建设自己的品牌。所谓品牌（brand）一词，来源于古挪威文字 brandr，在英语 brand 的意思是指印记（古时烙在犯人身上），标记（仅烙在牲口身上，表示所有权）。随着市场经济的发展，品牌成为某一产品的独有标记，具有非常重要的市场营销意义。美国市场营销协会将品牌定义为，品牌是用以区别一个或一群产品或劳务的名称、术语、象征、记号或设计及其组合，以与其他竞争者的产品或服务相区别。美国品牌专家琼斯认为，品牌的附加价值是品牌相区别于一般产品的重要内容。所谓附加值，就是除了产品本身具有的使用价值以外，生产者所提供的与产品相关的后续服务和由产品的使用所获得的其他价值。可以说品牌是以独特的形象和服务获得消费者追捧和信赖的标记。弄清楚品牌的概念有利于进行品牌维护和品牌建设，最终能够在市场竞争再创辉煌，从而全方位展示老字号品牌的文化内涵，培育老字号品牌企业的核心竞争力。

现今，许多品牌餐饮企业面临经营困难甚至破产的尴尬，品牌维护不力就是其中重要的原因。品牌是企业重要的资产，应该保证它的安全和价值不受侵害。目前，许多老字号品牌意识薄弱，不少品牌餐饮企业对自己的品牌或不注册或注册不当，致使品牌被有心人士利用抢先注册，留下后患。这给品牌餐饮企业开拓国内外市场留下无穷后患。许多老字号餐饮企业出现商标纷争、品牌纷争，即两家或多家企业宣称对同一品牌或商标拥有所有权，相互指责对方侵权。品牌纷争导致无人愿意对品牌进行严格管理，品牌形象和价值受到损害。长此下去，这些品牌的无形资产将流失殆尽。这一现状将对老字号集团或公司的连锁发展与扩张战略造成严重的不利影响。有些本想加盟品牌餐饮企业的私人业主谈到最后不得

不放弃加盟，主要原因就是品牌没有得到很好的维护。因此，品牌餐饮企业一定要加大品牌维护的力度，必要时要举起法律武器保护自己的权益不受侵害。

在加强品牌维护的同时，还需要加强品牌的创新。在这方面便宜坊集团已经有所行动。众所周知，文化的创新是提升企业竞争力的源泉，谁拥有文化优势，谁就拥有竞争优势、效益优势和发展优势。面对日新月异的新形势，老字号企业要继续保持文化优势必须通过文化创新，确定新的定位，增加新的内涵，塑造新的形象。近年来，一场广泛深入、有声有色的“老字号年轻化讨论”在便宜坊集团内部展开，通过自我分析、市场分析、竞争分析，最终确定了便宜坊品牌的新定位——古老又年轻、传统又时尚，也就是在不断地创新与调整中呈现厚重历史与时尚需求的结合，并确定标准色——黑、黄、红。黑色象征历史的厚重和传统文化的底蕴，黄色象征尊贵和收获，红色象征热情、奔放、活力、年轻，三色结合表现了老字号传统文化的厚重和新时期文化的觉醒。可以说便宜坊集团启动的“北京老字号年轻化工程”，为老字号文化的创新发展起到了积极地推动作用。

当然，一个企业如果树立以顾客为导向的现代经营理念和服务理念，并长期有效地贯彻执行，就会形成自己的企业文化甚至是品牌文化，最终置于不败之地。便宜坊集团组建之初，虽然拥有一批中华老字号的品群优势，但是也面对着每个企业因发展轨迹不同，形成的文化各异的问题。从历史上来看，便宜坊在几代掌门人的不懈努力下，发展成为著名饭庄，也积淀了“方便宜人，物超所值”的经营理念。新中国成立后，周恩来总理到便宜坊用餐，在了解了企业的历史与现状后说：“我们的宗旨是为人民服务，‘便’可不可以解释为‘便利人民’；‘宜’可不可以解释为‘宜室宜家’，我们社会主义社会是一个大家庭，到了这里要有宾至如归、亲切如家的感觉。‘便利人民’是社会主义精神；‘宜室宜家’是传统文化，二者的结合，就是你们便宜坊老字号的新精神。”事实上“便利人民，宜室宜家”已经成为新时期便宜坊集团构建品牌文化的基石，这是值得充分肯定的。

三　加强便宜坊老字号品牌传播力度

当前大多数餐饮企业的品牌还处于一种未被启动的休眠状态，其品牌号召力还未得以充分发挥，品牌的潜在资源还在闲置。对此，餐饮企业必须克服长期以来一直沿用传统的口头传播方式，其实质上是一种典型的“酒香不怕巷子深”的坐商思想，在信息传播已多元化的今天，这种思想早已不合时宜。要在转变观念的同时，也要加大传播资金的投入。很多老字号信奉产品观念，认为自己是百年品牌，早已声名远播，进行宣传是浪费，不愿投人足够的资金和精力用于品牌传播，以至于投入在品牌传播上的费用甚微。事实上，投入不足会使老字号品牌在信息充斥的年代逐渐被人遗忘，品牌知名度下降。传播能够提高老字号的知名度和识别度，树立良好的外在形象。

值得一提的是便宜坊集团以焖炉烤鸭技艺，在同行业中率先申请“非物质文化遗产代表作”，开了中华老字号企业申遗活动的先河，这实际上也是传播便宜坊老字号品牌的重要举措。目前，便宜坊焖炉烤鸭技艺由专家进行评审已入围第二批中国非物质文化遗产名录名单。这对于让便宜坊600年的炉火更旺，续写中华餐饮名店品牌的辉煌，一定会产生积极的作用。这也说明餐饮企业要进行品牌传播必须从自身实际情况出发。虽然很难像一些现代企业资金雄厚，可以在多种媒体上进行宣传，但有些餐饮企业有品牌优势，有一定的知名度，如果肯在这方面做文章，利用其品牌的名气，很容易起到四两拨千斤的效果。

除此之外，品牌餐饮企业应尽力多参与一些社会性的活动，不断寻找一些“物美价廉”的机会和方式宣传其品牌，保持与大众传媒的良好关系，争取得到多方面的报道，扩大品牌的市场和提高品牌的社会声誉；抓住假日经济、传统节日造势，或与城市旅游文化接轨，扩大品牌宣传力度与产品销售。有效的品牌传播可以促使产品顺利进入目标市场，也有助于开发新市场。

同时，要顺应产业化经营的规律和发展趋势，大力发展餐饮品牌连锁经营。品牌连锁经营是当今世界餐饮经营发展的一种潮流和趋势。品牌连锁餐饮店有利于充分发挥大型或知名度较高的餐饮企业的经营优势，通过品牌连锁迅速扩大经营规模和市场覆盖面。

近年来，随着消费者就餐的品牌意识的增强，我国餐饮市场品牌连锁经营得到了快速发展，并逐渐成为国内餐饮企业发展和竞争的核心路径之一。餐饮企业纷纷将连锁经营作为主攻方向，跨区域连锁开店已成为时下餐饮企业扩张的重要方式，如内蒙古小肥羊、德州扒鸡等。从经营业绩和品牌传播效应来看，几乎所有的餐饮连锁企业全线飘红，显示出强大的生命力和发展潜力。品牌连锁经营把传统的单店经营模式改造成了具有专业化分工的产业，甚至形成了与工业生产类似的分工明确而又紧密合作的产业链。

目前，中国特色饮食文化产业总体上产业化经营水平不高，品牌开发与运作能力较低，缺乏品牌连锁经营等先进的产业经营业态，这直接影响到中国特色饮食文化产业的市场竞争能力。尤其是不少有鲜明特色的地方风味小吃没有产业化，基本上散落于作坊式的经营模式，停留在百年老铺画地为牢式的单店形式，没有与产业化的经营业态对接，缺乏产业经营意识与市场经营能力，产业规模和市场覆盖面与其知名度极不相称，经营模式落后于市场需求甚至影响到了其发展的可持续性。要振兴和发展中国特色饮食文化产业，就必须顺应餐饮业产业化经营的规律和发展趋势，大力发展餐饮品牌连锁经营，借助工业经营的理念来提高特色饮食文化产业的产业经营水平。有一定知名度的单店式餐饮企业可塑造自身的品牌形象，并提升企业管理水平，进而通过多店式布局直接发展为品牌连锁经营。有一定知名度的家庭作坊式的传统风味小吃店应首先与产业化的经营业态对接转为真正的餐饮企业，按照现代企业经营管理的理念和方式来运作，逐步增强自身的经济实力并打造品牌形象，而后再由单店式餐饮企业发展成多店式品牌连锁经营。

实施品牌战略，是便宜坊集团发展的必经之路。弘扬饮食文化，将焖炉烤鸭融入文化含量，促进旅游和文化消费，充分实现其自身的商业价值。同时，还要深入发掘和整理本地的主食、小吃、菜肴和茶饮等独特制作工艺，积极推出与焖炉烤鸭相配套的餐饮新品种和新品牌，加大便宜坊集团品牌形象宣传，加强知识产权保护，推动品牌经营理念和连锁经营等现代流通方式的普及，这样就会给便宜坊集团带来更快、更大的发展。

参考文献

［1］王成荣主编《中国名牌论》，人民出版社，1999。

［2］宋永高：《品牌战略和管理》，浙江大学出版社，2003。

［3］王永章：《如何将文化资源转化为产业资源》，《人民论坛》2008 年第 9 期。

百胜中国食品安全政策研究

百胜餐饮集团中国事业部

摘　要：本文介绍了百胜中国有关食品安全的管理措施和经验，同时对食源性疾病、食品添加剂、农药残留、转基因等食品安全方面的热点问题提出了对策措施。

关键词：食品安全　政策

一　百胜中国关于食品安全的承诺和管理措施

食品安全是一项系统工程。要做好食品安全，必须确保从“农田到餐桌”整条食品供应链的安全，即从蔬菜、水果的种植，家畜、家禽和水产品的养殖开始，经过粗加工或屠宰、生产制造、检验、运输、储藏、烹调，直到送上餐桌。

食品生产经营者是食品安全的第一责任人。处于食品供应链条中的每一家企业，无论是从事初级农产品生产、食品加工，还是餐饮服务，也无论企业规模大小，都必须积极主动地把食品安全放在企业一切工作的首位，严格遵守国家有关食用农产品、加工食品的各项法律、法规和标准，选用合格的原料，采用科学的配方和生产工艺，为广大消费者提供卫生、安全的食品。只有当每个环节的食品生产经营之间都实现了严密可靠的食品安全管理，食品行业才能最终为消费者提供真正安全放心的食品，整个食品行业才能更快、更健康地发展。

（一）百胜中国的食品安全承诺

食品安全始终是百胜中国所有业务中的头等重要大事，是对广大消费者的郑重承诺、对国家的承诺，是作为餐饮企业应尽的社会责任。

百胜中国始终致力于依靠先进完善的风险管理以及供应链管理机制，打造从农田到餐桌世界先进水平的食品安全保障体系。

（二）科学的食品安全管理理念

存在“零风险”的食品安全管理系统吗？答案显然是“不可能”，即便是在食品安全管理方面积累了更多经验的发达国家，也是做不到的。

百胜中国自 2005 年执行各项食品安全强化措施以来，已有 3 年多的时间。这些强化措施包括由美国调入百胜全球首席技术官裴华庆（Joaquin Pelaez）先生，统一领导新产品研发、品质管理、食品安全、工程、采购、物流和配送等部门；专门成立百胜在其他国家所没有的“食品安全办公室”，处理和协调各项食品安全工作，应对各种突发事件；成立百胜中国特约食品安全实验室；全面加强对食品原料供应商的管理等。

这些强化措施的执行使百胜中国在各个领域都取得了显著的改善，其供应商对食品安全问题有了更充分的认识，拥有更充分的准备来应对食品安全事件。在过去的几年中，供应商绩效跟踪和产品追溯管理体系预防了很多潜在的问题。

然而，近年来国内外食品行业所发生的一些重大食品安全事件始终在警示：必须采取“风险评估管理系统”来有效地管理食品安全问题，即以科学为基础，系统地识别、评估和控制各个环节存在的食品安全风险。

不是所有的风险都会对人体健康带来危害，需要依据危险性评估理论对每个风险加以科学客观地分析和评估。危险性评估理论包括危险性评估、危险性管理和危险性交流三部分（见图 1）。危险性评估又包括危害识别、危害特征描述、暴露评估和危险特征描述。采用国际先进的危险性评估理论，有助于识别潜在危害及其程度，并决定采取何种措施进行相应的防范。

（三）百胜中国食品安全和质量管理体系

经过多年的不懈努力和经验积累，百胜中国已经建立形成了一套完整的、从农田到餐桌的食品安全和质量管理体系（见图 2）。

1. 风险性评估和原料供应商选择

为百胜中国提供产品的供应商（包括食品和包装材料等）必须通过百胜

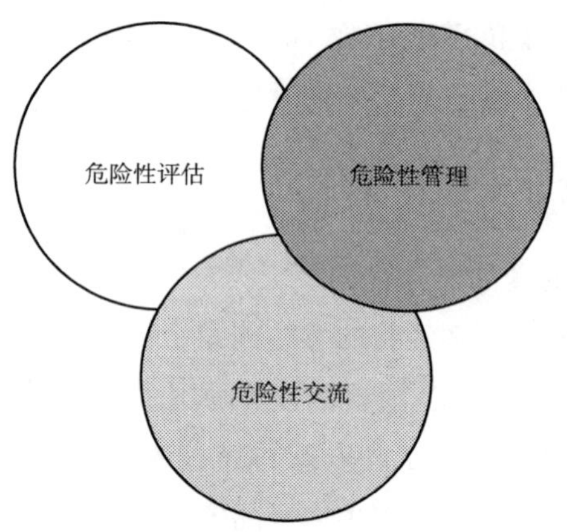

图1　危险性评估理论体系

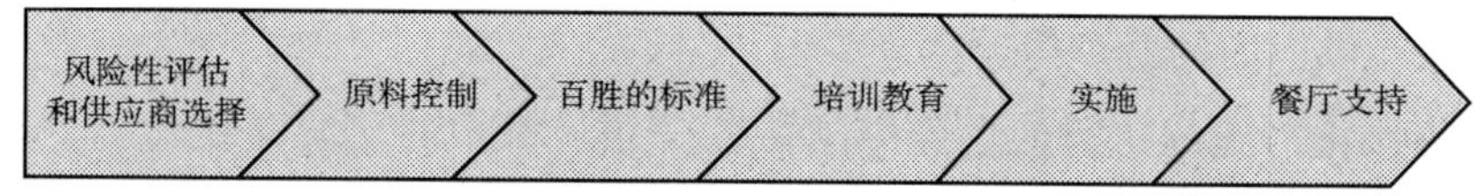

图2　百胜中国食品安全和质量管理体系

“星级评估体系”的评估及随后的跟踪审核。

（1）百胜“星级评估体系”（STAR）：是英文“Supplier Tracking，Assessment and Recognition”的首字母缩略词，即对供应商的追踪、评估和奖励系统，是百胜在全球包括中国统一使用、对供应商进行全方位考核的管理体系。食品安全和质量是其中最重要的评估内容之一。该系统已经成功地在全球运行多年，对确保产品质量和安全发挥了巨大的作用。

（2）星级评估体系的目标：选择和培养可靠的供应商，建立坚实的供应系统，向百胜中国餐厅提供稳定、具有竞争力的优质产品。具体包括供应高品质和安全食品，对产品和工艺流程进行优化，控制供应成本，提高供应系统的可靠性和可持续性，建立具有可追溯性的供应系统和信息库。

（3）星级评估体系的评估对象：适用于提供产品给百胜中国的供应商，例如食品原材料或成品供应商、包装材料与制品供应商、设备/设施和器材供应商、仓储和运输供应商等。

（4）星级评估体系的评估内容：不仅涉及供应商的资质和专业能力评估（工厂审核），而且包括供应商与百胜中国的合作能力、日常业绩的评估。设计了多个评估项目。根据产品种类的不同，分别由百胜中国品质管理部、工程部、采购部和其他相关部门负责实施。其中对食品类产品的评估，具体如下：

品质管理部：年度审核包括食品安全、质量体系、上游供应商管理等方面；日常业绩审核包括生产工艺现场质量抽查、市场产品抽样评估、产品质量月报、产品缺陷投诉、产品退换等。

采购部：年度审核包括财务实力、相对成本、生产可靠及能力、业务关系能力；日常业绩审核包括成本、供货可靠性等方面。

(5) 星级评估体系的成效：体现在以下几个方面。根据百胜全球质量标准考核供应商，确保新供应商的引进与现有供应商的改善均能与世界先进做法一致。

《工厂食品安全审核》、《工厂质量系统审核》、《上游供应商管理评估》三个部分，提供了良好农业生产规范（GAP）、食品良好生产规范（GMP）、危害分析关键控制点（HACCP）、产品追溯等当今先进的管理方法，为供应商提供指导。

根据评估结果，系统、持续性地提高供应商能力。供应商审核报告/整改行动纳入数据库管理，由专人辅导与追踪，帮助供应商改善管理。

促进供应商提升日常表现业绩，建立供应商日常表现数据库，由专职人员对其进行分析与跟踪。

认可和奖励表现良好的供应商，淘汰表现不佳的供应商。

除了采用星级评估体系管理，各供应商必须向百胜中国提供关于其合法资质和产品的各种证明文件，向百胜中国承诺在食品生产过程中遵守所有相关食品安全法律法规和标准。百胜中国还要求供应商对其上游供应商进行监督管理和培训。

对供应商的严格审核与管理，有助供应商不断提升与改善，为保障食品安全和产品质量提供了非常重要的基础。

2. 原材料控制

百胜中国对每一种采购的食品原材料都制定有严格的供货标准，作为供应商生产其产品的依据。这些标准明确列出了政府的相关法规和标准，以及百胜中国内部的食品安全要求。另外，百胜中国还对供应商提供的产品中所用的原料和食品添加剂进行详细审查。

百胜中国还定期审核、评价供应商的食品安全和质量体系实际运作情况，并通过百胜中国特约食品安全实验室对原材料内在质量进行抽检。

3. 百胜标准

原材料标准：百胜中国的食品原材料标准由新产品研究开发部、品质管理部和食品安全部共同制定，由供应商认可、签收、执行。

餐厅操作标准——《营运标准手册》：为了保证每一家餐厅制作的食物都同样安全和美味，各餐厅的标准化操作至关重要。百胜中国的新产品研究开发、品质管理部等数个部门根据大量严谨的专业测试，对餐厅的每一项操作都制定了高标准的操作规范，包括原料接收、食品及原料贮存温度与时间、食物解冻、烹制操作规程、个人卫生、餐用具、设备清洗消毒等。

4. 培训教育

针对供应商：为了提升供应商的法律法规意识和技术管理能力，百胜中国非常重视对供应商的培训，包括每年举办数次技术研讨会提升供应商技术管理能力，强化其食品安全和管理意识。

针对餐厅营运：为了保证餐厅操作规范的严格实施，百胜中国建立了非常系统的餐厅培训计划。每一位加入餐厅的新员工，都会接受多层次培训，既有食品安全意识方面的培训，也有贯穿在实际操作中的食品安全培训。而对每一个上市的新产品，餐厅员工除了要学习制作方法，还要理解制作当中与食品安全有关的操作要求。

5. 标准的实施

针对供应商：通过对供应商的审核、现场检查等多种方式，监督供应商是否使用合法的原材料、是否按标准工艺生产产品、生产过程是否严格执行 GMP 并实施了 HACCP 控制、所提供的产品是否符合百胜标准。建立奖惩机制，对不同表现的供应商采用认同鼓励、提供技术支持帮助其改进和取消供货资格等不同方式，不断优化百胜的供应商队伍。

另外，我们通过百胜中国特约食品安全实验室进行原材料抽检，重点监测鸡肉、肉制品、水产品、蔬菜、调味品等产品。检测项目包括检测特殊添加物、农药兽药残留、重金属、致病菌（例如即食蔬菜产品中致病菌）等。

针对餐厅营运：每一家餐厅都必须严格执行统一的食品安全管理制度，包括严格执行从业人员的审核、录用（工作能力、健康合格证等）和个人卫生培训要求；严格执行餐厅卫生操作标准，例如接收原料检查、食品存储控制、食物制作过程控制、机器设备维修、过期食品处理、废油处理、外送食品时间管理等。每月由市场品质管理人员对餐厅进行检查。

6. 餐厅支持

我们在国内各个地区都设有专业的市场品质管理团队，在一线为所辖餐厅提供食品安全技术支持，检查每家餐厅的食品安全和产品质量管理措施的执行情况，并主动与当地政府相关食品安全监管部门保持密切联系，配合政府的管理工作。百胜中国在对餐厅日常管理的基础上，还不断优化各项食品安全管理措施，以有效地杜绝食品安全隐患。

（四）其他食品安全管理措施

1. 建立了百胜在其他国家所没有的物流配送系统，完善设施和管理

分别在全国各地建立了 16 个设备先进的物流配送中心，其中上海、北京、和广州的配送中心，建筑面积超过 1 万平方米，设施一流，达到世界先进水平。各配销中心实施统一的规范管理，包括严格控制食品原料运输和储藏过程中的温度（特别是冷藏、冷冻），注意产品保质期，原料先进先出，杜绝过期产品，建立产品可追溯记录等。各配送中心每天连续 24 小时营运，可以向遍布全国各地的餐厅供应新鲜、卫生、安全、合格、品质一致的食品原料，为餐厅制作优质安全的食品提供有力的支持。

2. 与上海市食品药品检验所合作，成立百胜中国特约食品安全实验室

由百胜中国食品安全部具体负责，对供应商提供的各种原料、半成品和成品进行随机抽样，并送特约实验室进行检测。此外，我们经常对新产品研发使用的新原料以及与突发和热点问题有关的原料进行检测。以确保我们使用的原料符合卫生、安全和质量要求。

3. 密切跟踪和分析国内外食品安全动态，对潜在问题及早采取预防措施

努力收集和分析有关食品安全方面的信息和资料，特别是有关热点问题，如禽流感、农药残留、兽药残留、丙烯酰胺、反式脂肪酸和行业内突发的食品安全事件。针对可能存在的食品安全风险，及时采取预防措施。

4. 与政府部门、学会和协会密切沟通，积极参加国家法律法规和标准的制定和修改

与主管食品安全的农业部、卫生部、国家质检总局、工商总局、食品药品监督管理局等部门和各省区市相关部门建立广泛联系，及时汇报百胜中国的食品安全管理，反映有关意见和建议，共同努力改进食品安全管理的大环境。

百胜中国已经加入中国食品科学技术学会、国际生命科学会中国办事处、中国烹饪协会、中国连锁经营协会、中国焙烤制品与糖制品协会等，和行业组织和科学界一起共同倡导科学的食品安全管理。

5. 成立百胜中国食品安全专家咨询委员会

在全国范围内，在涉及食品安全的各个领域，遴选食品卫生、食品安全、食品检测、农药、兽药、餐饮和食品科学等各方面的知名专家，组成百胜中国食品安全专家咨询委员会。专家委员会每年召开两次会议，在食品安全管理、法律法规、风险评估与管理、食品检测、食品危机处理、食品科学等方面为百胜中国提供指导和建议。

6. 编写并对外发布《百胜中国食品安全政策白皮书》

食品安全是百胜头等重要的大事。为了就食品安全管理向社会作出庄严承诺，说明百胜中国所采取的食品安全方面的政策措施，更好地接受政府和社会的监督，百胜中国于2007年11月发布了《百胜中国食品安全政策白皮书》（第一版）。

7. 《中华人民共和国食品安全法》在百胜中国的宣贯与执行

《中华人民共和国食品安全法》是关系中国食品安全管理整体提升的一部重要法律，百胜中国予以高度重视。在其制定过程中，百胜中国积极和行业协会、其他企业一道参与，提出了多条意见和建议。

2009年2月28日《中华人民共和国食品安全法》正式发布后，百胜中国立即开展了下列工作：

（1）在公司内部组织培训《食品安全法》，强化员工的食品安全责任感；

（2）编辑《〈食品安全法〉要点》并提供给供应商，帮助供应商认真学习，强化食品安全管理；

（3）根据《食品安全法》的新要求，要求供应商调整相关管理制度。

二　百胜中国应对食品安全方面若干热点问题的对策

以下简要介绍百胜中国应对当前食品安全方面若干热点问题的对策。

（一）食源性疾病

根据世界卫生组织（WHO）的定义，食源性疾病是因摄入被污染的食物和食品所引起的疾病，包括因致病菌、病毒和寄生虫、有害化学物质和生物毒素所导致的各种疾病。这些食物污染可能发生于“从农田到餐桌”食物链中的各个环节。因食源性感染和中毒而造成的疾病表现症状各不相同，既有轻度症状（恶心、呕吐和腹泻等），也有严重和威胁生命的疾病（比如肾和肝功能衰竭、脑和神经疾病、瘫痪和癌症）。

食源性疾病，特别是腹泻病，是具有严重经济和社会影响的一个重要公共卫生问题。据估计，全球每年有200万人因腹泻病死亡，大多数归因于食品和饮水受污染。

食源性疾病引发的问题在发展中国家和发达国家都存在。美国的研究结果表明，食源性疾病在美国每年造成7600万起病例、32.5万人住院治疗和5000人死亡。例如，在2006年9月，美国曾发生与新鲜袋装菠菜有关的O157：H7大肠杆菌污染事件，有205人患病（包括104起住院病例，31起肾衰竭病例和3例死亡）。据估计，弯曲杆菌、沙门氏菌、O157大肠杆菌和单核细胞增多利斯特菌等致病菌引起的食源性疾病在美国每年造成将近70亿美元的经济负担。

世界卫生组织于2000年创建了“全球沙门氏菌监测网（GSS）”，目标是通过实验室检测对沙门氏菌这一最常见的致病菌引发的食源性疾病发生趋势进行监测并提出应对方案。GSS最初只专门监测沙门氏菌，现在监测范围已扩大到包括大肠杆菌和弯曲杆菌等其他通过食物传播的病原体所引起的疾病。

在中国，卫生部也建立了食品污染物和食源性疾病监测网络，对食源性疾病病因、流行趋势等进行了监测和评估。

根据卫生部2003～2004年的统计，中国食物中毒致病因素依次为致病性微生物、化学有害物质、有毒动植物。致病性微生物是导致食物中毒的主要因素，中毒人数最多。化学性中毒主要由剧毒农药（包括有机磷农药和毒鼠强）和亚硝酸盐误食引起，有毒动植物性中毒主要由毒蘑菇、毒扁豆碱、河豚毒素、桐油引起。

卫生部发布的《2007年全国食物中毒报告情况的通报》还提示，食物中毒多发生在农村家庭，部分居民缺乏食品安全知识和良好的卫生习惯，缺乏鉴别有毒动植物的能力。同时，农村各种聚餐由于加工设备简陋，生熟不分和处理不当，因交叉污染引起的食物中毒发生率较高。在学校发生的食物中毒报告中，微生物性食物中毒的报告起数和中毒人数最多，主要发生在集体食堂，以食物污染或变质以及加工储存不当引起的中毒为主。

总体而言，食源性疾病主要是由于食物制作过程不卫生或者食物加工/贮存方式不当而引起的。向食品行业从业人员以及所有消费者宣传相关的食品安全知识和必要的卫生操作规范至关重要。

20 世纪 90 年代初，世界卫生组织就制定了《安全食品制备十大黄金法则》。2001 年，世界卫生组织又制定了更加简单和易于推广的《安全食品五大要点》，要点包括“保持洁净；生熟分开；煮透食物；在安全温度下储存食品；使用安全的水和原材料”，并翻译成 40 多种语言在全球进行培训和宣传报道。

在中国，农业部和卫生部等部门已制定发布了良好农业生产规范、食品厂良好卫生规范、餐饮业卫生规范等一系列法规标准来规范和管理从种植养殖源头到餐桌每个环节的卫生安全操作，同时还发布了很多食用农产品和食品卫生标准。鉴于食品供应链的日益复杂，农产品生产者、食品生产加工经营企业、行业协会、科学界和食品安全监管部门需要共同努力，有效预防和减少食源性疾病的发生。

百胜中国将一如既往地高度重视对食源性疾病的预防，主要预防措施包括：

1. 严把原料关

严格挑选质量和食品安全有保障的原料供应商；制定严格的原料标准；加强对供应商质量和食品安全管理系统的审核和原料监测，包括对生食蔬菜中致病菌的监测，杜绝不合格原料进入食品供应链。

2. 严格控制食品原料的配送条件

通过完整冷链设计，严格控制运输、储藏过程中的冷冻冷藏温度。

3. 严格管理餐厅卫生条件和操作

对从业人员进行严格培训，加强其个人卫生和健康管理；统一实施各种卫生管理措施和标准化操作，避免交叉污染，确保每一家餐厅制作的食品都是安全放心的。

（二）食品添加剂

随着食品技术的发展，食品添加剂在国内外食品工业中的应用越来越广泛。

食品添加剂是指为了改善食品的品质和色、香、味，以及防止食物腐败和因某些加工工艺需要而加入食品中的化学合成或者天然物质。营养强化剂（例如各种维生素和矿物质、氨基酸等）和加工助剂（例如硅藻土、活性炭等助滤剂用于白砂糖精制、葡萄酒、啤酒、饮料生产等）也属于食品添加剂。

食品添加剂在日常食品中有至少20多种很重要的技术作用，例如：抗氧化剂添加在食用油脂、饼干、肉制品、方便面等油脂含量较高的食品中，防止或延缓油脂成分氧化分解，提高食品的质量稳定性和安全性；维生素C和从茶叶中提取的茶多酚是两种常见的抗氧化剂。膨松剂（例如常见的小苏打）用于饼干、馒头和其他发酵面食。

国家对食品添加剂生产和使用有严格的管理。新颁布的《食品安全法》特别强调了下列规定：

（1）生产食品添加剂的企业必须获得生产许可证。

（2）食品生产者必须根据GB2760－2008《食品添加剂使用卫生标准》中规定的食品添加剂种类、使用范围、使用量，在食品中使用；不得使用标准规定之外的化学物质或者其他可能危害人体健康的物质。

（3）使用新的食品添加剂品种前，企业必须向卫生部申请并提交相关的安全性评估资料。对符合食品安全要求的，卫生部给予批准和公布。

（4）卫生部下属的全国食品添加剂标准委员会负责依据严格的审核程序对食品添加剂的使用安全进行风险评估。所以，经过科学的安全评估并纳入到GB2760－2008《食品添加剂使用卫生标准》中的食品添加剂，对健康是安全的。

近年来，国内外食品行业发生了一些在食品中非法使用添加物的重大事件。

2003～2005年欧洲发生的苏丹红1号事件：法国政府在2003年首先发现了苏丹红非法用于含辣椒的食品。2003年5月至2005年2月，有300多个食品因苏丹红1号在英国被召回。2005年2月，英国查到了一批添加苏丹红1号的辣椒粉，这个原料通过一家企业的调味酱污染到下游多家企业的各种食品，从而引发了当时英国史上最大的食品召回。这个事件对食品加工业、食品流通、零售和餐饮业、政府监管带来非常大的破坏性冲击。

2005年发生在广州的“苏丹红事件”：2002年4月至2005年3月，广州田洋食品有限公司非法使用以苏丹红1号为主要成分的化工色素“油溶黄/油溶红”陆续生产出大量田洋牌“辣椒红1号”和“辣椒红2号”等复合食品添加剂，销往全国18个省区市的30多家企业，用于生产辣椒油、辣椒粉等产品。广州田洋食品有限公司一家企业的违法行为危害到了下游多家国内食品加工企业、零售企业和餐饮企业，导致多家企业在2005年进行食品召回，在国内造成了非常恶劣的影响。

2006年“红心鸭蛋”事件：2006年11月，央视《每周质量周报》播报了北京市个别市场和经销企业售卖来自河北石家庄等地用添加苏丹红的饲料喂鸭所生产的“红心鸭蛋”。随后，北京市政府食品安全办公室抽检河北、江苏等地6家企业的咸鸭蛋，检出苏丹红。国家质检总局组织的全国专项检查在北京、安徽、河南、河北、浙江、湖北等地的7家蛋类加工企业的咸鸭蛋中，亦检出苏丹红。

2008年乳制品三聚氰胺掺假事件：2008年3月开始，河北三鹿集团陆续接到各地消费者投诉，反映其婴幼儿奶粉导致婴儿出现肾结石。同年8月，三鹿在其婴儿奶粉中通过自检发现三聚氰胺污染。9月11日，卫生部公告高度怀疑三鹿奶粉与婴儿肾结石有关，三鹿集团开始全国回收其婴幼儿奶粉，工厂被迅速停产。9月14日，河北警方正式逮捕两名向生鲜奶掺加三聚氰胺的两名嫌疑人并全力追查其他犯罪嫌疑人。9月16日，国家质检总局公布，包括三鹿在内22家企业69个批次的婴幼儿奶粉被检出三聚氰胺，并责令在全国市场召回这些不合格产品。9月18日，国家质检总局公布了3家大型乳品企业的液体奶中检出三聚氰胺，并责令产品召回。同日，国家质检总局发出紧急通知，在所有的乳制品生产企业派驻监管员，所有的乳制品，必须批批检验三聚氰胺等有毒有害物质。截至11月27日8时，全国累计报告因食用三鹿牌奶粉和其他个别问题奶粉导致泌尿系统出现异常的患儿29万余人，有6例婴儿死亡不能排除与食用这些问题奶粉有关。这次因不法分子在生鲜牛乳中掺杂三聚氰胺引起的重大食品安全事件严重危害了婴幼儿的健康，严重影响了广大消费者对乳制品安全的信心，破坏了中国食品在国际上的声誉。

为了严厉打击在食品中非法使用添加物的行为，2008年12月开始，国务院组织开展了为期4个月的“全国打击违法添加非食用物质和滥用食品添加剂专项整治工作”。

百胜中国高度重视对供应商使用食品添加剂的管理，这些管理措施包括：

（1）供应商必须提供资料说明其产品中添加剂的使用情况、是否符合国家标准的要求。通过这个要求来强化供应商的法规意识和自查。

（2）为供应商提供技术指导，帮助供应商准确理解国家标准，了解如何向国务院卫生行政部门申请新的食品添加剂使用。

（3）通过百胜中国特约食品安全实验室监测食品原料中某些食品添加剂是否超标，以及是否含有禁用添加物。

（4）及时向供应商提供新的食品法律法规和标准信息，以便及时遵守新的有关规定。

（三）丙烯酰胺

丙烯酰胺是一重要的工业用化学物质，作为原料生产聚丙烯酰胺用于污水净化等工业用途。烟草烟雾中也含有丙烯酰胺。

2002 年 4 月，瑞典国家食品管理局和斯德哥尔摩大学的研究者首次指出，在传统的土豆和谷物制品煎炸或烘焙过程中会产生相对较高含量的丙烯酰胺，如炸薯条、炸土豆片、谷物、面包、饼干等。中国食品污染物监测网检测结果也显示，油炸薯类、大麦茶、速溶咖啡、玉米茶、谷类油炸食品、谷类烘烤食品中丙烯酰胺含量较高。现已查明，丙烯酰胺是由高碳水化合物、低蛋白质的植物性食物在高温下烹调时自然产生的，不仅出现在食品企业加工的食品中，也出现在家庭烹制的食品中。

有动物试验发现，丙烯酰胺具有遗传毒性，诱发动物的生殖和发育问题及癌症。但目前还没有人群流行病学证据表明，通过食物摄入或其他途径接触丙烯酰胺与人类某种癌症的发生有明显相关性。据 IARC（国际癌症研究机构）评估，丙烯酰胺属于 2A 类可能的人类致癌物。

2002 年 6 月 25 ~ 27 日，世界卫生组织（WHO）和联合国粮农组织（FAO）联合紧急召开了专家咨询会议，对食品中丙烯酰胺的安全性进行探讨。2005 年 2 月，联合国粮农组织和世界卫生组织联合食品添加剂专家委员会（JECFA）根据所有的现有数据，对食品中的丙烯酰胺进行了科学的危险性评估。

JECFA 运用了称之为接触限值（MOE）的风险评估方法来估计人类面临的风险。用动物试验中得到的估计毒性除以食品中估计摄入量即为接触限值。接触限值越低，对公共卫生的影响就越大。JECFA 计算得出，平均摄入和高摄入量人群的 MOE 分别为 300 和 75。JECFA 认为，对于一个具有遗传毒性致癌物来说，其 MOE 值较低，也就是诱发动物的致癌剂量与人的可能最大摄入量之间的差距不够大，比较接近，其对人类健康的潜在危害应给予关注。JECFA 还指出，在相当程度上仍无法确定人类健康的确切风险水平。这种不确定性在很大程度上是由于对作用机制的认识仍不充分，用于比较动物和人类最相关数据的假设过于宽泛，而且摄入量评估数据所涉地区有限。目前正在对丙烯酰胺的致癌性和长期神经毒性进行更多的研究，用于未来进一步的评估。

丙烯酰胺在同一种食品中的含量受烹调温度和时间等因素影响，差异很大。因此，JECFA 专家得出结论，无法就任何一种含有此种物质的特定食品的安全食用量提出建议。另外，丙烯酰胺的生成是烹调过程中非常复杂的食物成分反应中的一部分。这些反应还形成了与食品特有的色、香、味成分和质感。

根据 JECFA 的评估，世界卫生组织及联合国粮农组织建议，关注食品中的丙烯酰胺含量对健康的影响，呼吁食品工业采取措施减少食品中的丙烯酰胺含量，制订指南指导降低家庭烹制食品中丙烯酰胺含量。尽管必须努力降低食品中丙烯酰胺含量，但因为不可能完全消除饮食中的丙烯酰胺，世界卫生组织因此建议应强调水果和蔬菜在预防癌症中的重要作用，继续鼓励消费者摄取平衡的多样化饮食，包括食用大量水果和蔬菜，并适当减少食用煎炸和高脂肪的食品。

中国卫生部于 2005 年 4 月 4 日发布了关于丙烯酰胺的预警公告，建议尽可能避免连续长时间或高温烹饪淀粉类食品，提倡合理营养，平衡膳食，改变油炸和高脂肪食品为主的饮食习惯，减少因丙烯酰胺可能导致的健康危害。

百胜中国一直非常重视食品中丙烯酰胺问题。除了重视我国卫生部关于丙烯酰胺问题的公告中提出的建议，还采取如下对策。

（1）密切关注丙烯酰胺各项研究工作的有关最新进展。

（2）密切关注国内外与食品中丙烯酰胺有关的法规。

（3）百胜中国一向重视和鼓励消费者保持均衡膳食。人类的食物是多种多样的，各种食物所含的营养成分不完全相同，薯类油炸食品只是众多食品中一个具有独特风味的品种。均衡膳食必须由多种食物组成，才能满足人体各种营养需求，达到合理营养、促进健康的目的。

（四）反式脂肪酸

脂肪酸是最简单的油脂或脂肪，由 4～24 个碳原子组成的链状化合物。脂肪酸分为饱和脂肪酸和不饱和脂肪酸，不饱和脂肪酸的双键可以是顺式结构，也可以是反式结构。反式结构的不饱和脂肪酸则称为反式脂肪酸（Trans-fatty acid），又称为反式脂肪（Trans fat）。顺式双键和反式双键的结构如图 3 所示。

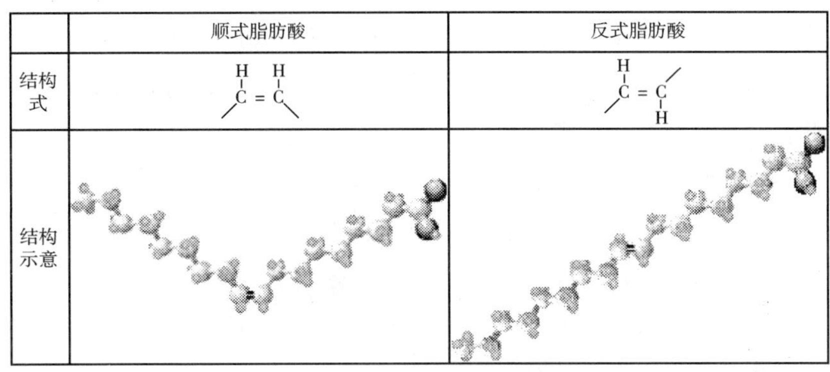

图 3　反式不饱和脂肪酸与顺式不饱和脂肪酸的结构

天然存在的大豆油、菜子油、玉米油等植物油中几乎不含反式脂肪酸。但是将液态的天然植物油通过氢化加工，则可将顺式不饱和脂肪酸转变成室温下更稳定的固态反式脂肪酸。从 19 世纪 80 年代起，食品工业利用这个过程生产人造黄油，被人们广泛使用，作为饱和脂肪酸的代用品。它可以改变豆油等植物油的流动性能，使其成为半固态并具有类似黄油和奶油的口感，并且在炸制食品的时候起到起酥作用，使食物更加酥脆。同时，还可以延长产品货架期和稳定食品风味。不饱和脂肪酸氢化时产生的反式脂肪酸占 8% ~70%。据国内有关机构调查，在植物性起酥油、人造奶油、蛋黄派、蛋糕、曲奇饼干、休闲小食品、代可可脂巧克力、冰淇淋、咖啡伴侣、沙拉酱、膨化食品、油炸食品、面包甚至糖果和速冻汤圆等食品中，都检测到了反式脂肪酸。

自然界也存在反式脂肪酸，当不饱和脂肪酸被反刍动物（如牛）消化时，脂肪酸在动物瘤胃中被细菌部分氢化。牛奶、乳制品、牛肉和羊肉的脂肪中都能发现天然形成的反式脂肪酸，占 2% ~9%。

长期以来，人们一直认为人造脂肪来自植物油，不会像动物脂肪那样导致肥胖，多吃无害。但是，近年来的研究却发现，反式脂肪酸能够增加低密度脂蛋白胆固醇（LDL－C），降低高密度脂蛋白胆固醇（HDL－C），会使动脉血管硬化，引发心血管系统疾病；增加妇女患Ⅱ型糖尿病的风险；对胎儿和新生儿的生长发育有抑制作用。有人认为反式脂肪酸的危害可能比饱和脂肪酸更大。

进一步的研究发现，并不是所有的反式脂肪酸都会对人体有害，只有 n~9 的反式脂肪酸，即第 9 和第 10 碳原子之间存在反式双键的反式脂肪酸，才会对人体有害。国外有关专家的实验结果证明，有一些反式脂肪酸对人体有益。这些有益的反式脂肪酸的进一步产物——共轭亚油酸，具有明显的抗肿瘤效果。

因此，没有必要对反式脂肪酸“谈虎色变”。美国 FDA 认为，不需要从膳食中完全去除反式脂肪酸：“根据专家的意见，要从饮食中完全去除反式脂肪，必须对膳食作出异常的改变（如要排除乳品和肉制品等天然含反式脂肪的食物），这样将会导致一些营养素的摄入不足而引起健康风险。”

在法规和标准方面，中国和很多国家都还没有法规或标准禁止或限制在食品行业使用氢化植物油作为食品原料。

百胜中国烹制油炸食品使用的是没有经过氢化处理的棕榈油，不含反式脂肪酸。我们将密切关注反式脂肪酸的最新科学研究以及中国相关法律法规的进展，同时建议消费者注意营养均衡、平衡膳食。

（五）农药残留

随着人口的日益增加，当今世界最迫切的需求之一就是利用有限的土地生产出足够的食物。使用可靠的农药防治害虫、病菌、杂草等有害生物是农业生产的重要环节，是保证农业增产增收的关键，具有快速、高效、经济等特点，迄今为止并在今后一定的时间内，没有其他手段可以完全代替农药。20 世纪 90 年代，通过使用农药，我国每年防治面积达到 49 亿亩，挽回粮食损失 5400 万吨，这些粮食能够解决 2.7 亿人一年的口粮。

但同时，必须高度重视农药使用及其残留的科学管理。农药残留是指农产品生产过程中使用农药后，在农产品中残存的微量农药成分或者其代谢物、降解物和杂质。农产品的生长环境中也会有一些散落的农药，并可能被再次种植的作物吸收而进入食物链。因此需要科学地识别和设定最大农药使用量，既能满足农业生产需要，又将对环境和食品的影响控制在安全的水平。

世界各国对食品中农药残留问题高度重视，对各种农产品农药残留都规定了越来越严格的限量标准，以保障公民身体健康。在世界贸易一体化的今天，农药最高残留限量也成为各贸易国之间重要的技术壁垒，因此，农药最高残留限量的制定必须建立在风险评估的科学基础上。

中国政府在2006年颁布实施了《农产品质量安全法》。这部法律明确规定，农产品生产者应当按照法律法规规定，合理使用农药等农业投入品，严格执行安全间隔期或者休药期的规定，防止危及食用农产品质量安全；禁止使用国家明令禁止使用的剧毒、高毒农药。

农业部负责农药的审核、登记注册、经营许可、使用指导和初级农产品农药残留控制，迄今已经发布了一系列的法规和标准规范农药的安全合理使用，例如七批《农药合理使用准则》国家标准。这些准则中详细规定了各种农药在不同作物上的使用时期、使用方法、使用次数、安全间隔期等技术指标。2005年，卫生部颁布了修订后的国家标准GB2763《食品中农药最大残留限量》。这些法规和标准的发布和实行对防止农药残留超标、保障食品安全起到了有力地保障。

2001年以来，农业部每年都开展了全国食用农产品质量安全例行监测工作，农药残留合格率大幅提高。从农业部2008年的例行监测情况来看，蔬菜检测合格率达到了96.3%。

百胜中国始终要求供应商严格遵守《农药管理条例》、《农药合理使用准则》、《食品中农药残留限量》等有关法规的规定，加强对其上游农产品原料生产环节的管理和技术支持，合理使用农药。供应商向百胜供应的食用农产品必须符合国家食品安全标准中的相关规定。同时，我们注意加强对蔬菜类原料中农药残留的随机抽样检测，确保所采购的农产品原料是合格和安全的。

（六）兽药残留

现代养殖业是人类获取动物性食品的重要来源，兽药使用是畜牧业发展不可缺少的一个重要环节。目前常见的兽药有抗生素类、驱肠虫药类、生长促进剂、抗原虫药类、灭锥虫药类和镇静剂类等。合理使用兽药可以预防和治疗很多动物疾病，保证动物健康，从而为人类提供健康、无疫病的肉、蛋、奶等动物性食品。

根据联合国粮农组织和世界卫生组织（FAO/WHO）食品中兽药残留联合分委员会的定义，兽药残留是指动物产品的任何可食部分所含兽药的母体化合物及（或）其代谢物，以及与兽药有关的杂质。所以，兽药残留既包括原药，也包括

药物在动物体内的代谢产物和兽药生产中所伴生的杂质。

动物性食品中兽药残留对人体健康可能产生的影响主要有：

（1）急性毒性，例如2009年初广州和2005年上海曾发生的、因食用含禁用兽药“瘦肉精”的猪肝而导致多人中毒的事件；

（2）慢性毒性，例如氯霉素；

（3）过敏反应，例如青霉素类；

（4）特殊毒性，例如中国及其他国家政府已经明令禁用的一些药物具有或者可能具有致癌、致畸、致突变作用；

（5）引起细菌耐药性的产生并导致人类感染性疾病治疗的失败等。

国际组织和很多国家对动物性食品中的兽药残留控制非常重视。国际上（包括中国）已经建立了科学的毒理学研究程序评价每一种兽药的安全性，进而确定该药物在动物各可食用组织内的最大残留限量。符合这些限量规定的动物食品对人体健康是安全的。

动物性食品出现兽药残留超标的问题时，主要是由于养殖环节用药不当，例如非法使用违禁或淘汰药物、不遵守休药期规定、滥用药物和不按规定用药。所以，养殖业合法、规范地使用兽药非常关键。

国务院于1987年5月21日发布了《兽药管理条例》，明确规定兽药的生产、经营和使用必须保证质量，确保安全有效。生产和经营兽药的企业必须获得“兽药生产许可证”和“兽药经营许可证”。禁止生产、经营假冒和劣质兽药。

1994年开始，农业部陆续发布了100多种兽药在动物性食品中的最高残留限量标准。2002年底，农业部对已发布的兽药最高残留限量标准进行了修订并重新发布，此次共规定了130多种兽药在动物性食品中的最高残留限量，同时列出了禁止适用于食用动物的兽药名单。这个技术标准的制定为我国开展兽药残留监控工作、实施残留检测计划，加快与国际接轨，提供了技术依据。

兽药残留监测计划是一个国家和地区监测和控制食品用动物、动物性产品中兽药残留的重要手段，中国、美国、欧盟及其他一些国家都制定并实施了兽药残留监测计划。在中国，农业部从2001年开始实施“无公害食品行动计划”，建立并实施了包括兽药残留监测在内的“全国农产品质量安全例行监测计划”，全面加强动物性食品的食品安全管理。近年来的监测计划表明，兽药残留合格率有了显著的提高。

百胜中国一贯要求肉类、禽类和水产品的供应商，严格遵守农业部关于兽药管理的各项规定，加强对其饲养生产环节的管理和技术支持，按照兽药的使用对象、使用期限、使用剂量以及休药期等正确使用兽药，禁止使用农业部明令禁用的兽药、伪劣兽药和未被批准的药物，向百胜中国供应的肉类、禽类和水产品必须符合国家法律法规和标准的相关规定。同时，我们注意加强对肉类、禽类和水产品原料中兽药残留的随机抽样检测，以确保采购的动物性食品原料是合格、安全的。

（七）转基因食品

转基因技术（又称基因工程或遗传工程）是指利用重组 DNA 技术，把一种生物体的某一个基因从基因组中分离出来，将它转移到另一种生物体内，改变其基因组的构成，从而使后者获得被植入基因所携带的遗传性状的一项现代生物技术。转基因食品，是指利用基因工程技术改变基因组构成的动物、植物和微生物生产的食品。

转基因技术在农业生产上应用的主要目的有：

（1）培育出抗病、抗虫、抗草的品种，从而减少农药用量，大大减少对环境的污染，降低食品安全风险，并降低生产成本。

（2）增加营养成分，例如高赖氨酸玉米、高油酸或高维生素 A 菜子油、高铁水稻。

（3）增强作物的抗性（如抗干旱、耐盐碱），提高作物的产量。

农业转基因技术在应对全球粮食短缺、提高粮食产量、减少环境污染方面的巨大潜力和优势已经引起很多国家的高度重视。各国政府纷纷投入大量的人力、财力，研究、开发和推广转基因技术。

中国由于人口多、可耕地面积少，必须采用现代生物技术，解决粮食生产问题。中国从 20 世纪 80 年代开始转基因作物研究。目前涉及农业转基因生物技术研究的机构有 200 家，研究成果显著。2008 年 7 月，中国政府特别批准了《转基因生物新品种培育科技重大专项》，通过这一具有重大战略意义的科技项目提高农业生产效率，为中国农业可持续发展提供强有力科技支撑。

目前全世界批准商业化种植转基因农作物的国家有 20 多个，主要集中在美国、阿根廷、巴西、加拿大、中国等。这些作物品种主要有四类，大豆、玉米、

棉花和油菜。据有关资料报道，2005 年世界大豆产量中转基因大豆已经占到了 60%，油菜总产量中转基因油菜占了 18%，玉米总产量中转基因玉米占到了 14%。

在中国，转基因棉花的商业化种植已获批准，而与食品有关的转基因大豆、玉米和油菜的商业化种植尚未批准，只允许进口作为食品原料。中国从 1996 年开始进口转基因大豆，2002 年开始每年进口 2000 吨左右，已超过我国大豆的年产量（1500 吨）。可以看到，转基因农产品已经广泛应用于食品加工。

转基因食品的安全性问题一直受到科学家和广大消费者的关注。2002 年 10 月中旬，世界卫生组织公布了有关转基因食品 20 个问题的调查报告，系统而全面地阐述了转基因食品的现状与未来发展趋势。该报告旨在消除人们对转基因食品的疑虑，使现代生物技术能造福人类。报告对转基因食品安全性的评估主要集中在是否有毒性、引起过敏反应、基因改变引起的营养效果等方面。对人类健康而言，专家们认为，主要应审查转基因食品的毒理性评价及对环境的影响。2003 年 7 月 1 日，国际食品法典委员会（CAC）通过了三项植物性转基因食品的安全性评价准则。

目前，国际上允许商业化种植和使用的农业转基因食品都按照上述要求经过了严格审查，证明它们对人类健康无任何副作用。迄今为止，尚未发现已经获得批准并在市场销售的转基因食品对人体健康存在不良影响。

我国政府历来重视转基因食品的安全问题，对农业转基因生物采取了“积极研究、慎重推广、加强管理、稳妥推进”的方针，并已制定了非常严格的农业转基因生物安全评价法规和管理办法，以确保转基因技术及其应用得以积极、平稳地发展，达到既有利于促进转基因技术的发展，又积极致力于保障人体健康和生态环境的安全的目的。

早在 1996 年 7 月，农业部就发布了《农业生物基因工程安全管理实施办法》。2001 年 5 月 23 日国务院以 304 号令公布了《农业转基因生物安全管理条例》，规定农业转基因生物的研究、试验必须取得安全证书；其生产、加工和经营必须取得生产许可证或经营许可证；进口到中国的转基因生物以及加工原料必须获得中国颁发的转基因生物安全证书。从 2002 年 1 月 5 日起，农业部连续公布了《农业转基因生物安全评价管理办法》、《农业转基因生物进口安全管理办法》和《农业转基因生物标识管理办法》三个配套文件。《农业转基因生物标识管理办法》要求对大豆、玉米、油菜子、棉花种子及番茄等五大类 17 种农业原材料及其直接加工品作出标识。

百胜中国充分认识到转基因技术对于促进可持续性农业发展、满足人类食物供给、造福人类的重要作用，尊重和支持中国政府相关的农业发展政策，遵守中国政府对转基因农产品实行的安全评价、审批和管理的各项法规。我们将继续关注世界上转基因生物和转基因食品研究新进展，关注中国相关的法规和标准。同时，严格要求百胜的原料供应商提供给百胜的食用农产品必须符合国家的各项规定。

倡导自主创新，打造芜湖国家级“江河鲜菜品研发中心”

周 钢*

摘 要： 本文介绍了地处长江中下游汇合处的芜湖独特的长江水产资源及饮食文化历史。这里孕育了闻名遐迩的“长江三鲜”及“江河鲜美食”。本文认为要促进芜湖皖江菜系美誉度的进一步提升，还需做好美食文化节和各个节庆活动，提升餐饮品牌，以带动皖江饮食文化的发展和创新。文章建议，通过科技创新、营销创新，将芜湖打造成“江河鲜菜品研发中心”，借以构建芜湖江河鲜特色经济体系，推广其城市名片。

关键词： 芜湖 江河鲜美食 产业链

民以食为天，自古以来芜湖美食名扬天下，芜湖地处皖中之坚，长江中下游汇合处，拥有800里皖江的黄金水道，全年雨量充沛，气候宜人，周边地区湖泊星罗棋布，长江江河鲜资源品种繁多，目前发现的长江鱼种多达373种，其中可以食用的长江河鲜达60多种。这片神奇的水域，不断给予江河鲜以养分，孕育了江河鲜鱼种的特殊性。犹如长江文化之源远流长，长江江河鲜的鲜味亦成分丰富，人们会发现这是从不同角度展示了作为华夏文明发祥地的母亲河创造奇迹的过程。长江鱼类在千万年的演进过程中，与大自然奋力拼搏，创造奇迹，给后人留下了开创生存之道、激荡人心、回味无穷的美味佳肴。长江三鲜曾经创造了“内销州省千户品，外运五洲万人尝”的百年辉煌，从而以其高贵品质奠定了它在中国菜肴的历史地位。长江三鲜在新中国作为国宴菜品招待国际友人，在中美

---

* 周钢，安徽省烹饪协会副会长，芜湖喜洋洋农家渔庄总经理。

建交、中日建交和近年两岸会谈等共和国政治、外交、经济生活的重大时刻，都扮演了重要的角色。芜湖坐拥独特的长江水产资源及饮食文化历史，又是闻名遐迩的鱼米之乡。

近两年来，芜湖市餐饮业每年呈高速发展的态势，其中以长江河鲜命名的酒店多达100多家，为了响应市委市政府“工业强市，三产兴市”、“扩大内需，拉动消费”的经济战略，在全国打造芜湖“中国江河鲜美食之乡”的名片，挖掘和提升芜湖餐饮业在长江流域江河鲜菜肴的研发能力，以自主创新为突破点，实施江河鲜菜肴的标准化建设，我们正在积极筹办以芜湖为中心的长江流域江河鲜菜肴专家委员会和研发中心。深入岁月之河，可以看到芜湖作为长江江河鲜研发基地的诞生与国家经济自主创新的命运是连在一起的。回首间，深刻的价值和意义不仅体现在江鲜烹饪物质消费层面上，更体现在精神文化层面上，精神和物质的良性互动，彼此促进，标志着芜湖作为江河鲜美食之乡研发菜肴的时代起航了。这是一种精神的积淀、升华，一个好的菜肴来之于实践，又需要在实践中千锤百炼。

为使芜湖皖江菜系的美誉度进一步提升，做好美食文化节和各个节庆的活动，利用不同的节庆，广聚人气，提升餐饮品牌，以节日带动皖江饮食文化的发展和创新。餐饮经营转向多元化和工业化的产业经营，打造一条具有地方特色的食品产业链，更加注重对企业的整体包装，在企业经营过程中，要形成一整套商业价值的知识产权体系，使芜湖江河鲜研发中心通过长江河鲜以及皖江徽菜文化的形象传遍全国，而芜湖的这张城市名片亦将以独具特色的品牌形象进入更广阔的领域。

以芜湖江河鲜为中心，建设皖江水产产业食品安全基地，提升徽菜在全国菜系中的核心竞争力，以高度的责任感和使命感加快皖江菜肴的转型升级，促进皖江菜肴的结构调整，使它更加富有时代的特色，树立品牌意识，树立自主创新意识，树立人性化服务意识。把芜湖打造成中国徽菜皖江菜系的排头兵，拓展品牌，创新特色，抓好连锁，建好基地，提升文化，培育拥有自主知识产权、核心竞争力的皖江菜肴，推进“厨房工程”的标准化建设。我们开展菜品创新的理论研究，挖掘长江流域地方菜和各种风味小吃，加强技术交流与合作，注重不同的江河鲜品种在制作工艺和文化层面潜在的菜品的开发，不断自主研发新产品，以适应和满足广大消费者不同的需求，深度开发长江水产资源，使之可持续发展。同时保护好长江资源，治理污染，清洁捕鱼，打造良性循环经济，烹制“绿色江鲜，有机江鲜”。积极做好争创国家级“中国江河鲜美食之乡”称号的准备工作，通过行业协会同各餐饮企业团结协作，从多个角度展示芜湖餐饮在创新饮食文化方面的内涵和成绩，积极推动菜肴申报国家专利，积极参与国家标准和行业标准的研究起草工作，造就一批高素质、复合型的烹饪产业人才，提炼长江流域深厚的历史文化、地域文化、名俗文化和宗教文化的研究和发掘，充分利用著名的历史典故、传奇传说精心策划，不断充实皖江菜肴的内涵，提高徽菜的档次，使餐饮企业成为真正的菜品创新主体和菜品研发主体，争创更多的中国名牌。“烹制高品位生活”，芜湖江河鲜创立具有知识产权的地方品牌，就永远不会失去竞争力和生命力，无论人们将来对“高品位生活”的定义如何，那个美好的生活愿景里都会有江河鲜的身影。

江河鲜食品的发展，科技依然是第一生产力，依靠科技进步不断创新，走新型工业化道路。运用新材料、新设备、新技术，成为浓缩烹饪高科技的一扇窗口，让人一品尝，科技的魅力就扑面而来。成立江河鲜技术研发中心，打造国家级唯一江河鲜研发基地，聘请国家级（省级）专家参与科研与讲学，同时运用科研装备的投入达到国际先进水平，使江河鲜食品营养成分分析达到最佳水平。

江河鲜研发的关键是“突破、创新、永不止步”，江河鲜菜品的共同精髓是“当季的食材，味觉的调和，五官的飨宴”，注重每一阶段的口味变化，用餐前侍者都会详细解说每一道菜、吃的先后顺序、烧煮的时间长短和沾酱佐料的用法，就为了让顾客真正享受美味和体味民族文化、民俗风情。

实现办公区、生产区、研发区和各销售区成为一体的信息化管理，设计产品的防伪技术，推进产、学、研一体化。实现江河鲜研发的跨越式发展，芜湖本土餐饮业应不断增强忧患意识，居安思危、居危思进、居危思变，相信芜湖餐饮业以江河鲜为独创的菜系，将能够更快地向全国连锁经营模式发展。为促进传统产业“产品价值链”转向新型的“品牌价值链”，整合国家、企业、供应商、经销商和消费者各方面利益，使之成为资源共享、市场共建、利益共赢的“江河鲜研发基地共同体”，快速步入以追求卓越，奉献社会为主线的和谐发展轨道。要大力构建芜湖江河鲜特色经济体系，重点支持餐饮品牌企业做大规模，扩大在本省及全国的市场占有率。

以喜洋洋农家渔庄为例，营销的思路总结起来有以下四点：

一是有机江鲜，科技江鲜，人文江鲜。

二是满足不同消费者的需求。

三是充分利用长江地域的饮食文化特色推出各种旅游江鲜产品（重点有银鱼干、虾子酱、清水河酒糟鱼、白鱼干、特鲜黄花鱼、长江熏鱼、五香螺蛳、裕溪口香菜、清水河油菜薹等），各种野生禽类食品的包装，形成长江水产食品加工产业链。

四是统一设计、统一标识、统一模式、统一规格、统一店面装修、统一服务规范、统一指导价格，使江河鲜成为芜湖在全国乃至海外最亮丽的城市名片。

我们成功的秘诀就是“因为改变，所以成功”，饮食就是一门艺术，有时候对传统烹饪食品方法的改变可以赋予其新的生命和新的希望，并传承未来。用长江河鲜的原料来制作法式大餐。譬如，雪莉酒配大闸蟹、窖香臭鳜鱼、中华长江第一鱼肚、剔骨刀鱼、生煎鱼肝等美味佳肴，当你把它送入嘴里并切身感受鲜嫩醇香的美味时，就会发现它的确与众不同。对于芜湖的餐饮，这简直就是一次革命，创新一直就是芜湖的主旋律，每天都有新鲜蹦出来，让徽菜在八大菜系中更加适应各种消费者的口味，新一代厨师不仅要继承过去的传统，而且要努力融合创造新口味，“我们的确要改变口味，但我们仍然尊重传统”。

20 世纪 80 年代，中央电视台的一部《话说长江》，更像一篇气贯山河的史诗，将长江的历史沧桑融入了中华民族的血脉。正是在这种精神引领下，我们以“创造生活品位”为使命，以“绿色江鲜、有机江鲜、健康江鲜”为菜品定位，以“吃鱼健康到永远，吃鱼的民族永恒”为愿景，塑造了“立足江鲜、奉献社会、成就自我、健康人生”的企业价值观。

芜湖市政府已经将食品产业作为当地三产增长的引擎，为增强消费者品尝江河鲜料理的机会，需要开发一个更加广泛的江河鲜食谱，制定芜湖餐饮业迈向全国连锁营销规划。许多国内知名餐饮的家乡菜在全国成功的经验值得借鉴，除了要做符合当地人口味的菜肴，还应考虑内部装修，如背景音乐，文化氛围要赶得上当前的潮流等，以创新推动新徽菜江河鲜在全国健康发展和推广。另外打造中国江河鲜美食之乡和研发中心，更需要新闻媒体和中央、省市各部门的大力支持。特提出芜湖餐饮发展的远景战略，即 2015 年之前，将芜湖江河鲜餐厅品牌在全国的数量从 2010 年 20 个增加到 500 个；成就 10 个全国顶级江河鲜新徽菜品牌店，把江河鲜新徽菜打造成为全国新四大菜系之一；成立本科制的烹饪专业商学院，提升烹饪技师水平和管理水平。谁先第一个成立菜品研发中心，谁就占领我国餐饮行业发展的前沿。在日本、韩国、法国等国，烹饪专业和餐饮行业的商学院比比皆是，专业性很强。

我们有信心争取在三年内将芜湖打造成徽菜新生代沿江菜系的杰出代表，将江南优雅如诗的环境与香鲜可口的徽菜有机地结合起来，菜香四溢，营造出静与动、奔放与含蓄交融的独特餐饮文化，将食在芜湖的品牌打出去，以“江鲜、河鲜、天天有鲜，江鱼、河鱼、餐餐有鱼”的主题餐饮，打造时尚芜湖、人文芜湖，以优异成绩迎接中华人民共和国成立 60 周年。

国　际　篇

中西酒文化比较

杜　莉*

摘　要： 本文从酿酒原料与酒品、酿造工艺和酒文化核心三个方面分析了中国与西方国家在酒文化上的差异，并概述了引起这些差异的原因。

关键词： 酒文化　比较　差异

酒作为一种饮品，博得众多中外人士的满腔热爱。唐代诗人李白在《月下独酌》中理直气壮地说："天若不爱酒，酒星不在天。地若不爱酒，地应无酒泉。天地即爱酒，爱酒不愧天。"① 因此，无论是中国还是西方国家，都创造出了辉煌灿烂的酒文化，丰富了人类文化宝库。但是，如果仔细分析一下，就会发现中国和西方国家所创造的酒文化是有许多差异的，这里仅从三个方面进行比较研究。

---

* 杜莉，文学硕士，四川烹饪高等专科学校教授。

① 《李太白全集》，中华书局，1977。

一　酿酒原料与酒品的差异

在酒的用料与品类上，中国最具特色、最著名的是以粮食为原料酿造的黄酒、白酒，习惯上称作粮食酒；西方最具特色、最著名的是以葡萄为原料酿造的葡萄酒、白兰地等，不妨统称为葡萄酒。

中国地域广大，气候温和，有许多良田沃土适宜农作物的生长，很早就成为农业大国。五谷类粮食产量大、品种多，人们用粮食酿造出具有中国特色的白酒、黄酒。宋代以前，中国的政治、经济、文化中心在黄河流域，酿酒原料主要取用北方所产的小麦、高粱和粟等。从宋代开始，南方经济快速发展，中国的政治、经济中心南移，酿酒原料则主要取用江南等地大量出产的稻谷。如果把酒划分为发酵酒、蒸馏酒和混配酒三大类，则在中国历史上，属于发酵酒的黄酒和属于蒸馏酒的白酒是用粮食酿造的，属于混配酒的露酒、药酒又大多以黄酒或白酒为酒基，因而也离不开粮食。从当代中国第一届至第五届评选的国家优质酒来看，总共有 114 个品种，而仅以粮食为原料酿造的黄酒、白酒就有 69 个，占全部优质酒的 60% 以上。

西方国家大多以畜牧业或商业为主、农业为辅，许多地方的气候和土壤不适宜大多数农作物的生长，却十分有利于葡萄的生长，因此人们大量地酿造葡萄酒。以被称为西方文明摇篮的古希腊为例，它位于巴尔干半岛南部，三面环海，多山地和岛屿，大部分地区为贫瘠的坡地，属于地中海型气候，冬季温暖多雨，夏季炎热干燥，河流在夏季常干涸。这一切不利于一般农作物的生长，许多农作物都难以成活，但葡萄的耐旱能力很强，于是希腊人就大量种植葡萄。另外，影响葡萄酒品质的矿物质，大多存在于深层土壤中。肥沃的土壤虽然使葡萄树容易成活，但葡萄树不必把根扎入土壤深处，也就不能结出优质葡萄；生长在相对贫瘠土壤上的葡萄树由于把根扎入土壤深处，反而结出了优质果实。在西方最具特色、最著名的酒中，属于发酵酒的葡萄酒和属于蒸馏酒的白兰地，用的原料几乎百分之百是葡萄；属于混配酒的开胃酒、利口酒、鸡尾酒等大多以葡萄酒为酒基；甜食酒则是加强型的葡萄酒。在古希腊，大量出产的葡萄酒与橄榄油一起成为其主要的收入来源。一位学者说："雅典的文明，建立在葡萄酒和橄榄油之上。"① 从当代

① 吴梅东：《与凡·高共品葡萄酒》，上海文艺出版社，1999。

葡萄酒生产强国来看，意大利在 1994 年前后，全国约有 110 万公顷土地种植葡萄，生产葡萄酒 900 多万吨，产量居世界第二；而葡萄酒产量居世界第一的是法国，1996 年的总产量超过 5000 万吨，在整个酒类生产中占据绝对主要的地位。

二　酿酒工艺的差异

在酒的酿造工艺上，中国主要以粮食为原料，讲究料、水、曲三者统一，采用固态与半固态、复式发酵方法；西方主要以葡萄为原料，讲究料为核心、桶和窖为保障，采用液态、单式发酵方法。

粮食是固体物质，不能直接发酵，必须通过对粮食的浸渍、蒸煮，加入水和酒曲等，使淀粉糊化后再进行糖化、发酵而制成酒，人的创造性劳动在其中起着主导作用。在中国流传着这样的俗语：料为酒之肉，水为酒之血，曲为酒之骨。它形象地说明了酿造粮食酒的三个关键。

关键之一是原料。人们在长期的实践中发现，粮食与酒的品类、质量密切相关，如用糯米酿造的黄酒味醇厚、品质最好，用高粱酿造的白酒味很香、酒精度和出酒率都比较高；而在白酒中，用玉米酿的甜，大米酿的净，大麦酿的冲。此外，人们还注意到，选用独具特色的原料，对酿造风味独特的名酒至关重要。如四川古蔺的郎酒，最理想的原料是当地出产的古蔺高粱，因为它皮薄、颗粒饱满、淀粉含量高，能酿出高品质的郎酒。

关键之二是水。“美酒必有佳泉”，水的质量直接关系酒的品质、风格等，为此人们特别注意识水性、知水味、选好水。宋代窦苹《酒谱》载，北魏时期，“魏贾锵有奴，善别水。尝乘舟于黄河中流，以匏瓠接河源水七八升，经宿色如绛。以酿酒，名昆仑觞，香味妙绝”。到了近代，绍兴黄酒常常要用运水船到鉴湖中心取湖心水来酿造，因为这种水的水质清澈、硬度适宜，是优质酿造用水。茅台、郎酒、泸州老窖则离不开赤水河及河边甘甜、清冽的泉水。

关键之三是酒曲。酒曲含有大量的微生物与酶类，不仅能糖化、发酵粮食，而且还能赋予酒特殊的风味和品质，是中国酿酒的精妙之所在。明代宋应星的《天工开物》言：“凡酿酒，必资曲药成信。无曲，即佳米珍黍，空造不成。”①

---

① 《天工开物》，沈阳出版社，1995。

为了得到高质量的酒曲，人们常常要虔诚地祭拜，精益求精地制作。《齐民要术》记载道：制曲要选择七月甲寅日，让儿童穿着青衣来和曲、团曲，摊放酒曲的地方要画上阡陌街巷、摆上用面粉捏的曲人和曲王，摊完酒曲后要给曲王供酒脯等食品，并读3遍《祝曲文》。[①]

有了这三个关键因素作为基础，还需要酿酒师的妙手点化才能酿成美酒。早在两千多年前的周代，人们就已经系统地总结出酿酒的6条原则："秫稻必齐，曲糵必时，湛炽必洁，水泉必香，陶器必良，火齐必得，兼用六物，大酋监之，无有差忒。"[②] 即原料要充足，酒曲供应、制作要适时，浸泡、蒸煮要清洁，水质要清冽、无杂质，酿造器具要精良，蒸煮时的火力要适当。中国的酿酒技艺高超而精湛，巧夺天工，各种名酒各具其妙。如关于郎酒的民谣言："郎酒好，有四宝：美境、郎泉、宝洞、工艺巧。"其巧妙的工艺在于2次投料、8次堆积糖化发酵、9次蒸煮、7次蒸馏、原酒在洞中贮存3年后进行勾兑等。然而，无论各种酒的酿造技艺多么千差万别，大都有浸渍、蒸煮、多次投料、固态及半固态发酵等特点，而这正是中国粮食酒酿造技艺的突出特色。

西方酿酒用的葡萄本身富含糖分，在12℃～30℃的温度下便自然发酵、生成酒精，果皮和果肉经过果汁浸泡释放出葡萄的色素，种子释放出单宁，赋予葡萄酒特有的涩味。刚经过酒精发酵而成的葡萄酒富含单宁酸，不能立刻饮用，要贮藏在橡木桶和酒窖中，逐渐使葡萄酒的风味变得成熟、完美。

在葡萄酒的酿造过程中，葡萄起着最重要的主导作用，人的劳动则起重要的辅助作用。西方人常说，好酒出自好葡萄。葡萄的品种和质量，决定着葡萄酒的品质、特色和主要香型。在西方国家，可以酿酒的葡萄品种数以千计，但真正能酿造出顶级、名贵葡萄酒的葡萄，只有10余个品种，著名的有赤霞珠、黑品诺、席拉夏多内等。其中，赤霞珠是酿造高贵红酒的葡萄之王，黑品诺是酿造名贵红酒的葡萄皇后。酿酒时对葡萄的选择，除了品种，还要看产地，这意味着土壤、气候、产量等方面的差异。相对贫瘠的土壤和适当限制的产量，是保证葡萄及葡萄酒品质的重要条件。即使同样的葡萄品种，其生长地气候不同，所酿酒的品质

① 《齐民要术》，沈阳出版社，1995。

② 《礼记·月令》，《十三经注疏》，中华书局，1979。

也不同：用寒冷地区的葡萄酿的酒，品质秀雅；用温暖地区的葡萄酿的酒，酒力较强、酒体丰满。

在完成了对葡萄的精心选择后，葡萄酒的酿造大多进入葡萄去梗破皮、压榨、发酵、培养、装瓶等阶段，而在其中起重要作用的是橡木桶、酒窖和酿酒师的技术。橡木桶是发酵和培养葡萄酒的最经典容器。其木材多孔，外界的氧气缓缓渗入，包括酒精在内的挥发物质部分蒸发，使酒变得更加细腻、芳香；橡木释放出的辛香和单宁酸，给葡萄酒增添了华美复合的润饰，使酒质不断成熟、稳定。米歇尔·爱德华在《红葡萄酒鉴赏手册》中指出，对于准备长时间藏酿的优质红酒，装瓶前常需在新橡木桶中藏酿一定时间，新橡木的用量，视葡萄的品种、年份和葡萄酒的劲度、精致度而定，因为它“就如烹调中的盐和胡椒粉一样：少则增味，多则坏事”①。

酒成熟以后就必须离桶、装瓶，但无论装瓶前的培养阶段还是装瓶后的贮藏期间，只要没有饮用，酒窖都是葡萄酒最好的栖身之所，决定着葡萄酒的最终品质。任何好酒都需要经过较长时间的藏酿，葡萄酒在橡木桶中的陈化不是全部过程，要达到最佳饮用状态，更需要继续贮存、陈化。酒窖的理想温度是10℃～15℃，湿度是70%左右，要求背光、阴凉、通风良好等，因此常常显得阴暗、潮湿。置身于酒窖中的装有葡萄酒的酒瓶，常用软橡木做瓶塞，瓶口稍微向下、横放在酒架上，以防止瓶塞干燥开裂，影响葡萄酒的品质。

在整个酿酒过程中，酿酒师的技术贯穿始终，其高超技艺主要体现在对原料演变过程中的最佳时机把握上。当葡萄成熟时，必须看准时间尽快采摘、精心挑选，然后压榨和取汁使其直接发酵；而发酵过的酒装入橡木桶培养以后，要定时、准确查看桶中酒质的变化，不能出现丝毫闪失；一旦发现葡萄酒在桶中培养成熟，就要立即装瓶、小心贮藏，同时密切注意酒窖的状况，为葡萄酒创造最好的贮藏环境。

如果说，中国粮食酒的生命是各种原料组配、化合而成，酿造者如同一位化学大师的话，那么西方酿造葡萄酒，则是由胚胎孕育而成的生命：葡萄好似胚胎，橡木桶如同母体，酒窖是使幼小生命成长、成熟的地方，而酿造者则是精心呵护生命成长、壮大的保育员。

---

① 米歇尔·爱德华：《红葡萄酒鉴赏手册》，上海科技出版社等，2000。

三　酒文化核心的差异

在酒文化的核心上，中国人把酒当做工具，意不在酒；西方人把酒看做艺术品，意就在酒。

道家文化是中国文化的重要组成部分。道家思想看重今生，主张通过修炼和服食养生等手段，达到得道成仙的目的；而在目的与手段之间，更看重目的，有得鱼忘筌、得意忘言之说。道家认为，酒是服食的重要内容，有助于养生和修炼，是达到羽化成仙目的的重要手段和工具，因此道士们常常饮酒、酿酒。但是，饮酒必须适量，否则将伤害身体。李时珍指出：酒，天之美禄也，“少饮则和气行血，壮神御寒，消愁遣兴；痛饮则伤神耗血，损胃亡精，生痰动火。邵尧夫诗云：‘美酒饮教微醉后。’此得饮酒之妙，可谓醉中趣、壶中天者也”①。微醉是饮酒的最佳境界。

受道家思想的长期影响，许多中国人认为，酒是一种特殊的工具或媒介。它不仅能消除忧愁、催生欢乐，而且能激发灵感、创造趣味和美，可把酒别称为欢伯等。汉代人焦言寿在《易林》中说：“酒为欢伯，除忧来乐。”当代作家高晓声指出，“酒是能帮助我们创造美的”。然而，尽管如此，酒也只是一种供人使用的工具，中国人虽然十分热爱它、经常使用它，但很少注重酒本身，缺少对美酒进行科学而系统的理性分析和品评、鉴别，更在意的是使用它以后产生的美妙作用，在于“味外之味”，就像欧阳修说的那样，“醉翁之意不在酒，在乎山水之间也”，“山水之乐，得之心而寓之酒也”，因此留下了很多意蕴丰富的饮酒趣事。其中，最有名、最典型的是唐代的饮中八仙：李白一斗诗百篇，天子呼来不上船；张旭三杯草圣传，挥毫落纸如云烟；焦遂五斗方卓然，高谈雄辩惊四筵……这些人和事都令人赞叹、神往。对他们而言，与其说是饮酒，不如说是以酒激发灵感、智慧，拿酒当笔，写诗文、作书画，酒中有的是诗情画意。如果让人选择的话，大部分中国人一定很少对白酒和黄酒的种类、酿造和品鉴方法感兴趣，而会津津乐道于著名的饮酒趣事。

西方文化的重要组成部分是古希腊、古罗马文化和基督教文化。古罗马诗人

---

① 《本草纲目》，中国书店，1988。

贺拉斯说："酒是可爱的，具有火的性格，水的外形。"《圣经》记载，耶稣基督在最后的晚餐上把葡萄酒分给门徒，并且告诉他们，葡萄酒是自己的血，让人们记住他是为了替人们赎罪而死的。在这里，葡萄酒是生命的一部分，是耶稣救世精神的化身。在不少西方人眼里，酒是一种特殊的艺术品，拥有魅力和生命，而葡萄酒更是其中的代表。美国作家威廉·杨格曾经说，一串葡萄是美丽、静止与纯洁的，一旦压榨后，它就变成了一种动物，有了动物的生命。面对这个充满魅力和生命的神圣艺术品，西方人自然会热爱它、饮用它，并且用心去欣赏和玩味。对于西方人而言，醉翁之意就在酒，在酒的"味内之味"。

仅仅以葡萄酒为例，他们把酿造葡萄酒看成是在制造艺术品。许多著名酒庄的酿酒者从小就开始接受严格的训练，学习酿酒学和葡萄栽植技术，对酿造葡萄酒有一种荣誉感和热情，对葡萄栽培及酿酒的每一个细节都非常挑剔，一丝不苟、精益求精，按照严格的生产规定分出等级，并且把产地、葡萄品种、年份、装瓶地、分级等内容写在酒标上，旨在保证葡萄酒的品质、维护酒庄的声誉。他们把饮用葡萄酒看成是欣赏艺术品，认为每一种葡萄酒都有自己的温度、味道，以及适合它的杯子、菜肴，只有相互间完美地配搭，只有仔细地观色、闻香、品味，才无愧于美妙的葡萄酒。在法国，葡萄酒有自己独特的酿造工艺学，有专门的品尝协会——"小银杯品酒骑士会"，有专门的斟酒协会——司酒官理事会。品酒骑士组成评判委员会，负责品尝各种美酒。司酒官负责斟酒，对每种葡萄酒的品质了如指掌，自命为葡萄和葡萄酒的保卫者。人们饮用时慢慢欣赏、品尝，尽量调动视觉、嗅觉和味觉进行综合性的审美体验，尤其注重体会葡萄酒渗透到口腔中的所有感觉。对于西方人而言，美酒当前，却不懂得如何品尝和欣赏，那样不仅辜负了美酒，更有失风雅。如果让他们选择的话，大部分人可能会滔滔不绝地讲述酒的种类、酿造和品鉴方法。

总的说来，文化是人类在社会历史实践过程中所创造的物质财富和精神财富的总和，中国和西方国家的酒文化差异，包括酒的酿造原料、品种类别、酿造工艺和酒文化的核心等的差异，都可以归结为物质和精神两大类。造成这些差异的原因多种多样，不仅有地理环境、物产和原料特点等因素的不同，还有生产方式、文化传统等因素的不同，但是也不外乎客观和主观两个方面。只要密切关注这两个方面的变化，就能在一定程度上了解和把握中国和西方国家酒文化发展的脉搏，促进中西文化的交流与发扬光大。

日本政府对餐饮产业发展的支持

李亚光[*]

摘 要： 本文分析了日本餐饮产业发展的特点及它对其他行业的带动作用，阐述了日本政府对餐饮产业发展的高度重视与大力扶持。日本政府对餐饮产业的支持对中国发展餐饮业很有借鉴意义和价值。

关键词： 餐饮业　产业政策

2009 年 3 月 8 ~ 13 日，笔者应邀前往日本东京，出席日本餐饮国际峰会并对日本餐饮市场及相关企业进行考察。通过与日本政府官员、餐饮企业、著名学者、行业协会进行的广泛接触与交流，笔者深感日本政府大力支持餐饮产业发展的做法值得我国政府研究与借鉴，尤其是日本农林水产省通过积极促进日本外食餐饮业的发展，带动了日本农林水产品、食品原材料产业在海内外的拓展，获得了显著成效。

一　日本农林水产省对餐饮行业的发展非常重视

日本政府把餐饮行业作为日本农林水产品、食品原材料输出的主要渠道与平台。日本餐饮行业的主管部门农林水产省设有专门的工作部门［外食（餐饮）室］负责餐饮行业与农林水产省及其他日本政府机关的联络和协调工作，主要是听取行业的意见后，及时反馈给政府；同时，负责协调餐饮行业与政府部门关系的工作。日本政府不轻易干预行业和企业的运营经营，只是在宏观上进行引导和监督，在政策上予以扶持，对重点项目在预算上予以支持。农林水产省每年有很多涉及餐饮行业的预算项目，如关于农产品市场信息的调研项目预算、各种农

* 李亚光，中国烹饪协会副秘书长，拥有丰富的企业一线从业经验。

产品的推广预算等，这些预算对餐饮行业的未来发展起到了很大的引导作用，而且，这些预算是餐饮行业内企业共同受益的。

二　日本政府积极推动日餐向海外的扩张

面对日本低生育率、老龄化的社会事实，以及国内市场的日益紧缩、国外市场的强大吸引力，为了扩大日本农林水产品、食品原材料的国际市场销路，促进国内价格的降低，刺激国内生产的提高，日本政府特别制定了日本农林水产品、食品原材料输出的总战略。

日本外食餐饮海外普及推广机构（以下简称 JRO）的成立，充分体现了日本政府对餐饮产业发展的重视与支持。据悉，日本农林水产省每年拨出专项资金支持 JRO，致力于向世界传播日餐的魅力，提高日餐餐厅的信誉。为提高各国当地日餐餐厅的整体水准，JRO 在世界各地积极举办免费的日餐餐厅学习推广会，为提高日餐厨师烹饪技术进行无偿培训，为提高日餐餐厅的卫生管理水平而制作和出版各种教材，通过日餐进行交流等各种事业和活动。其中，JRO 中国上海支部在 2008 年 12 月成立，正式开始了在上海的日餐普及推广活动。

JRO 每年都要在东京举办盛大的日本餐饮国际峰会，以“向世界传播日餐的魅力”为主题，邀请来自世界各国的日餐餐厅的经营者以及关联行业人士、各国媒体等上千名嘉宾。在日餐餐厅国际峰会上，各国与会代表和日本政府相关人士积极探讨世界各国的日本料理的现状、面临的问题、今后的发展动向以及当地普及日餐的措施等。在每次峰会上，日本农林水产大臣和数十位国会议员亲自到会，与峰会代表进行面对面的交流。在 2009 年举办的日本餐饮国际峰会上，日本农林水产大臣石破贸发表了重要讲话，阐述了日本政府对餐饮行业的发展，特别是对不断扩大海外日餐市场，大力推进日本农林水产品、食品原材料进入广阔的国际市场的高度重视。

三　日本餐饮行业带动了农林水产品、食品原材料的拓展

JRO 卓有成效的工作，吸引和带动了更多的餐饮企业走出日本走向世界，扩大了海外的日餐市场，同时也为日本农林水产品、食品原材料开拓了更加广阔的

国际市场。据了解，日本政府制定的农林水产品、食品原材料输出总战略提出，在2013年以前实现全国农林水产品、食品出口额达到1万亿日元的目标，官民联手，共同推进此战略。日本农林水产品、食品等出口额近年来呈上升的趋势，2008年（快报值）已达到4312亿日元。

四　日本餐饮行业发展的特点

近年来，日本餐饮行业的发展呈现激烈竞争的局面。日本餐饮行业的业态分类、市场定位、营销策略、标准化与中心厨房、信息技术与现代科技的应用等很值得我们深入研究与借鉴。

（一）日本餐饮行业的发展概况

日本餐饮市场经历了近40年的发展，已经由原来的个体家庭式经营发展到了今天的企业化、工业化、产业化经营。1997年，日本餐饮市场达到了巅峰鼎盛时期，市场规模高达33万亿日元（约合2.1万亿元人民币）①。但是由于日本老龄化、低生育率进程的加剧，日本餐饮市场的整体份额在逐年递减，2007年日本餐饮（外食）的市场规模约24.6万亿日元（约1.6万亿元人民币）。在这样的一个市场环境中，日本餐饮企业更是加大商品开发和业态开发的力度，力求在日益白热化的竞争中优胜劣汰，因此积累了丰富的连锁经营经验和优秀的技术。

（二）日本餐饮业态分类

日本餐饮（外食）行业主要分为五大类，各个业态都有不同的具体分类标准和业态特点（见表1）。

其中，日本家庭餐厅特色显著，这是适应家庭成员在外共同用餐的一种业态，菜单种类全，适合男女老幼各类消费群体。家庭餐厅的店堂开阔、明亮，价位比较大众化。消费者一般在家庭餐厅用餐后，都会有经济实惠的满足感。家庭餐厅的运行体制为，由中央厨房对食品原材料进行初步加工，按份分装后配送到各个连锁店，这样就消除了各店铺间品质和口味的差异以及价格差。

---

① 本文的数据均来源于日本饮食服务协会（JF）。

表 1　日本餐饮业主要业态比较

业　态	利用形式	服务内容	平均消费	其他特征
快餐(含外卖)	堂食为主	就餐	比较低	自助为主
家庭餐厅(休闲)	堂食为主	就餐	中	餐位数比较多
酒吧/居酒屋	堂食	就餐/饮酒	比较高	酒的消费高
正餐餐厅	堂食	就餐/饮酒	高	
咖啡/茶馆	堂食/带走	软饮料	低	

（三）日本餐饮企业的经营管理

日本餐饮市场已经是一个高度发达和成熟的市场。除原材料外，对日本餐饮企业压力最大的是人工成本（见表 2）。因此，日本餐饮企业经营的主要思路之一，就是如何提高效率，最有效地节省人工成本。

表 2　日本餐饮企业的经营管理状况

日本餐饮业分类	平均营业收入(万日元)	平均消费水平(日元)
快餐店	766	651
家庭餐厅	912.8	1038
酒吧/居酒屋	1069.8	2213
正餐餐厅	1779.8	2961
咖啡馆	604.9	398
日本餐饮行业基本经营技术数据		
行业平均利润率	4.4%	
人工成本	25.5%	
原材料成本	35%	
房租成本	7.1%	
水、热能等	2.7%	

（四）日本本土餐饮企业名列前茅

虽然日本的领土面积只是中国领土面积的几十分之一，但是日本的上市餐饮企业却有近 100 家。日本大型的餐饮企业主要为家庭餐厅（休闲餐厅或茶餐厅）类和快餐类企业。在日本餐饮行业名列前茅的前 10 名企业营业收入的统计数据中，除了排第八位的株式会社大庄为居酒屋以外，其余企业均为家庭餐厅（休闲餐厅和茶餐厅）类和快餐类企业。据 2007 年统计，日本餐饮行业前 10 名企业中，株式会社云雀集团（家庭餐厅）以年销售额 3334 亿日元居头把交椅，排在第二位的是麦当劳（年销售额 3060 亿日元）、第九位的是肯德基（年销售额 736 亿日元），其余的都是日本本土品牌。吉野家年销售额 1179 亿日元排第四位。由此可见日本本土餐饮企业的发展程度。

笔者这次参加日本餐饮国际峰会，以及对日本餐饮市场和相关企业进行的考察活动收获很多。笔者先后到东京驻地中央批发市场（海鲜、蔬菜）、东京电力—电气化厨房综合体验馆、味之素川奇本部中央研究所进行了专题考察；对日本家庭餐厅、快餐餐厅、立食餐厅、居酒屋等不同业态餐厅进行了实际体验；还专门考察了中国餐饮品牌在日本开设的企业，包括全聚德、小南国、小肥羊，以及在日本享有盛誉的高档中餐馆亚寿多等。考察活动加深了笔者对日本餐饮行业的实际了解，科技进步与相关产业的有机融合使日本餐饮业真正做到了安全、健康、标准化、产业化的发展，这对中国餐饮业应有一定的启示和借鉴作用。

日本家庭餐厅——中国快餐值得借鉴的发展模式

胡振华*

摘　要：本文首先介绍了日本餐饮业的发展概况，着重分析了家庭餐厅的特点及经营模式，最后总结了日本家庭餐厅对中国快餐业发展的借鉴价值。

关键词：家庭餐厅　快餐　发展模式

日本餐饮行业的产业化经营和连锁经营是在日本经济快速发展的背景下于1970年起步的，在此之前日本餐饮行业多以家族式经营或手工作坊为主。1970年大阪世博会召开的同时肯德基落户日本，日本最大的家庭餐厅株式会社云雀集团在东京都府中市开了第一家以自驾车为来店手段的家庭餐厅。1971年，麦当劳的1号店在日本最繁华的商业街银座开张，1973年吉野家开始了全国连锁的步伐。日本餐饮市场经历了20世纪70年代的高速发展和80年代、90年代的稳定发展后，到1997年日本餐饮产业达到了巅峰鼎盛期，市场规模高达近30万亿日元（约2万亿元人民币）。近年日本随着老龄化社会进程的加剧以及人口的负增长，餐饮市场规模有很大的缩水。2007年，日本餐饮市场规模减少到了约24.7万亿日元（约1.6万亿元人民币）。

日本餐饮产业近40年的发展经历和积累下来的经营管理技术很多是值得我们借鉴和学习的。今天的日本餐饮市场很有可能就是20年或30年后我们中国餐饮市场的格局。

---

* 胡振华，株式会社JCF NETWORK代表取缔役，社团法人日本饮食服务协会（JF）中国事业主管，NPO法人日餐餐厅海外普及推进机构（JRO）中国事业主管。

一　日本餐饮行业介绍

在进入主题之前首先来了解一下日本餐饮行业的分类，这样能更好地理解日本家庭餐厅作为大众餐饮的经营模式。日本餐饮（外食）行业主要分为快餐、家庭餐厅、酒吧/居酒屋、正餐和咖啡/茶馆五大类。另外，日本排名前20位的餐饮企业中有一半是快餐企业和家庭餐厅企业。其中最大的餐饮企业是株式会社云雀集团，最大的快餐企业是日本麦当劳控股，由此可见日本家庭餐厅的重要作用和地位。

表1　日本餐饮（外食）行业的分类

序号	业　态	利用形式	商品服务内容	平均消费	其他特征
①	快餐(含外卖)	以就餐为主	以就餐为主	比较低	自助形式的
②	家庭餐厅	以店内就餐为主	以就餐为主	中	餐位比较多
③	酒吧/居酒屋	以店内就餐为主	以就餐和饮酒为主	比较高	酒消费比例相对高
④	正餐	以店内就餐为主	以就餐为主	高	
⑤	咖啡/茶馆	店内就餐或带走	以软饮料为主	低	

数据来源：日本饮食服务协会（JF）。

日本家庭餐厅是在1970年随着日本餐饮产业的起步以及快餐业的发展同时发展起来的。下面首先简单回顾一下日本餐饮产业过去40年的四个发展阶段。

（一）日本餐饮产业的初步发展期（1969年以前）

到1969年为止日本的餐饮行业还都局限于小规模经营。20世纪60年代美国连锁经营概念的引进为日本餐饮产业的发展奠定了基础。同时1969年日本实现了资本的自由化，外资餐饮得以进入日本。这也为日本20世纪70年代的餐饮产业高速发展作了铺垫。

（二）日本餐饮产业高速发展期（1970～1980年）

1970年是日本餐饮产业史上一个重要的年份。这一年在大阪世博会召开的同时，肯德基落户日本。也是这一年，日本最大的家庭餐厅企业株式会社云雀集团在东京都府中市开了第一家以自驾车为来店手段的大众消费的家庭餐厅。1970年这一年被公认为“日本餐饮元年”。

1970～1980年的11年间是日本餐饮产业高速发展的时期。1973年，日本餐饮市场规模仅有3万亿日元（约2100亿元人民币），到1980年日本餐饮市场规模增长了近4倍，达到了14.7万亿日元（约1万亿元人民币）。然而1980年日本连锁经营的先锋企业吉野家倒闭使日本餐饮产业高速发展期告一段落。

（三）日本餐饮产业稳定成长期（1981～1997年）

1980年，日本吉野家的倒闭使急速扩张的餐饮企业开始大幅度减少，部分餐饮企业开始整改单一服务内容的经营模式。1983年，日本最大的家庭餐厅企业——株式会社云雀集团开始多品牌多业态经营，同时其他快餐企业加快扩展。1990年，日本吉野家重建成功，股票上市。

进入20世纪90年代，日本泡沫经济的破灭使日本餐饮行业受到了很大的打击。同时由于经济的不振，很多市中心的店铺租金不断下调，其结果让快餐和家庭餐厅企业的开店成本不断降低，原来主要集中在主要道路干线出入口处、郊区和社区开店的家庭餐厅得以“农村包围城市”。另外，各项成本的降低使餐饮店的人均消费下调，从而扩大了餐饮市场的整体规模。1994年，日本餐饮企业的市场开始复苏，1997年，日本餐饮市场发展到巅峰期，整体规模接近30万亿日元（约合2万亿元人民币）。

（四）日本餐饮产业成熟期（1998年至今）

进入2000年后，疯牛病以及禽流感等直接影响了日本消费者在外就餐的积极性，同时日本政府实施的对饮酒驾车的重罚制度也重创了餐饮行业。加之2005年以后国际原油价格的上涨导致日本家庭减少自驾车出行，使餐饮休闲回归城市。这些因素导致集中在干道出入口、郊区和社区的家庭餐厅和居酒屋等的客流减少，同时随着老龄化进程的加快，日本餐饮市场处在一个成熟的徘徊阶段。

二　日本家庭餐厅介绍

家庭餐厅是英语 family restaurant 的直译，主要是满足家庭成员在外共同用餐需要的一种业态。家庭餐厅和吉野家一样都是日本餐饮行业具有代表性的大众餐饮业态。日本家庭餐厅起源于郊区社区店，其店铺主要集中在非市中心的郊区、社区或主要道路干道的出入口等，来店顾客的主要交通工具为私家车。它是随着私家车文化的到来，满足社区以及一般家庭在外就餐需求的餐饮经营模式，同时又是普通快餐业态很难模仿的业态。

家庭餐厅的菜单种类适合男女老幼的不同需求，店堂开阔明亮，价格略高于快餐但比较经济实惠。经营模式是以中央厨房为主体，在中央厨房对全球采购的食品原材料进行前期加工，按销售单位分装后配送到各连锁店，在店内只需进行简单的加热和装盘即可提供给顾客。

家庭餐厅的特征主要有四点。

（1）店内环境美观而清洁，空间很大具有开放感但是没有包间。郊区店和社区店都有大型停车场。

（2）薄利多销。菜品的价格比较经济实惠，一般有自助的饮料可以任意畅饮（不含酒类）。

（3）菜单的范围很广，不分菜系，既有中餐也有西餐更有日餐。顾客可以根据口味选择不同菜品，同时还准备有儿童菜单。

（4）可以不必在意用餐礼节，刀子、叉子或者筷子，只要提出要求一般都会得到满足。

三　日本家庭餐厅的经营模式

日本家庭餐厅的经营模式可以概括为以下五点。

（一）加盟连锁经营或者直营连锁经营

无论在任何地区，都可以相同的价格品尝到相同味道、相同品质的食物。

（二）“傻瓜”式管理

所有店铺运营均根据统一的运营手册进行彻底的管理。日本家庭餐厅企业制定了一套可行的运营管理手册，排除了人为差异引起的服务和产品质量的差异。

（三）集中采购、集中加工、集中配送的集约式中央厨房模式

为了配合大量开店，任何人只要进行简单的培训就可以进行餐饮操作，家庭餐厅都有现代化的中央厨房。从原材料开始的集中采购（全球采购）、集中加工、集中配送的集约式中央厨房最大限度地发挥了规模经济的效益。

（四）三套菜单24小时经营

大多数的家庭餐厅连锁店（部分商务区除外）都是24小时营业，采用不同时间段不同菜单的经营方式。有以小吃和点心为主的早餐菜单，有面向餐厅附近白领和主妇的实惠午餐套餐菜单，早餐和午餐以外以中餐和西餐以及日餐兼顾的主菜单为主。

（五）大众化餐饮的市场地位

日本家庭餐厅的市场定位是在快餐与正餐之间。日本家庭餐厅人均消费为1038日元（约73元人民币），高于快餐行业的651日元（约46元人民币），同时远远低于正餐的2961日元（约207元人民币）。家庭餐厅上菜时间为10分钟以内，虽然慢于快餐，但是也远远快于正餐的30分钟以上。

四　日本家庭餐厅与快餐值得借鉴之处

通过以上的介绍我们大致了解了日本家庭餐厅的概念和经营模式。那么日本家庭餐厅哪些特点是值得我们国内餐饮企业，特别是快餐企业学习和借鉴的呢？以下6点是笔者根据国内餐饮市场发展的现状而整理总结的，希望能与大家共同探讨。

（一）排除了菜系和料理派别的束缚

日本家庭餐厅排除了菜系和料理派别以及业态派别等固有的经营思维的影响，同一家家庭餐厅既有老年人喜爱的日本料理，又有中年人比较钟爱的中餐，年轻人还可以品尝到西餐，同时也配有儿童比较喜欢的炸薯条和三明治、女性顾客津津乐道的冰激凌等。总之，家庭餐厅是通过提供适合男女老幼的不分菜系和派系的菜单来最大化满足家庭在外就餐需求的业态。

（二）“傻瓜”式管理

以统一价位、统一品质（口味）、统一服务为标榜的家庭餐厅都有一套对连锁店进行“傻瓜”式管理的运营管理手册。例如即使更换季节菜单时也不需要进行提前培训，每个店事先都会得到一份总部下发的详细的新菜加工流程单，上面包括现场操作的详细说明，还有操作注意事项和成品照片。不仅在厨房方面，日本的运营管理手册在整个店铺运营上都做得非常详细，大到店长的日常管理工作、食物中毒的危机管理，小到一个水龙头如何更换、店铺玻璃和洗手间如何清理等都有非常明确的操作流程，完全排除了人为因素所造成的差异。

（三）最大限度地运用规模经济

日本家庭餐厅的规模经济主要体现在两点：一是原材料的全球采购，这样可以最廉价的成本采购到最优良的原材料。二是百分之百的中央厨房加工和配送体系。店铺厨房不需要任何前期加工，厨房小时工不需要任何事前培训就可以直接进行厨房工作。

（四）多品牌多业态的经营模式

日本最大也是最具有代表性的家庭餐厅企业——株式会社云雀集团是拥有6个餐饮集团公司，合计30个品牌近4000多家直营店的大型餐饮集团企业。针对不同的消费群体以及不同地区客流的特征采取不同品牌不同价位的多品牌多业态的经营模式，是非常值得我们借鉴和学习的。鸡蛋不要放到一个篮子里。餐饮企业在走向企业化规模化经营的时候，发展多品牌多业态的经营是非常重要的。日本吉野家1980年的倒闭就是一个很好的反面例子。现在的日本吉野家集团旗下已经有了寿司、拉面等多个品牌和业态。

（五）发展社区餐饮可以参考的经营模式

日本家庭餐厅是在人均收入达到一定阶段，夜生活不断频繁和私家车进入日常生活的社会背景下进入市区的餐饮业态，其针对的主要是家庭在外就餐需求。因此，在如何开发中国社区餐饮上，应该在一定程度上借鉴一下日本家庭餐厅的经营模式。

（六）能满足自家（驾）车文化日益普及的就餐需求

私家车进入日常生活后，市区和中心地段的交通堵塞和停车难、停车贵是困扰大众餐饮的一个主要问题，而日本的家庭餐厅正是在这样一个环境和历史背景下诞生和发展起来的。日本家庭餐厅在日本虽然已经接近完成其历史使命，但是对于刚刚进入自家（驾）车时代急需大力发展大众餐饮的中国餐饮市场来说，在未来的一段时期内是非常值得借鉴的一个发展模式。

另外，日本家庭餐厅以 24 小时营业的店铺为主（商务区除外），基本都有三套菜单，分别是简单快捷实惠的早餐菜单，为了节约午餐就餐时间的中午套餐菜单以及其他时间段可以任意选择自己喜爱菜品的主菜单。这对解决中国大城市的早餐问题上也有一定的借鉴性。

五　结束语

日本有 1.2 亿人口，餐饮业可以发展到约 2 万亿元人民币，92 家上市餐饮企业的规模，那么号称地大物博、人口众多的中国餐饮市场规模单按人口来计算的话，至少在未来二三十年里随着经济的不断发展很有可能超过 20 万亿元人民币。而我们现在的市场才开发了 1 万亿元左右，因此未来中国餐饮市场可开发潜力是非常巨大的。

纵观国外餐饮市场，餐饮的企业化和规模化经营以及龙头企业大多集中在快餐、家庭餐厅、咖啡等快捷简便的大众餐饮行业。未来中国餐饮市场的发展也将延续这样一个发展趋势，因此我们的快餐行业是一个极其乐观的朝阳产业。另外，日本餐饮产业的发展告诉我们，经济低迷时期正是快餐企业进行发展的大好机遇。原本对餐饮企业不屑一顾的人才这时会蜂拥而来，原本对快餐行业高不可攀的好地段店铺可以变得唾手可得，原本偏爱商务消费的顾客也会欣然而来，因此经济低迷时期正是快餐行业迅速发展的机遇。希望我们国内的快餐企业抓住时机，在积极引进海外优秀餐饮品牌、经营技术和设备的同时也要走出去，到一个餐饮产业发展成熟的市场上去磨炼我们的餐饮经营技术和管理能力。鸡蛋不要放到一个篮子里。餐饮企业在走向产业化和规模化经营的时候，要有意识地发展多品牌多业态的经营，同时加大餐饮企业自身的研发能力，把我们的快餐业做大做

强。笔者衷心地祝愿我们中国的快餐业能在这个全球经济不景气的环境之下逆流而上占领市场，越做越强。

附表　日本餐饮 20 强企业排名

排名	企业名	业　态	营业收入（亿日元）	营业收入（亿元人民币）	分店数（个）
1	株式会社云雀集团	家庭餐厅	3968	278	4434
2	株式会社日本麦当劳控股公司	快餐	3950	277	3828
3	株式会社 ZENSHUO 集团（ZENSHO Co., Ltd.）	快餐和家庭餐厅	2825	198	3631
4	株式会社乐清（DUSKIN）	快餐	1938	136	1305
5	日清医疗食品株式会社	团餐	1859	130	
6	株式会社吉野家控股	快餐	1800	126	2821
7	株式会社 MONTEROZA	居酒屋	1266	89	1474
8	株式会社 Plenus（Plenus Co., Ltd.）	快餐（盒饭）	1225	86	2431
9	株式会社 COLOWIDE（COLOWIDE Co., Ltd.）	居酒屋	1166	82	1000
10	乐雅控股株式会社	家庭餐厅	1162	81	714
11	株式会社 7&i 饮食（Seven & i Food Systems Co., Ltd.）	家庭餐厅	1135	79	1047
12	株式会社绿厨集团	团餐和餐饮	1065	75	1950
13	和民株式会社	居酒屋	1042	73	634
14	株式会社 DOUTRO 咖啡	咖啡	1013	71	1456
15	西洋饮食圆规集团株式会社（SeiyoFood-Compass Group, Inc.）	团餐	989	69	
16	星巴克咖啡日本株式会社	咖啡	907	63	776
17	株式会社大庄集团	居酒屋	896	63	936
18	AIM 服务株式会社（AIM SERVICES Co., Ltd.）	团餐	880	62	
19	日本肯德基炸鸡株式会社	快餐	868	61	1503
20	株式会社萨莉亚	家庭餐厅	849	59	769

资料来源：日本餐饮行业最新数据整理。

韩国饮食文化研究

王红梅*

摘　要：本文回顾了韩国饮食的发展状况，分析了韩国饮食结构和主要特点，同时概括了西餐和日本料理在韩国的发展，最后阐述了韩国饮食文化及礼仪。

关键词：韩国　饮食文化　礼仪

韩国虽然和我国是邻邦，两国在历史文化的发展上也有着千丝万缕的联系，但是由于其地理位置和气候的关系，韩国的饮食文化和饮食特征在几百年来保留了其鲜明的特性。韩国种类繁多的发酵食品和辣味的凉拌菜一直是韩国副食（小菜）的主要内容，辣白菜几乎和韩国齐名。此外，有菜必有酒，韩国的男女老少绝大部分皆能饮酒。

一　韩国饮食发展

韩国三面环海，气候潮湿，土壤很适合种植水稻等农作物，因此很久以来谷物就是韩国的主食。从三国时候起韩国的种植业和饲养业开始得到很大的发展，韩国逐渐形成自己独特的饮食结构和生活习惯。

高丽时期的韩国以各类米饭为主食，萝卜是副食当中主要的蔬菜。李氏王朝时水稻种植已经非常普及，人们开始用大米加工各种特制食品。17 世纪以后，白菜、辣椒和土豆等在韩国开始广泛种植，韩国人爱吃辣的习性自此逐渐养成。米饭（通常含有大麦、豆、栗子、玉米或其他谷类以提高营养价值）、粥和汤一

* 王红梅，韩国仁荷大学硕士，目前在 LG 集团任职。

起成为韩国人日常主食，各种泡菜、酱菜和腌鱼为主要副食。逢年过节，各种糕点、炖菜以及韩式火锅也开始盛行。很多人对韩剧《大长今》当中宫廷喜筵上琳琅满目的糕点记忆犹新，做法类似的糕点至今仍然在韩国传统食品店或者超市有售。那时，铜制餐具也开始逐渐取代木制和陶瓷餐具并延续至20世纪初期。在现代社会，由于韩国社会经济的发达和人民生活水平的提高，其饮食内容更加丰富和精美，但是基本的饮食结构仍然保留了17世纪以来形成的传统特点。

二　韩国饮食结构和主要特点

概括起来，韩国饮食的主要特点是米饭为主食，汤类搭配；副食则主要是酱汤、泡菜以及各种酱制鱼肉、海带、各式蔬菜。因此韩国的饮食以健康均衡科学著称（宫婷婷，2008）。

韩国由于地处温带而且四季分明，所以各季节的饮食特征差异较大且种类繁多。韩国饮食的主要特点借用专家的说法可以概括为：高蛋白、多蔬菜，喜清淡、忌油腻，味道以凉辣为主，较少炖、煮、炒，口味特点是鲜和咸，其中代表性的食品是烤肉、冷面、拌饭、参鸡汤和牛肉汤，且一日三餐不离泡菜。国内很多人误以为韩国只有泡菜而已，且泡菜只是辣白菜，殊不知辣白菜其实只是泡菜中食用最普遍的一种。泡菜只是韩国人日常的小菜。在普通的饭馆，韩食一般有3~4样小菜作为主打菜肴的点缀。在专门由小菜为主打菜肴的饭馆，各式的小菜多达20多样，而且吃完可以再续。这样的饮食价格稍微贵点，但是每人份也不超过20000韩元（目前约合100元人民币）。

值得一提的是韩国的最典型的传统美食参鸡汤。参鸡汤是将童子鸡整只破腹洗净然后填以糯米和人参、红枣、枸杞等一起熬煮而成，营养美味。食用的时候舀在小碟里面，蘸盐和花椒食用。这样吃可以使高温的鸡汤加快冷却，节省食用时间。通常韩国人吃饭的速度是非常快的，尤其是男士。如果食用方法不当，最后很可能就是还没填饱肚子就要匆忙离开。在首尔的参鸡汤名店，一份参鸡汤可以卖到3万~4万韩元（接近200元人民币）。参鸡汤是韩国人待客的经典佳肴。在别的国家和地区，参鸡汤也是非常具有代表性的韩食。但是味道一般会有差异。

（一）鱼肉类

韩国食用鱼肉类主要包括猪肉、牛肉、鸡肉、狗肉和各种海洋鱼类。牛肉最贵，尤其是本国产牛肉，其次是澳洲牛肉和美国牛肉。很多人估计还对2008年那场韩国民众抵制美国牛肉的风波记忆犹新。有报道说，美国牛肉风波平息之后，虽然美国牛肉重新在市面有售，但是价格只有“韩牛”的一半，所以部分商贩会以次充好，将美国牛肉贴上国产标签。但是韩国牛肉也好，美国牛肉也好，吃到嘴里到底有多大的区别普通人也很难辨别。美国牛肉诸多的不足是否真的如韩国民众所说的会危害健康是有待商榷的（韩国民众有时候非常容易激动，全国日平均示威游行数量之多在全球都位列前茅）。但是首尔市区较有名的“韩牛”烧烤的确让人难忘，且不说饭前饭后繁琐、有条不紊而且搭配科学的上菜程序，以及烤牛肉的美味，只是餐厅环境的考究、桌椅餐盏的精美以及服务人员的周到细心就非常让人难忘。让人只能用两个字形容：极致。服务业做到这种境界简直是无可挑剔。当然就餐价格也不菲，每人约6万韩元（300元人民币左右）。

韩国人吃狗肉也非常普遍。狗肉通常可以清蒸、炖、炒、炸，也可以煲汤。韩国人认为狗肉比较清淡，而且含有丰富蛋白质。KBS在2006年进行过一次采访，其中30%的受访者表示食用过狗肉。而在首尔，提供狗肉的餐馆不少于500家。狗肉料理价格相对牛肉价格偏贵。首尔市政府曾因为狗肉馆的卫生问题对其进行管制，但是由于狗肉料理的供不应求最后不了了之。韩国人非常爱吃鸡，特别是炸鸡，基本上在街道上能见到饭馆的地方一定就有炸鸡出售。韩国最有名的炸鸡店叫BBQ，所有的炸鸡用橄榄油炸制。此外韩国的鸡肉价格低廉，鸡肉是普通人家的重要肉食来源。

韩国三面环海，沿海鱼贝种类繁多，因此韩国海鲜料理以及鱼虾酱之类的饮食非常丰富。在一般超市出售的鱼类主要有明太鱼、鲈鱼等六七种，而淡水鱼几乎见不到。在韩国很多沿海的大小城市当中，鱼市都非常发达，有很多规模不等的海鲜批发市场，新鲜的鱼类从这里被运送到附近城市的消费网点供居民选购。由于韩国国土面积不大，海鲜通过专门的物流公司进行运输，所需时间一般不过几个小时，所以无论在韩国的什么地方，都能吃到非常鲜美的海味。在釜山等南边沿海城市的海鲜店也供应从中国东南沿海城市输入的海产品，但是因为长途运

输，味道已经大打折扣，因此价格也相对较低。而南到济州岛北到京畿道仁川广域市，春夏秋三季特别是夏季在靠近港口的地方都能见到席地而坐的人们，一边聊着天，一边拿着刚从海里捕来的海鲜沾着辣椒酱塞入口中。常可见到小鱿鱼在被人咽下之前，在人口中拼命地挣扎，将触手吸附在人的口腔中。这样的场合自然少不了清酒相伴。

（二）韩式烤肉和烤鱼

韩国的烤肉也是远近闻名。主要的烤肉类别有牛肉、牛排、猪肉、猪排，还有鸡肉等。烤牛肉价格最高，烤猪肉中以烤五花肉最常见价格也最低。烤肉加清酒是韩国人非常喜爱的一种食用方法。食用烤肉之前有用各种香料香菜调拌好的切成条状或块状的生肉，也有什么也不添加的纯肉。烧烤的时候肉一般都放在一个可以加热的铁盘（也有用石板做成）或者铁筛当中，正反面都烤成焦黄色后用大剪刀把大块的肉剪成小块，就可食用了。食用的时候，蘸上芝麻油和辣椒酱，夹上生蒜、葱丝、洋葱，有的还有豆芽，然后用芝麻叶裹起来外边再包一层生菜叶，辅助的食物还有生的青椒、胡萝卜以及大酱汤。除了烤五花肉以外，其他的烤肉油水都不大，因为肉在烤的过程中，析出的油都顺着烤盘边沿从洞中流到下面的托盘中了。吃完烤肉之后，食客一般会接着点一碗冷面，非常解腻。韩国的冷面油性小。冷面有两种：一是加汤的“水冷面”，另一是以辣椒酱为调味料的“拌冷面”，不含汤。根据地区的不同，冷面的主料也有不同，有以荞麦面为主的，也有以马铃薯粉为主料制作的冷面。冷面上的配料一般为肉类、蔬菜或煮熟的半个鸡蛋，也有的餐厅放生鱼片。食用之前，通常会有服务员过来把冷面剪断，方便食用。所以在一般的韩式餐厅，剪刀和筷子、勺子一样都是必需的。韩国的烤鱼也很有特色，一般带有季节性。到鱼上市的季节可以去码头附近专门的烤鱼店吃，味道非常鲜嫩，但是价格比烤肉要高一些。

（三）韩式火锅

韩国也有火锅，类似呷哺呷哺，但是这种火锅都是预先配菜的，只是根据人数的不同，每种菜的分量有所增减。配菜一般都会有牛肉片、蘑菇、豆芽及各种蔬菜。辅助的菜各个饭馆不尽相同，例如鱼子包饭和蔬菜沙拉是其中的一种。食用的时候也是先把锅底煮开，分别放菜，煮熟即可蘸辣椒酱或者芥末酱油食用，这种火锅有点类似国内的清汤火锅，但绝不会有四川火锅那样满锅漂油的情况。

火锅最后的一个亮点就是炒饭，把剩下的带有各种香味的锅底加上白米饭、生鸡蛋、海苔、芝麻等一起混合炒到水分蒸发得差不多的时候就可以吃了，非常美味。很多人吃火锅，如果没有吃到最后的炒饭就感觉像没有吃火锅一样。吃完炒饭之后那种满足感实在是难以言表。

（四）紫菜包饭

紫菜包饭，顾名思义就是用紫菜包裹的饭卷，里面除了米饭一般还有煮熟的胡萝卜、鸡蛋丝、菠菜、蕨菜类。把一个形似竹筒的工具铺好，上面铺上大片切成矩形的紫菜，将饭铺在紫菜上，然后在米饭上面将菜类一层层叠放起来，最后把竹筒适度用力卷起，拆开竹筒将饭卷用锡箔纸包成筷子长的筒状即可。其食用方法简单快捷，价格也不贵，一般1000韩元一个（5元人民币）。也可以要求增加特别的材料，比如各种肉类，当然价格也会相应提高。

（五）韩国的酒水、茶和咖啡

韩国的传统酒主要有清酒、浊酒和烧酒3种。其中，烧酒是高丽以后得以普及的传统酒，一般含酒精量为25度。浊酒又称米酒，用稻米或糯米为原料酿制而成，一般用铜壶盛装，用小碗喝。传统民俗酒主要有白色酒、文杯酒、杜鹃酒、安东烧酒、梨姜酒、小菊酒、红酒等。韩国人一般擅长饮酒，而且喜欢兑饮，就是将烧酒和啤酒混合，有时候还会加上度数很高的洋酒，所以经常一场酒席下来，会喝三四种酒。韩国人嗜酒，通常晚上朋友相约喝酒，先去饭馆吃饭填饱肚子，然后去专门的酒吧喝酒。酒席当中做各种游戏，喝过几圈之后换另外一家酒吧。这样有时候一晚上会去好几家甚至六七家酒吧。喝完酒之后就去练歌房，唱上一两个小时再四散回家。韩国人醉酒是非常普遍的，也能被理解，醉酒之后可以打电话叫专门的代理司机代为驾驶。代理驾驶行业在韩国非常火暴，竞争也非常激烈。由此也可以看出韩国人饮酒的厉害程度。

韩国传统茶主要有高丽人参茶、绿茶、枸杞子茶、双和茶、生姜茶、枣茶、柚子茶等，高级野生茶则有雀舌茶。韩国的传统茶以茶叶、袋泡茶、粉制品等多种形式销售。在韩国公司工作，休息室或者饮水机旁边一般都放有各种袋装的茶叶以及咖啡。

韩国人对咖啡的热衷非常让人惊讶，在上课间隙或者工作之余韩国人不分男女都爱端上一杯咖啡，边聊边喝。从韩国人对咖啡的热衷可以深切地体会到西方文化对韩国的影响。

三　西餐和日本料理在韩国

西餐以及日本饮食文化对韩国人饮食习惯的影响远比对中国的影响来得深远。

在韩国，西餐最典型的代表就是比萨和西式烤牛肉。韩国有名的比萨店主要有 Mr. Pizza 和 Domino 等，价位从几千韩元到几万韩元不等，比中国国内略贵。比萨的口味根据韩国人的口味做过适当的改良。你会非常惊叹韩国人对起司的爱好简直到了酷爱的地步，其西化的程度让人惊叹。比萨店内设置特别温馨，是亲朋好友聚会的好地方。比萨店除了提供各式美味的比萨以外还提供各种意大利面，味道让人赞不绝口。西式烤牛肉跟西方吃法类似，分餐制，按份来卖，价格一般比较昂贵。在类似户外烧烤的场合，除了烤牛肉以外，还有各种果蔬沙拉，各式炒菜、汤点、乳制品以及冰激凌。一般先是沙拉然后主食烤牛肉，最后是甜点以及水果等。在首尔，这种户外的烧烤场合一般环境都非常的优美，并且伴有乐队现场演奏。人均价格最少是 4 万韩元（约 200 元人民币）。西餐已经成为韩国人日常生活的重要组成部分。

韩国和日本在饮食方面互相影响，最典型的就是生鱼片。鲂鱼、民鱼、比目鱼、蛎黄、红鱼、海参、鱿鱼等在韩国十分有名。生鱼片一般要蘸酱油、辣酱、芥末或者醋。在韩国，生鱼片同时配有各种汤类或者粥，非常营养而且养胃。但是日式料理的价格一般昂贵，基本上接近西式牛排的价格了。

韩国人接待政治以及经贸业务方面的客人，多在饭店或酒吧进行宴请，而且多以西餐招待。而私人交往，多在家中请客吃饭，用传统膳食招待。在韩国，专门为家庭妇女开设的烹调班非常多，一般稍微传统一点家庭的韩国媳妇都能烧一手好菜。

尽管现代韩国社会受西方文化的影响，采纳了很多西方的生活方式，但是韩国仍是一个很重视传统的国家，这也是其传统的饮食生活方式得以保存的重要原因。

四 韩国饮食文化及礼仪

韩国也是有名的礼仪之邦，自古以来饮食礼仪种类繁多，韩国的饮食文化及礼仪体现了韩国社会非常传统的一面。韩国社会老幼上下尊卑观念在饮食文化中有很多的体现。

普通韩国人无论在家还是在韩式饭店都习惯进门脱鞋，在矮桌上吃饭，小桌上摆有饭碗、汤碗、盛酱的小碟，以及装小菜的盘子。吃饭使用铁制或者铜制的扁平状筷子以及汤匙。宴会中一般大家都有比较固定的位置，长者或者领导坐中间，其他人地位依次降低，顺序坐下。在宴会上，韩国人习惯互相斟酒，彼此交换酒杯喝酒以示亲热。在酒桌上，大家互相换桌、换座是非常普遍的，这在公司宴会中是加强和别人交流沟通的重要途径之一。拒绝敬酒，尤其是拒绝长辈或者上司的敬酒是非常不礼貌的，即使不胜酒力也应该适当表示。给长辈或者上司敬酒的时候一般要用右手拿酒杯，左手托住右手肘部。在吃饭后如果受到领导邀请一起去练歌房唱歌，最好不要拒绝。

在典型的韩国家庭聚会上，晚辈还要跪着向长辈敬酒。长者在就餐时都享有各种优先权。上菜或盛饭时，要先递给长辈，甚至要特设单人桌，由女儿或媳妇恭敬地端到他们面前，等待老人家举箸后，家中其他成员方可就餐。席上倒酒，也需要按年龄大小顺序，由长至幼，当长辈举杯之后，年幼者才可以饮酒。用餐要与别人统一步调，与长辈一起用餐时，等长辈放下汤匙和筷子以后再放下。

在韩国主要的大型节日中，饮食文化也有很多特点。

首先是韩国的贺礼饮食。包括生产、三七、百日、周岁以及聘礼等都有不同的食品招待客人。例如，女性生产前后爱喝海带汤，海带的热量较低，胶质和矿物质较高，易消化吸收，吃了后不用担心发胖，是女性很理想的健康食品。周岁、百日等节日会准备各式的精美糕点以及烤制食品。糕饼在韩国人看来能保佑平安。

其次是韩国寺庙礼仪饮食。寺庙饮食忌讳辛辣，葱蒜韭菜以及荤菜都不能食用，通常用山菜、野菜以及果类制造饮食。烹饪的方法简单但不失美味。没有任何的调味品，是非常典型的绿色食品。

另外，韩国的祭祀饮食也是以各种糕点和饼干为主。例如，在春节或中秋节等节日，全家会一起制作节日糕饼，农历三月三要做杜鹃花饼糕，中秋的时候做松饼。韩国很多饮食文化和中国十分相似，比如正月十五吃五谷饭，端午节喝菊花酒等。

透过韩国的饮食文化可以看出韩国社会的进步。韩国人饮食的讲究说明其生活水平较高。各种西式饮食以及饮品在韩国的广泛食用以及餐桌上韩国人百年不变的饮食礼仪又反映出韩国人的进步和保守的两面性。这种有意思的两面性或许就是韩国人最真实性格的反映。

参考文献

[1] 王晓华：《韩国人的两个形象：一个现代一个恪守祖训》，2009 年 2 月 25 日，来源：中国新闻网，http：//www. ce. cn/xwzx/xwrwzhk/peoplemore/200902/25/t20090225_18318896. shtml。

[2] 宫婷婷：《韩国餐饮文化》，学士论文，山东圣翰财贸职业学院，2008 年 3 月。

[3] 文英子：《韩国饮食文化》，《扬州大学烹饪学报》2007 年第 1 期，第 10 ~ 11 页。

[4] 希优美食：《浅谈韩国饮食观念与习俗——韩国美食——希优韩国饮食文化》，http：//news. heewoo. com. cn/html/hanguochaoliu/yinshi/200808/09 - 8569. html，2008 年 7 月 14 日。

[5] 凌润物流：《韩国首尔狗肉行业面临清理》，http：//www. link - run. com/yazhouhangyun/yazhouzixun/9460. html，2008 年 6 月 12 日。

附　录　一

餐饮业响应“扩大内需”十大措施

一　以搞活流通为出发点，拉动经济增长

（一）加强餐饮物料流通基地建设，拉动农产品消费

中国烹饪协会将充分整合现有资源和力量，建立网上采购平台，促进大型餐饮企业与农副产品主产区对接，扩大原料供应渠道，重点扶持偏远贫困地区农产品的供应链建设。

（二）增强市场应急调控能力，制定国家餐饮应急供应方案

吸取2008年冰冻雨雪灾害和“5·12”地震灾害的教训，发挥行业协会业务能力强、基本情况熟的优势，呼吁政府层面重视增强餐饮市场的应急调控能力，努力建立应急供餐服务体系，维护餐饮巾场的繁荣和稳定。

二　以扩大消费为着眼点，维护市场繁荣

（三）增强大众化餐饮服务功能，促进居民餐饮消费

加强行业数据统计和市场分析工作，指导企业转变经营方式，大力发展大众化餐饮业，积极协调各级地方政府落实餐饮企业水、电同价政策，杜绝餐饮企业配送中心重复征税，加快配送中心和社区早餐、主食服务网点的建设，满足居民消费便捷化需求。

（四）培育餐饮消费热点，进一步繁荣市场

引导和规范网络订餐，树立体验式餐饮服务品牌，打造便民、亲民的餐饮行业整体形象，联手各地政府部门和行业组织，举办美食节、小吃节等节庆活动，扩大消费，繁荣市场。

三　以品牌培育为突破口，推动产业升级

（五）加强新技术推广应用，创建节能减排基金

鼓励餐饮企业推广应用新技术、新设备，树立节能减排示范企业，建议政府相关部门为餐饮业设立节能减排基金，通过低息贷款、直接补助等方式，帮助餐饮企业技术改造，完善设施设备。

（六）培育品牌企业集团，扶植中小企业规范发展

在多年来形成的中国餐饮百强企业品牌基础上，协会将积极培育 100 家餐饮领军企业，申请政府专项资金帮助中餐企业走出去；争取政策性资金扶持，重点扶植 100 个中小型餐饮企业健康成长，规范发展。

（七）加强食品安全自律，促进安全消费

中国烹饪协会将采取多种举措，积极提高餐饮企业的食品安全自律水平，努

力帮助企业做好餐饮业原料采购索证索票、进货验收和台账记录的管理，以及为消费者提供安全可靠的消费场所和洁净卫生的食品，促进安全消费。

（八）加快行业标准的建设和推广，营造和谐消费环境

重点加强厨政管理人员、职业点菜师等从业岗位的标准建设，以及快餐业态和连锁经营、配送服务等经营模式的标准建设，形成职业资格、行业准入多领域的餐饮业标准体系框架，为消费者营造和谐消费环境。

三　以促进就业为突破口，贡献行业力量

（九）扩大餐饮就业渠道，加强技能培训服务

充分利用国家有关政策，争取一定资金，对社会青年提供餐饮专业技能培训，在全国餐饮业建立200个青年就业创业见习基地，为餐饮企业搭建选人用人平台，缓解社会就业压力。

（十）探索灵活的用工制度，建立就业途径

在不违反《劳动合同法》的前提下，探索灵活有效的用工制度，通过试点，推广餐饮业解决就业的简易办法，为返乡务工人员、高校毕业生等提供解决基本就业、进入社会的畅通渠道。

2008年“十一”黄金周全国餐饮市场情况分析

2008年“十一”黄金周是第二次修订的《全国年节及纪念日放假办法》实施以来第一个“十一”黄金周。由于“五一”黄金周被取消，消费者自春节以来备受压抑的消费欲望，在本次黄金周得以释放，社会消费品零售总额再创历史新高。为了全面了解本次黄金周全国餐饮市场发展情况，中国烹饪协会通过采取重点企业抽样调查和电话访谈相结合的方法，对北京、上海、天津、重庆、吉林、江苏、广东、浙江、安徽、河北、山西、云南、西藏13个省、自治区、直辖市的60多家餐饮企业进行了详细调查。调查材料显示，本次黄金周餐饮消费市场呈现以下几个方面的特点。

一　大城市婚宴消费持续火暴，产生地缘经济效应

2008年是“奥运年”，具有纪念意义，很多新人选择在2008年举行婚礼。同时由于2008年取消了“五一”长假，“五一”期间只休息3天，3天时间对于重视婚庆活动的国人来说有些不够用。因此，很多新人选择将婚期放在“十一”黄金周期间举办，导致黄金周期间北京、上海、广州等大城市婚宴供不应求，价格也不断攀升。为了节省婚庆成本，很多新人选择在大城市周边地区举办婚宴，客观上带动了大城市周边地区餐饮经济的发展。

二　旅游餐饮比重增大，特色宴席大受欢迎

“十一”黄金周期间，旅游市场的繁荣带动了旅游餐饮经济的发展，旅游区强大的人流、物流、资金流，有力地拉动了旅游餐饮的繁荣。根据在重庆旅游区的调查，在黄金周到来的前一天，各旅游车队的旅游大巴就已被各旅行社预订一

空，许多旅行社不得不租赁外地旅游车辆。黄金周期间，旅游区内各星级宾馆饭店、定点饭店平均入住率达到 90% 以上。旅游区特色餐馆营业额与平时相比增长 50% 以上，翻台率达到 4 ~5 次，尤其是带有地域特色的宴席，受到众多游客的追捧。

三　高速公路餐饮重品牌，服务水平有所提升

随着经济的发展和人民生活水平的提高，越来越多的消费者选择在“十一”黄金周期间驾车出游。同时，很多游客利用网络平台，自发组织“拼车”出游。随着这些消费群体的增加，各地高速公路服务区在餐饮服务方面做出努力，一方面在价格上进行调整，使菜品价格更具有竞争力；另一方面在服务上下足工夫，为前来就餐的旅客提供了更加舒适的就餐环境。通过对江苏、山西等地高速服务区餐饮业的调查可知，与往年相比，2008 年“十一”黄金周内，对高速公路餐饮的投诉事件有所减少，顾客满意度增加。

四　在“奥运效应”的推动下，老字号餐饮呈现勃勃生机

得益于奥运会的成功举办，在国内外游客的共同推动下，很多老字号餐饮重现勃勃生机。2008 年 10 月 1 日当天，北京老字号餐饮企业营业额出现爆发性增长，烤肉季、全聚德、东来顺、鸿宾楼、便宜坊 5 家老字号企业日营业额均增加 1 倍以上。华天集团旗下的老字号，节日 7 天销售额比 2007 年“十一”黄金周增长 50. 3%，客流量增长 55%。很多老字号餐饮企业除了保证产品质量、安全、口味特色外，在经营品种上也进行了大胆创新，受到了消费者的欢迎。

为了应对本次黄金周，很多餐饮企业在节前就做了大量的筹备工作，积极准备人手，提前采购了原材料，保证了黄金周期间的正常供应。此外，按照《劳动法》和相关法律的要求，餐饮企业大都按照规定发放了黄金周期间加班补助，虽然增加了企业的用工成本，但员工的工作积极性得到了增强。抽样调查显示，本次黄金周期间餐饮业员工的满意度和消费者的满意度有了进一步提高。

2009年春节黄金周餐饮市场分析

春节作为我国最重要的传统节日，历年来一直是餐饮消费的旺季。在当前世界宏观经济形势比较严峻的背景下，餐饮业从业人员为使广大消费者欢度春节，放弃与家人团聚的机会，坚守工作岗位并加班加点，以实际行动落实节前发布的“全国餐饮业应对金融危机倡议书”。同时，各餐饮企业高度重视食品卫生，主打大众化餐饮，努力做到味美价廉、品种多样。在全国餐饮业从业人员共同努力下，2009年春节黄金周期间，我国餐饮市场持续繁荣，呈现火暴之势。

为全面了解2009年春节黄金周期间全国餐饮市场情况，中国烹饪协会对北京、上海、天津、重庆、河北、山西、辽宁、吉林、江苏、浙江、安徽、湖南、湖北、广东、云南、青海16个省、直辖市的80多家重点餐饮企业进行了抽样调查。调查显示，2009年春节黄金周餐饮消费市场呈现以下几个方面的特点。

一　企业积极调整营销策略，餐饮市场全线飘红

受宏观经济形势的影响，2009年除夕年夜饭的消费更趋于理性、实惠。春节期间，餐饮消费价格与2008年相比略有下降。餐饮企业为了迎合这种变化，也及时调整营销策略，推出高、中、低档多种宴会标准。部分以商务宴为主的高端餐饮采取了降价促销方式，同时积极开展外卖、外送服务，或提供打折，赠送酒水、主食，免收服务费等优惠。

北京市重点监测的35家餐饮企业，7天零售额7344万元，同比增长16.6%；重庆市重点监测的企业，零售额同比增长34.5%；河北企业增长26.4%；青海企业增长19.6%；济南餐饮业实现零售额7亿元左右，同比增长18%以上；武汉餐饮业零售额达到3.13亿元，同比增长15.8%；沈阳餐饮业实现零售额4.4亿元，其中12家重点企业实现零售额620万元，同比增长10%；三亚餐饮业零售额达7600多万元，同比增长24.3%。

二　消费需求升级，品牌、特色餐饮备受青睐

城乡居民收入和生活水平的提高使人们对餐饮品牌、饮食文化更加注重，节日期间品牌餐饮和特色餐饮成为餐饮消费的主渠道。据调查，在上海，杏花楼和丰收日分别订出 800 桌和 1210 桌年夜饭，红子鸡澳门店、梅龙镇酒家、绿波廊等都预订满座，小南国、鸭王等企业所属门店预订率均超过 90%。在杭州，楼外楼、知味观、天香楼、太子楼、张生记等企业零售额过 1000 万元。其中，楼外楼、知味观两家景区餐饮店增幅都保持在 15% 以上。

三　回家就餐传统延续，餐饮外卖服务增加

刚刚过去的鼠年，是除夕被列为法定节假日的第二年。2009 年，城市居民选择在家团聚吃年夜饭的趋势更加明显，年夜饭外卖的餐饮服务模式为更多的消费者所接受。一些餐饮企业积极拓展家宴套餐服务，北京的全聚德、聚德华天，天津的集贤，上海的杏花楼、新雅、功德林、避风塘等餐饮企业已实现了宴会菜品的规模化生产，年夜饭更加安全新鲜，品种更加丰富，既有实惠“家庭装”，也有豪华“宴会装”，包装不仅喜气，也富有时尚特色，销量迅速增长。2009 年，杏花楼的年夜饭供应量超过 25000 套，新雅粤菜馆供应量超过 12000 套，丰收日餐饮公司供应量超过 1000 套，小南国供应量超过 500 套，梅龙镇酒家供应量超过 450 套，绿杨邨也有近 3000 套的供应量。据不完全统计，2009 年春节期间，餐饮企业菜品半成品销量比 2008 年同期增长 20% ~40%。

四　金融危机推动企业变革步伐

金融危机对国内经济的影响给餐饮企业经营带来了巨大压力，中央关于扩大内需的若干政策出台让很多企业在积极应对市场变化的同时，加快了自身变革的步伐。一些企业积极揣摩顾客消费心理，通过在“牛”字上做文章，指导菜品创新。京城老字号烤肉宛研发的“金牛祈福宴”和“金牛贺岁宴”、烤肉季推出的“金牛报喜煎牛排”，上海老饭店新推出海派“松仁玉米牛肉粒”等特色“牛

菜”，既表达了对消费者的美好祝愿，也促进了餐饮消费。春节期间，很多餐饮企业采取了让利促销和消费返券等活动，沈阳假日大厦有限公司城市酒楼分公司实施让出利润保住市场的策略，同时在内部加大营销力度，号召每个职工都要成为营销员，抓住身边的客户群体；合肥市状元楼大酒店采取了消费返券的促销方式，返券额度达到了菜金的 30%；北京大宅门中式餐饮会所开展消费满 200 元返 300 元的优惠活动，以扩大节日餐饮消费。

此外，很多餐饮企业通过引进科技设备，不仅减少了对技术骨干的依赖，保证了菜品质量稳定，同时也提高了效率，为进一步占领市场做好了准备。

2009年第一季度餐饮市场整体运行情况分析

一　第一季度餐饮市场基本情况

（一）餐饮业消费增幅小幅回落

2009年第一季度，餐饮业零售额达4382.9亿元，同比增长18.9%，增幅比上年同期回落4.7个百分点，比社会消费品零售额增幅高3.9个百分点，占第一季度社会消费品零售总额的14.9%。餐饮消费拉动社会消费品零售总额增加2.7个百分点，对社会消费品零售总额的增长贡献率为18.1%。

其中，1月份零售额为1625.6亿元，同比增长21.6%，增幅比上年同期回落1.7个百分点，占当月社会消费品零售额的15.11%；2月份零售额为1390.3亿元，同比增长15.9%，增幅比上年同期回落了7.1个百分点，占当月社会消费品零售额的14.91%；3月份零售额为1367亿元，同比增长18.7%，增幅比上年同期回落5.9个百分点，占当月社会消费品零售额的14.67%。受金融危机影响，餐饮行业同比增幅有所回落。

（二）原材料成本降低，增大了餐饮企业的利润空间

2009年第一季度，全国农产品生产价格同比下降5.9%，种植业、林业、畜牧业和渔业产品价格分别下降4.3%、11.2%、7.8%和3.3%。在种植业产品中，粮食价格同比下降1.6%；在畜牧业产品中，生猪价格同比下降15.2%，肉牛价格上涨1.7%，活羊价格上涨0.3%，家禽价格上涨2.4%，禽蛋价格上涨2.0%；在渔业产品中，海产品价格同比下降11.6%。原材料价格的降低增大了餐饮企业的利润空间。

二 第一季度餐饮市场基本特点

（一）节日经济拉动餐饮市场增长

元旦、春节、情人节、三八妇女节等节日“扎堆”，是第一季度餐饮市场繁荣兴旺的重要原因。在婚宴、家宴集中举办，半成品年夜饭销售增加，节日亲朋好友聚会走向餐馆等推动下，北京市餐饮业销售额同比增长12.5%，上海市餐饮业销售额同比增长39.4%，重庆市重点监测餐饮企业销售额同比增长34.5%，河北增长26.4%，青海增长19.6%。此外，老字号餐馆、特色餐厅等大众餐饮消费场所受到消费者欢迎，北京、广州、青岛等地餐饮企业推出的各种主题宴席，增加了节日的文化寓意。

（二）餐饮企业大力促销吸引客源

为了应对金融危机带来的市场低迷，全国各地餐饮企业从一季度开始就纷纷采取降价、打折、推出新菜品等活动吸引消费者。麦当劳套餐降价，最高降幅32.6%，降价后价格已经低于10年前；必胜客推出优惠午餐，提供28～42元不等的7种套餐，最高优惠幅度达到47%；俏江南餐饮管理集团也发布新菜单，约一半菜品价格下调，整体降价幅度近20%。

（三）大众化餐饮逆势扩张，餐饮行业调整经营策略

价格低廉而又不失体面的大众化餐厅，在当前经济不景气的情况下尤其受到消费者的追捧。部分地区以燕鲍参翅为代表的高端餐饮、商务宴请等受到一定影响，但整体看快餐、火锅等大众化餐饮业态营业额不降反升。由此，餐饮行业的经营策略发生转变：高端餐饮，开始向中端特色餐饮过渡；中端餐饮，则向人均消费更低的低端餐饮看齐；而原先的低端餐饮，一部分开始进入社区，直接为最基层的百姓服务，开展半成品送货上门等服务项目。

（四）餐饮企业重练“内功”

面对第一季度销售额的下滑，不少餐饮企业迅速调整经营策略。以重庆为

例，重庆小天鹅投资控股（集团）旗下外资企业重庆佳永小天鹅餐饮有限公司面向全国招聘 30 ~ 40 名中高层管理人员，高薪聘请海内外专业人才；阿兴记集团组织 30 名公司中高层员工外出学习考察，参加各种技能培训；武陵山珍把员工与企业紧紧连在一起，把人权、事权、财权下放到直营店；清华集团对消费市场进行细分，针对不同消费水平的群体，创新推出多品牌战略。

2009年清明节餐饮市场分析

2009年是清明节列入法定假日的第二年。大多数餐饮企业都根据2008年的情况提早动手，准备充足的货源，在餐饮业的淡季，清明小长假带来了一股新的消费热潮。综合来看，餐饮消费主要来自两大因素的带动。

一　家庭、朋友聚会拉动餐饮消费

清明是祭祀扫墓的时节，婚宴、商务宴请明显下降，家庭、朋友聚会成为消费重点。许多市民在祭祖和扫墓的同时，也把这一节日作为家人团聚和旅游的好时机。考虑到金融危机的影响和家庭聚会注重经济实惠的特点，餐饮企业在菜品和价格上也做了相应的调整，适时推出清明宴、思乡宴，菜品也以价位适中的家常菜为主，餐饮消费明显增长。与节气有关的烤乳猪、烧肉等特色菜品畅销，间接带动了餐饮消费。

二　旅游升温增加消费需求

随着收入和生活水平的提高，旅游逐渐成为人们缓解压力、结交朋友、开阔视野的重要方式之一。清明时节，春暖花开，出门踏青成为很多人过节的方式，以观赏油菜花、桃花、杏花等著称的景点吸引了大批游客，旅游景点的餐饮消费明显增加，成为清明节餐饮消费旺盛的有力推动因素之一。

综合各方面的因素，节日期间全国餐饮市场消费稳中有升，有力地增强了经营者对待行业发展的信心。随着广大市民对清明节文化的深入理解，预计未来几个清明节期间餐饮消费会有大幅度提升。

2009年“五一”小长假餐饮市场情况分析

在第二年“瘦身”的“五一”假期，餐饮市场消费火暴。2009年的小长假，餐饮市场呈现以下特点。

一　假期缩短——特色餐饮受追捧

小长假期间，中西特色休闲餐厅成为散客们的消费新宠。不少消费者选择短途旅游或本地休闲，邀朋请友去喝奶茶，去会所小聚，为休闲餐饮企业带来众多良机，多数休闲餐饮企业在小长假期间赚得了满堂红。与此同时，老字号餐馆深受老百姓青睐，很多老字号企业排队等座等红火场面轮番上演。北京的烤肉宛、砂锅居、峨嵋酒家、烤肉季、曲园酒楼、同春园等老字号名店的“五一”餐位节前就已经预订出七八成。

二　金融危机——餐饮企业扩内需

受金融危机影响，消费者信心有所下降。小长假期间，餐饮企业推出多种促销策略，刺激消费扩大内需。不少餐饮企业赶在“五一”期间推出新品，其中中式快餐品牌企业真功夫就推出了新品“花雕鸡”，同时上市的还有玉米南瓜糊、老火鸡粥以及配合夏季节气的清润系列饮品，受到消费者的欢迎。降价、打折等活动红红火火。由中国烹饪协会、北京市商委、北京市朝阳区政府共同主办的“北京国际美食盛典活动”“五一”期间火热进行，京城500多家知名餐饮企业联合推出近年来规模最大的促销活动，包括推出特价菜品、返券等，最高优惠幅度达45%，有效地促进了销售。同时，肯德基、麦当劳等西式快餐企业也纷纷降价促销，吸引客源。

三　提升信心——餐饮行业作贡献

3天假期，各地餐饮行业捷报频传。北京市重点餐饮企业销售额4226万元，同比增长20.3%，增幅位列各行业之首；武汉餐饮行业销售额达2.67亿元，与2008年“五一”相比，增长18%；广州餐饮行业销售额增加两成……综合来看，小长假期间，消费者外出就餐的增多、各类美食节的举办、餐饮企业的大规模促销等都成为拉动“五一”小长假餐饮市场消费旺盛的有利因素。餐饮市场的繁荣，表明消费者信心正在逐步恢复。餐饮业在“扩内需、保增长、促发展”的大背景下，正成为各行业发展的排头兵。

附　录　二

2008 年度中国餐饮百强企业名单

1. 百胜餐饮集团中国事业部
2. 内蒙古小肥羊餐饮连锁有限公司
3. 内蒙古小尾羊餐饮连锁股份有限公司
4. 上海锦江国际酒店股份有限公司
5. 重庆德庄实业（集团）有限公司
6. 重庆陶然居饮食文化（集团）有限公司
7. 中国全聚德（集团）股份有限公司
8. 重庆刘一手餐饮管理有限公司
9. 重庆市毛哥食品开发有限公司
10. 内蒙古草原牧歌餐饮发展有限责任公司
11. 苏州迪欧餐饮管理有限公司
12. 重庆秦妈餐饮管理有限公司
13. 深圳市麦广帆饮食策划管理有限公司
14. 咸阳阿瓦餐饮文化连锁有限公司
15. 重庆扎亮饮食文化有限公司

16. 重庆东方菜根香餐饮连锁管理有限公司
17. 上海杏花楼（集团）有限公司
18. 天津狗不理集团有限公司
19. 重庆骑龙饮食文化有限责任公司
20. 重庆奇火哥快乐餐饮有限公司
21. 重庆巴将军饮食文化发展有限公司
22. 成都谭鱼头投资股份有限公司
23. 净雅餐饮集团有限公司
24. 顺峰饮食酒店管理有限公司
25. 广州酒家企业集团有限公司
26. 上海梅龙镇（集团）有限公司
27. 上海弘奇永和食品发展股份有限公司
28. 小南国（集团）有限公司
29. 重庆五斗米饮食文化有限公司
30. 江苏大娘水饺餐饮有限公司
31. 广州市绿茵阁餐饮连锁有限公司
32. 北京华天饮食集团公司
33. 四川省成都市饮食公司
34. 浙江向阳渔港集团有限公司
35. 河南一尊实业有限公司
36. 绍兴市咸亨酒店有限公司
37. 索迪斯中国
38. 浙江五芳斋实业股份有限公司
39. 浙江两岸食品连锁有限公司
40. 四川省简阳市海底捞餐饮有限责任公司
41. 马兰拉面快餐连锁有限责任公司
42. 西安饮食股份有限公司
43. 内蒙古乡土居餐饮连锁有限公司
44. 北京市金汉斯餐饮连锁管理有限责任公司
45. 厦门市舒友海鲜大酒楼有限公司

46. 河南百年老妈饮食管理有限公司
47. 北京吉野家快餐有限公司
48. 重庆和之吉饮食文化有限公司
49. 重庆苏大姐餐饮文化有限责任公司
50. 上海领先餐饮管理有限公司
51. 上海老城隍庙餐饮（集团）有限公司
52. 湖南湘西部落餐饮连锁有限公司
53. 重庆家全居饮食文化有限公司
54. 北京首都机场餐饮发展有限公司
55. 武汉市小蓝鲸酒店管理有限责任公司
56. 大连亚惠美食专门有限公司
57. 长沙饮食集团有限公司
58. 宁波石浦酒店管理发展有限公司
59. 慈溪市阳明餐饮有限公司
60. 常州丽华快餐集团有限公司
61. 济南历下千禧鱼翅皇宫大酒店
62. 成都市皇城老妈酒店有限公司
63. 深圳面点王饮食连锁有限公司
64. 宁波市来必堡餐饮有限公司
65. 广东省深圳市嘉旺餐饮连锁有限公司
66. 重庆市武陵山珍经济技术开发有限公司
67. 福州佳客来餐饮连锁有限公司
68. 武汉艳阳天商贸发展有限公司
69. 厦门豪享来餐饮娱乐有限公司
70. 上海世好餐饮管理有限公司
71. 温州云天楼实业有限公司
72. 上海丰收日餐饮管理有限公司
73. 杭州饮食服务集团有限公司杭州知味观
74. 南京大惠企业发展有限公司
75. 上海和记餐饮管理有限公司

76. 宁波市海曙新四方美食有限公司
77. 河南阿五美食有限公司
78. 四平市李连贵风味大酒楼
79. 上海金萌苏浙汇餐饮有限公司
80. 上海丰裕餐饮管理有限公司
81. 杭州新开元大酒店有限公司
82. 吉林市如一坊餐饮文化管理有限公司
83. 杭州张生记酒店管理有限公司
84. 宁波市海曙顺旺基餐饮经营管理有限公司
85. 沈阳老边食品有限公司
86. 山东金德利集团快餐连锁有限责任公司
87. 宝钢发展有限公司餐饮管理分公司
88. 海南龙泉集团有限公司
89. 长沙秦皇食府餐饮有限公司
90. 浙江哨兵实业有限公司
91. 厦门牡丹大酒楼有限公司
92. 权金城国际餐饮管理（北京）有限公司
93. 广西桂林人集团发展有限公司
94. 江阴市天水雅居餐饮管理有限公司
95. 上海东湖集团公司
96. 北京便宜坊烤鸭集团有限公司
97. 安徽梦都集团
98. 山西太原江南餐饮集团
99. 浙江海中洲旅业有限公司
100. 昆明大滇园美食有限公司

餐饮产业蓝皮书

中国餐饮产业发展报告（2009）

主　　编 / 杨　柳
执行主编 / 荆林波

出 版 人 / 谢寿光
总 编 辑 / 邹东涛
出 版 者 / 社会科学文献出版社
地　　址 / 北京市西城区北三环中路甲 29 号院 3 号楼华龙大厦
邮政编码 / 100029
网　　址 / http://www.ssap.com.cn
网站支持 /（010）59367077
责任部门 / 财经与管理图书事业部（010）59367226
电子信箱 / caijingbu@ssap.cn
项目经理 / 周　丽
责任编辑 / 高　雁　恽　薇　周　丽　张景增　赵学秀　王玉水
责任校对 / 崔冬梅
责任印制 / 蔡　静　董　然
品牌推广 / 蔡继辉

总 经 销 / 社会科学文献出版社发行部
（010）59367080　59367097
经　　销 / 各地书店
读者服务 / 市场部（010）59367028
排　　版 / 北京中文天地文化艺术有限公司
印　　刷 / 北京季蜂印刷有限公司

开　　本 / 787mm×1092mm　1/16
印　　张 / 19
字　　数 / 324 千字
版　　次 / 2009 年 6 月第 1 版
印　　次 / 2009 年 6 月第 1 次印刷

书　　号 / ISBN 978-7-5097-0848-4
定　　价 / 49.00 元（赠光盘）

[illegible]发展报告（2009）

[illegible]

出 版 人 / [illegible]
[illegible] / 邹东涛
出 版 者 / 社会科学文献出版社
地 址 / 北京市西城区北三环中路甲29号院3号楼华龙大厦
邮政编码 / 100029
网 址 / http://www.ssap.com.cn
[illegible] / (010) 59367077
[illegible] / [illegible] (010) 59367226
[illegible]
[illegible]
[illegible]
[illegible]
[illegible]
[illegible]

总 经 销 / 社会科学文献出版社发行部
(010) 59367080 59367097
经 销 / 各地书店
[illegible] / [illegible] (010) 59367028
[illegible]
[illegible]

开 本 / 787mm×1092mm 1/16
[illegible]
[illegible]
版 次 / 2009年6月第1版
印 次 / 2009年6月第1次印刷

书 号 / ISBN 978-7-5097-[illegible]
定 价 / [illegible]